特 殊 教 育 专 业 应 用 型 系 列 教 材

特殊教育学校学科教学

丛书主编：邓 猛
主 编：赵 斌
参 编（排名不分先后）：
邓伟丽 凡桂芹 黄红燕 黄俊洁 姜小梅
李登钰 李伦银 李祥蓉 刘宇晟 马金晶
庞鑫凯 秦铭欢 拓小娟 王玉兰 吴莎莎
夏艺璇 徐润君 张步宏 张瀚文 周治红
朱晓婷 作灵芝

Teshu Jiaoyu Xuexiao Xueke Jiaoxue

北京师范大学出版集团
BEIJING NORMAL UNIVERSITY PUBLISHING GROUP
北京师范大学出版社

图书在版编目(CIP)数据

特殊教育学校学科教学/赵斌主编．—北京：北京师范大学出版社，2023.7

ISBN 978-7-303-27627-1

Ⅰ.①特…　Ⅱ.①赵…　Ⅲ.①特殊教育—教学研究　Ⅳ.①G76

中国版本图书馆CIP数据核字(2021)第263224号

图书意见反馈　gaozhifk@bnupg.com　010-58805079
营销中心电话　010-58806880　58801876

出版发行：北京师范大学出版社　www.bnup.com
北京市西城区新街口外大街12-3号
邮政编码：100088
印　　刷：北京溢漾印刷有限公司
经　　销：全国新华书店
开　　本：787 mm×1092 mm　1/16
印　　张：22
字　　数：362千字
版　　次：2023年7月第1版
印　　次：2023年7月第1次印刷
定　　价：53.80元

策划编辑：余娟平　　　责任编辑：孟　浩
美术编辑：焦　丽　　　装帧设计：焦　丽
责任校对：陈　荟　　　责任印制：陈　涛

▶总　序

改革开放以来，党和国家政府十分关心和支持特殊教育的发展，特殊教育迎来了加速发展的春天。尤其是新时代以来，一系列重要的特殊教育政策纷纷出台，明确了特殊教育发展的战略目标和任务。党的十八大报告明确提出要支持特殊教育；党的十九大报告提出要办好特殊教育，“努力让每个孩子都能享有公平而有质量的教育”；党的二十大报告进一步提出了强化特殊教育普惠发展的目标，阐明了特殊教育的基本公共服务性质，强调特殊教育是教育现代化的重要内容。从“支持”“办好”到“强化”，体现了党和政府保障特殊儿童平等教育权利的重大措施，强化对特殊教育的支持和保障，努力使特殊教育发展惠及每一个特殊儿童，促进他们健康成长。

特殊教育要发展，师资须先行。新中国成立70多年以来，我国特殊教育师资培养经历了从无到有、从幼稚到成熟的漫长发展历程。特殊教育师资培养逐步从解放初期的“师傅带徒弟”和“短期培训班”的形式，发展到完整的职前职后相互衔接、互为补充的特殊教育教师培养体系。到目前为止，全国已经有多所高等院校分别开办了专科层次、本科层次、研究生层次的特殊教育专业。我国已经初步构建起了从专科层次到研究生层次相衔接的完整的特殊教育人才培养体系，基本形成了本科层次为主，专科层次为补充，研究生层次逐步扩大的人才培养格局。

专业人才的培养是个复杂的、系统的工程，教材的建设是其中关键的一环。从整体发展的角度看，特殊教育教材建设基础薄弱，发展较慢。改革开放以后主要以不同版本的特殊教育概论或者导论性质的单本教材出版，后来逐步有特殊教育相关系列教材的出版。例如，北京大学出版社、北京师范大学出版社、南京师范大学出版社分别出版了针对特殊教育本科生培养的系列教材。这些教材多以理论知识为主、实践技术为辅，比较适合本科生毕业后的继续深造以及就业后的可持续性专业发展，对于特殊教育第一线急需的应用型人才培养则稍有不足。

在我国教育领域，本专科层次的高等职业院校扮演着重要的角色，它们为国家基础教育培养应用型人才。高等职业教育以适应社会需要为目标，以培养技术应用能力为主线来设计学生的知识、能力、素质结构和培养方案；强调理论教学和实践训练并重，培养学生直接上岗工作的能力。特殊教育的人才培养由20世纪90年代的中等师范教育发展而来，教师教育特色鲜明。中等师范教育的全科培养、特长培育的教学观、贯穿全程的实践观等传统一脉相承，为我国教育发展做出了重要贡献。在特殊教育尚处在初步发展，规模质量还不够发达的现在，高等职业院校的特殊教育专业建设尤为重要。特殊教育的人才培养以职业岗位需要为依据，着眼于第一线的特殊教育需求，着重培养高素质技术技能人才，为我国不断加速发展的特殊教育学校贡献新生力量。

目前，国内针对本专科层次的高等职业院校特殊教育专业师范生的教材体系建设相对滞后，还没有一套完整的适合高等职业院校特殊教育专业师范生培养的教材；而针对师范大学特殊教育专业本科生的教材体系无法满足其专注实践、面向应用的价值趋向。2020年以来，在襄阳职业技术学院的具体协助下，应北京师范大学出版社的邀请，我们成立了高等职业院校特殊教育专业师范生教材丛书编辑委员会。该委员会汇集了全国特殊教育学术界及部分基层的代表50余人，共编写出版42本教材，为高等职业院校特殊教育专业及相关专业的本专科生提供一套理论与实操相结合的教学用书。本套丛书的整体设计特点有如下几方面。

第一，面向日益增加的残障类型对特殊教育范围进行扩展。例如，随着一系列与现代文明相关的残疾与适应性障碍不断增加，以精神残疾、孤独症、注意力缺陷及多动症、学习障碍、情绪行为困扰等为特征的残障类型不断出现，特殊教育范围不断扩展，从关注感官障碍，到关注各种发展性障碍，进而扩展到关注更为广泛的特殊教育需要的范畴。

第二，着眼于国际融合教育发展的趋势及国内随班就读的实际，以“拿来主义”的方式审视国外特殊教育各种理论与操作技术，深耕国内特殊教育研究与实践，构建从特殊教育到融合教育演进的专业知识体系。本套丛书涵盖当代特殊教育的基本理念与知识体系，又面向融合教育理论与实践进行全面的介绍与探讨；旨在为培养特殊教育专业化程度较高的实践性创新人才服务，使他们毕业后能够在特殊教育学校(机构)从事特殊教育专业实践，并能够在普通教育环境中实施融合教育教学。

第三，从多学科交叉融合的角度出发，培养特殊教育综合性人才。本套丛书综合运用教育学、心理学、医学、康复学、社会学、管理学等多个学科的知识，融会贯通为教育和康复两个领域。从教育的角度出发，包括特殊教育基本原理、融合教育理论与实践、残障儿童心理及行为特点、特殊教育课程及教学实践等内容。从康复训练的角度看，包括针对各类儿童的康复知识和技能、训练干预技术、支持辅助策略等内容。

第四，基于项目式学习的思路，着重专业应用与实践技术的培养。本套丛书立足建构主义教学观，从实际问题或者案例出发，彰显学生为中心的设计理念；以活动为基础促进学生主动参与，以情景设计促进师生平等互动；在设计上体现融合教育倡导的通用学习设计理念，以数字技术为基础，通过线上线下混合的方式开展教学活动设计，通过资源优化与扩展带动学生自我学习与成长。

概而言之，本套丛书试图跳出特殊教育学科的理论话语体系，从实践者的视角来构建特殊教育知识与技能，为高等职业院校本专科师范生提供一套操作性强、覆盖面广的基础教材。鉴于该项任务并无前人经验可借鉴，又因为编者水平有所局限，不足之处难以避免，敬请国内同行批评指正。

邓猛

2022 年 12 月 12 日于华东师范大学田家炳大楼 711 室

单元，赵斌、秦铭欢(西南大学)；第二单元，马金晶(云南师范大学)；第三单元，黄俊洁(贵州省六盘水幼儿师范高等专科学校)；第四单元，作灵芝(云南省滇西科技师范学院)；第五单元，赵斌、凡桂芹(西南大学)；第六单元，黄红燕(云南省昆明市盲哑学校)；第七、九单元，庞鑫凯(重庆市特殊教育中心)；第八单元，赵斌、徐润君(西南大学)；第十单元，李伦银(四川省成都市特殊教育学校)；第十一、十五单元，刘宇晟(山西省太原市聋人学校)；第十二单元，周治红(重庆市特殊教育中心)；第十三单元，吴莎莎(重庆市聋哑学校)；第十四单元，夏艺璇(山东省潍坊聋哑学校)；第十六单元，张步宏(福建省泉州市特殊教育学校)；第十七单元，李祥蓉(四川省成都市特殊教育学校)；第十八单元，赵斌、张瀚文(西南大学)；第十九单元，姜小梅(四川省攀枝花市特殊教育学校)；第二十单元，邓伟丽(重庆市渝北区特殊教育学校)；第二十一单元，拓小娟(广东省深圳市宝安区星光学校)；第二十二单元，王玉兰(云南省昆明市盘龙区培智学校)；第二十三单元，李登钰(广东省深圳市龙华区实验学校)；第二十四单元，朱晓婷(云南省昆明市盘龙区培智学校)。

我们衷心感谢北京师范大学邓猛教授以及北京师范大学出版社姚贵平老师、余娟平老师对本书编写工作的大力指导。参与本书编写的既有从事特殊教育研究的高校教师，也有各类特殊教育学校的一线教师，还有在读研究生。正是他们的支持，本书才得以完成。本书编写过程中参考了众多专家学者的相关研究成果，谨在此一并表示感谢！

限于编者的水平，本书难免会有不足之处，恳请专家学者和广大师生提出宝贵意见，我们将进一步完善。

编者

2021 年 5 月 8 日

目录 CONTENTS

161 模块三　聋校义务教育学科教学

231 模块四　培智学校义务教育学科教学

模块一
特殊教育学校学科教学基础

第一单元　特殊教育学校学科教学概述

单元导学

学科教学是现代学校实现人才培养目标不可缺少的基本构成要素。在特殊教育学校中，学科教学法是主要的教学法之一。学科教学法有讲授法、演示法、练习法等，在后续各单元中会有更进一步的详细介绍。学习学科教学法是教育科学发展的要求，是教师专业发展的要求，也是科学技术发展的要求。对特殊教育学校学科教学影响较大的理论有行为主义教学理论、认知主义教学理论、人本主义教学理论和多元智能教学理论。在阐述学科教学概念时，势必需要厘清学科、课程和教学三者的关系，本单元认为课程和学科的概念是相近和相似的。

学习目标

1. 基本了解学科教学的含义和内容。
2. 掌握基础的学科教学法。
3. 了解重要的学科教学理论。
4. 基本了解学科、课程与教学的关系。

单元思维导图

- 特殊教育学校学科教学概述
  - 学科教学概述
    - 学科教学的含义
    - 学科教学的内容
    - 学科教学法
    - 学习学科教学法的意义
  - 学科教学的主要理论
    - 行为主义教学理论
    - 认知主义教学理论
    - 人本主义教学理论
    - 多元智能教学理论
  - 学科、课程与教学的关系
    - 课程的含义
    - 课程（学科）与教学的关系

▶第一节 学科教学概述

教学工作是学校教育的中心工作。学科教学作为学校的重要教育活动，是达成课程目标、实现立德树人根本任务的主要途径。通过这一节内容，我们将学习学科教学相关概念；掌握主要的学科教学方法；了解学科教学法的意义等。

一、学科教学的含义

学科教学是围绕学科展开的教学活动，因此我们需要先了解学科是什么，教学是什么，再掌握学科教学的含义。学科的含义主要有两种：第一种是指学问的性质、学术分类，是依据学术的性质而划分的科学门类，如物理学、化学、历史学、语言学等。第二种是指学校教学的具体科目，如语文、数学、英语等。本书中的学科更多的是指第二种含义，即教学科目，特指特殊教育学校中的课程科目。2016 年，教育部制定的盲校义务教育课程标准(2016 年版)、聋校义务教育课程标准(2016 年版)、培智学校义务教育课程标准(2016 年版)明确规定了三类特殊教育学校义务教育阶段具体的教学科目。

从汉语词源来看，教学是由教和学两个字组成的。“教”字最早出现在甲骨文中，“丁酉卜，其呼叫多方小子小臣其教戒。”“学”字在甲古文中也有记载：“壬子卜，弗酒小求，学。”“教”“学”两字并用，最早见于《尚书》。汉代的《说文解字》也记载：“教，上所施，下所效也”“学，觉悟也”。可见，“教”重视传授与接受的行为，“学”重视内心的感受和所得，教学的含义则是传授、仿效而心有所定。对于教学的具体概念，国内的学者尚未达成统一意见。其中比较具有代表性的观点有：王策三认为教学是教师教、学生学的统一活动；在这个活动中，学生掌握一定的知识和技能，身心也将获得一定的发展，形成一定的思想品德。[1] 裴娣娜认为教学是教师教学生认识客观世界并促进

① 王策三：《教学论稿》，88～89 页，北京，人民教育出版社，1985。

学生身心发展的教育活动。[①] 靳玉乐等认为教学是教师和学生共同组成的团体和掌握社会经验的双边关系。[②] 总体来说，教学是为实现教育目的、以学科内容为中介而进行的教和学相统一的共同活动。

学科教学是现代学校实现人才培养目标不可缺少的基本构成要素。学科教学是以学科学习为基础，以促进学生的发展为目标的教学活动。按照某种标准进行分门别类，每一种门类在知识体系上具有层次性、逻辑性和基本完整的体系，在性质上表现出专业性，在实施上体现出针对性，这就是我们所说的学科。学科教学是以学科知识为主要内容的教学，按照具体学科可以分为语文教学、数学教学、英语教学、物理教学、化学教学等。各门学科教学之间不是完全独立的，在实施过程和教学方法上存在共性和特殊性。

二、学科教学的内容

教学内容是教学活动的核心问题，是一切教学活动的基础。教学设计与实施就是关于具体的学科教学内容的组织与安排；教学策略与方法的选择就是为实践学科教学内容；教学评价与反馈则是对学科教学内容实施结果的一个判断。所以了解学科教学的内容是开展教学活动的重要环节。

教学的目的就是有选择地向学生传递系统的知识，梳理相关的学科知识是学科教学的前提。这些学科知识来源于人类长期积累的知识，将这些有价值的知识模块化、层次化、条理化，便成为一个特定的具体学科。学科体现在中小学教学活动实践中，就是以课程体现出来的。学科教学的实质就是从知识本身出发，强调向学生传授学科的知识体系。明确的学科教学内容将有助于学生系统掌握学科知识，为教师的教学提供依据。

三、学科教学法

教学法即教学方法的简称，是为了有效达成学科教学的目标，教师引导组织学生

---

① 裴娣娜：《教学论》，2～4 页，北京，教育科学出版社，2007。

② 靳玉乐：《现代教育学》，195～198 页，成都，四川教育出版社，2015。

进行专门内容的学习活动所采用的方式、手段和程序的总和。学科教学法即学科教学方法，是指适合某门学科特点的教与学的方法，主要是解决“怎么教、怎么学”的问题。在特殊教育领域，大多数的教学方法与普通学校教学方法相似，但是因为学生存在不同障碍、障碍程度不同，其所采集信息的通道、认知方式等会有较大差异。根据学生的差异，教师通常会灵活地使用一些特殊的教学方法。其中讲授法仍是最为常用的学科教学方法，以直接感知为主的演示法，以及以实际训练为主的练习法也是特殊教育学校常用的学科教学法。

（一）讲授法

讲授法作为一种传统的教学方法，主要是教师通过口头语言表达向学生描绘情境、叙述事实、解释概念、论证原理和阐明规律的教学方法。讲授法长期以来在课堂教学中占据支配地位，是因为讲授法能够广泛应用于新授课、复习课、练习课中，是一种主要的、基本的教学方法。利用讲授法能够让学生快速地获得大量、系统的知识。但是讲授法也不是教师简单地讲读教材，讲授法一共有讲述、讲解、讲读、讲演四种具体的方式。教师在使用讲授法时，需要确保讲授内容要有科学性、系统性、思想性、启发性、趣味性；选择合适的讲授策略与方式；讲究语言艺术，控制合理的语音、语速、语调，增强语言的感染力。

（二）演示法

演示法是特殊教育学科教学中常用的一种教学方法，常配合讲授法、谈话法一同使用。它是教师可以通过展示各种实物、教具，进行示范性实验，或通过现代化教学手段，使学生获取知识的教学方法。这种方法能够为学生提供观察学习的机会，提高学生的学习兴趣，减少学习中的困难。但是演示法也容易导致学生的注意力分散，难以达到预期目标；受较多的教学条件和教学内容制约，不是所有的教学都适合使用演示法。为保障演示法能够取得良好的教学效果，教师在演示前，需要做好充足的演示准备；要明确告知学生演示的目的和要求；讲究演示的方法；在演示过程中需要适当地引导学生展开思考，以获得最佳效果。

（三）练习法

练习法被广泛地应用在特殊教育学校各个学科之中。练习法是学生在教师的指导下反复多次完成某次动作或活动方式，以巩固知识、形成一定技能和技巧、培养创造力的教学方法。教师指导学生反复地完成一定动作或活动方式，使学生通过练习在神经系统中形成一定的动力定型，以习得某一个技能、技巧或行为习惯。教师可以根据学生的能力和学习内容，选择不同的练习方式，如口头练习、书面练习、作业练习等。在运用练习法时，教师需要明确提出练习的任务，说明练习的要求和方法，并做必要的示范；根据需要指导学生开展独立练习；定期进行检查、分析和总结。

四、学习学科教学法的意义

学科教学法是师范(或教师教育)专业的必修课。学习学科教学法是特殊教育发展的要求，是特殊教育教师专业发展的要求，也是促进特殊教育学校学生学习的要求。

特殊教育学也是在不断地发展和完善的，我们对于特殊教育的理解也是不断地深入的。当前，我国特殊教育进入内涵式发展阶段，极为重视特殊教育的高质量发展，推进特殊教育教学改革则是提高教育质量的关键。这就要求特殊教育教师学习和应用适合特殊教育学校的学科教学法，以提高自身的专业性。《教育部 中央编办 国家发展改革委 财政部 人力资源社会保障部关于加强特殊教育教师队伍建设的意见》《特殊教育教师专业标准(试行)》等文件明确要求一名合格的特殊教育教师需要拥有尊重学生等专业理念和师德；具备学科知识、教育教学知识等专业知识；掌握教学设计、组织与实施等专业能力。表 1-1 为《特殊教育教师专业标准(试行)》的基本领域。

表 1-1 《特殊教育教师专业标准(试行)》的基本领域

维度	领域
专业理念与师德	职业理解与认识、对学生的态度和行为、教育教学的态度与行为、个人修养与行为
专业知识	学生发展知识、学科知识、教育教学知识、通识性知识
专业能力	环境创设与利用、教育教学设计、组织与实施、激励与评价、沟通与合作、反思与发展

促进特殊教育学校学生学习是特殊教育教师重要的工作任务。通过对特殊教育学校学科教学法的学习，教师能够更有效地开展学科教学工作，提高教学质量。此外，

多媒体课件制作和微格教学等教学技术也已成为日常学科教学的必备方式之一。因此，特殊教育教师更加需要学习学科教学法，掌握必要的教学技术，在特殊教育学校教学中运用现代科学技术，激发学生的学习兴趣，为学生提供更加直观的教学体验，从而使学生更容易地理解学习内容。

▶第二节 学科教学的主要理论

第二次世界大战以后，世界各国纷纷开展了大量的教学改革和理论研究，各种教学理论“百花齐放”。经过长时间的交流和融合，形成了几种具有代表性的现代学科教学理论。其中对特殊教育学校学科教学产生较大影响的理论有行为主义教学理论、认知主义教学理论、人本主义教学理论和多元智能教学理论。

一、行为主义教学理论

行为主义教学理论源于对行为主义心理学的研究。1913 年，华生发表了文章《在一个行为主义者看来的心理学》，这标志着行为主义心理学的开始。行为主义心理学的代表人物主要有巴甫洛夫、华生、斯金纳、班杜拉。其中具有代表性的行为主义教学理论是斯金纳的程序教学理论。

斯金纳认为程序教学是指将学科的知识按其中的内在逻辑联系，拆解成诸多细小的知识内容来教学的。这些知识内容是互相衔接，按照从易到难的顺序排列的。学生可以按学习程序独立自主、按部就班地完成学习。在教学过程中，教师需要通过提问的方式，观察学生对知识掌握的情况，并及时给予反馈和强化，使学生最终能够掌握所学的知识，达到预定的教学目的。

在学科教学中，教师需要遵循程序教学的如下四条原则。第一，小步子原则或循序渐进原则。教师根据学习内容的内在逻辑，将学习内容分为诸多细小单元，指导学生由浅入深、由易到难、循序渐进地进行学习。第二，积极反应原则。斯金纳认为，教师需要观察学生学习时的反应，做出相应的反应，以强化巩固学生的学习，使学生一直处于一种积极学习的状态。第三，及时强化原则。在观察学生做出反应后，教师需要立刻对其进行评价，及时判断学生的反应是否正确。如果正确，教师应给予积极的反馈；如果错误，教师应该指导其改正。第四，自定步调原则。教师需要根据每名学生的特点，安排不同的学习进度和速度。

二、认知主义教学理论

认知心理学最早发端于早期格式塔心理学，但正式形成是在 20 世纪五六十年代。认知主义教学理论源于社会现实背景和认知心理学关于学习的有关探讨，着重从学习者内部的心理结构探讨教育教学，认为教育就是促进学生内部心理结构的形成或改组。认知主义教学理论的主要代表人物有美国教育学、心理学家布鲁姆、奥苏伯尔、加涅等人，其中具有代表性的认知主义教学理论是布鲁纳的认知结构教学理论。

布鲁纳致力于研究人的认知、动机和学习等内容，在此基础上形成了独特的学习理论和教学理念。他认为教学的任务是发展学生的智力，培养学生的操作、观察、符号运算和想象等技能；教学时必须考虑三件事情：学生的本性、知识的本质、知识获得过程的性质。布鲁纳认为，每一个学科都有自己的结构，学生学习的目标是形成自己的认知结构。学习学科的基本结构有助于学生理解学科内容，有助于学生将学习内容迁移到其他情境之中，也有助于学生形成自己的认知结构。布鲁纳主张使用发现教学法来教授知识；教师是学生学习的辅助者和引导者，应该引导学生按照自己观察和思考事物的特殊方式去认知事物、理解学科的基本结构。

布鲁纳提出四条常用教学原则以促使学生能最有效地获得知识技能和发展智力。第一，动机原则。教师在学科教学中需要促进和调节学生的良好心理倾向和动机，激发学生的学习兴趣和好奇心。第二，结构原则。知识是具有层次结构的，所以教师要选择适当的知识结构，也要选择适合学生认知结构的教学方式，使知识结构和学生的认知结构匹配，促进学生学习。第三，序列原则。每门学科都存在自己的序列，所以教师在教学设计时必须采取适合学生的教学程序，并随时准备修正或改变知识的呈现顺序。第四，强化原则。外在强化对学生学习具有激发和维持作用，所以教师在学科教学中应及时向学生反馈他们的学习结果，给予强化，提高他们的内在动机，促进他们的自我发现学习。

三、人本主义教学理论

源于对认知主义的担忧和反思，人本主义作为心理学的一股新势力开始崛起，后被称为心理学中的第三思潮。人本主义认为心理学的核心是对人的理解、关爱和尊重，应关注人的整体。同样，人本主义教学理论认为真正的学习经验能够使学生发现自身的独特品质，发现自己作为一个人的特征，倡导学生的个性发展和自我和谐。比较具有代表性的理论有美国罗杰斯的非指导性教学理论、苏联苏霍姆林斯基的“情感动力”理论、保加利亚的洛扎诺夫的暗示教学法等。

罗杰斯是美国人本主义心理学家和教育改革家。他提出了非指导性教学理论，重视“师生平等”和“真实、尊重、理解”。罗杰斯认为学习始终是受教育者的事情，学生需要学什么，教师需要教什么，如何去评价教学效果这些都应该由学生来决定。教师只是学生学习的促进者、帮助者、辅助者、合作者、朋友，而不是学生的指导者。教师在教学过程中需要以学生为中心，提供不具威胁性和非强制性的教学。罗杰斯提出了知情统一的教学目标，认为教育不是仅仅为了传递知识，更重要的是能够塑造学生的人格，激发学生的学习潜能，提高学生的自我学习能力。他非常关注学生在探索学习过程中是否能够适应变化和知道如何学习，对教学过程的重视胜过教学内容。

在特殊教育学校中，人本主义教学的关键在于以学生为中心。教师在教学设计时要考虑到学生不同的身心发展状态，因为每名学生都是独立的个体，都是具有发展的潜能的。教育就是为每个人达到自己的最佳状态提供一个良好的促进学习和成长的气氛。所以教师应该保持真诚、坦诚的态度，建立真实、尊重和具有同理心的师生关系。在学科教学过程中，教师应当是课堂教学的促进者，根据学生的心理特点和知识水平，灵活调整教学方式，善用提问，引导学生进行自主学习。

四、多元智能教学理论

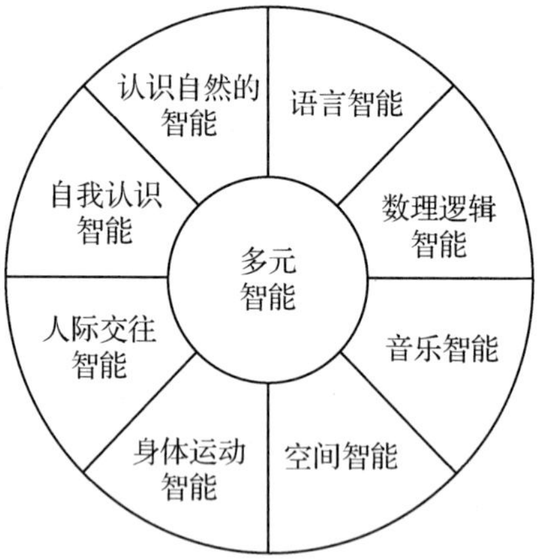

图 1-1　加德纳的多元智能分类

多元智能理论是 20 世纪 80 年代中期以来受到人们重视的国际教育新理念。传统教育理论认为智能是单一的，是一元的。1983 年，美国哈佛大学心理学家和教育学家加德纳将智能定义为：在实际生活中解决所遭遇问题的能力、提出新问题来解决的能力和对自己所属文化做有价值的创造及服务的能力。他认为不能用传统的智力水平(IQ)来评价一个人。他在《智能的结构》一书中，提出七种基本智能，即语言智能、数理逻辑智能、音乐智能、空间智能、身体运动智能、人际交往智能、自我认识智能。智能的数量也是发展的，在 1996 年加德纳又提出了第八种智能——认识自然的智能。图 1-1 为加德纳的多元智能分类。

1985 年，美国耶鲁大学教授斯腾伯格提出了“智力三元论”。他将人的智力分为分析智力、创造智力和实际应用智力。按照智力三元论的观点，因为在面对刺激情境时，每个人对信息处理的方式不同，导致了人在智力上出现高低的差异。

提出多元智能理论的目的不是在于用来区别每个人拥有哪一项智能，而是主张每个人都拥有多项智能。加德纳认为如果给予适当的鼓励和指导，事实上每个人都有能力使所有智能发展到一个适当的水平。他还指出每一项智能都有多种表现形式；每种智能实际上在生活中不会独立存在，智能总是相互作用的。

在传统教学中，教师并没有看到不同智能之间的关系，往往单独开展某一学科的教学。多元智能教学理论则主张任何一个学科的教学都可以和其他智能联结起来，使学生能将学习到的各科知识加以统整，这样才是真正的学习。如培智学校生活语文、唱游与律动课程等都是多种智能参与的体现，能够帮助学生在一节课中同时调动多种智能。除了课程中同时出现多种智能外，多元智能教学理论也主张教师在教学中采用多种教学方式。如除了采用讲授法外，教师还会使用播放视频、音乐等多媒体的方式开展教学；采用小组讨论的方式，让学生能够相互交流。

总体来说，多元智能教学理论主张教师确定一个多样的教学目标，并使用多样的教学方法来达到这个目标。为了便于在教学中使用多元智能教学理论，教师需要根据七个步骤开展教学设计，依次是确定具体目的、提出不同智能的主要问题、考虑所有可能、集思广益、选择适当活动、制订连续的计划、执行计划。表 1-2 为教学设计模板。

表 1-2　教学设计模版

教学设计			
课程名称			
教材信息		教　师	
教学资源		班　级	
教学方法		教学时间	
课程目标			
教学目标和流程	教师活动	学生活动	对应的智能

▶第三节 学科、课程与教学的关系

一、课程的含义

从课程的词源来看，汉朝的《说文解字》便有记载：“课，试也。从言，果声。”“程，品也。”“课程”二字合用最早出现在南北朝时期的《贤愚经》之中：“尔时有一比丘，畜一沙弥，恒以严敕，教令诵经，日日课程。”与我们当前对课程理解更为相似的出处是唐朝孔颖达在《五经正义》中提出的“维护课程，必君子监之，乃得依法制也”。宋朝朱熹也在《朱子全书》中多次提及课程，如“宽着期限，紧着课程”。

对于课程的定义尚未形成统一意见。在古希腊时期，学校开设“六艺”课程，认为课程即教学科目。后来斯宾塞提出课程专指学校里的科目设置及其进程安排。有观点认为课程是一种学习计划，是学生在学校指导下经历的所有经验的一种计划，是指导学生获得全部教育性经验的计划。但也有观点认为课程不应该指向活动，而应该直接关注预期的学习结果或目标，要求所有教学活动是为达到预先确定的课程目标，这一观点在西方课程理论中较为盛行。也有学者批判上面两种对课程的理解更加重视计划的作用，他们认为课程的实质是学习者的特殊学习经验。这种经验是学生在对所从事的学习活动的思考中形成的，可以把课程定义为学习经验。

总体来说，虽然对课程的定义并不相同，但是大家对课程含义的理解是相同的，即认为课程是指学校教学的科目及其进程。事实上，课程概念有广义和狭义之分。广义的课程是指学校为实现培养目标而选择的教育内容及其进程的总和，包括学校所教的各门学科和有目的、有计划的教育活动，大致可以分为学科课程和活动课程两类。狭义的课程是指某一门学科。本书采用课程更加倾向狭义的理解，认为课程是指学科。具体来说，课程不仅包括教学科目及其顺序、进度和学习课时，还包括目标、考核要求和标准。

二、课程(学科)与教学的关系

基于对于课程的理解，本书认为可以在一定意义上将学科理解为课程，两者具有相似的含义。当前对于课程与教学的关系问题，国内外学界尚未达成统一意见，仍需进行深入的研究和探讨。主要有以下三种观点。

（一）课程（学科）与教学二元独立

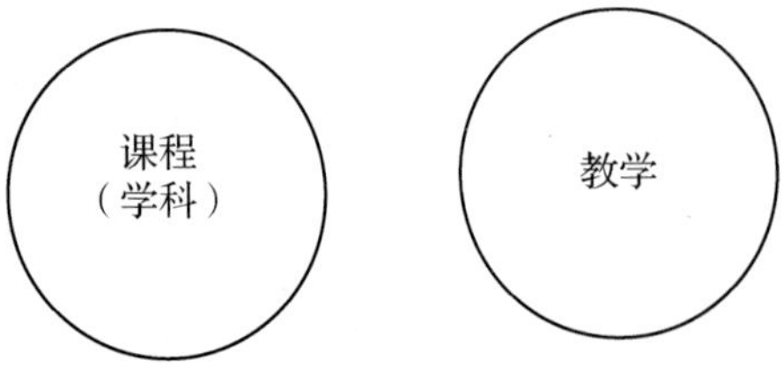

图 1-2　课程与教学二元独立

课程(学科)与教学之间是相互独立、互不依赖的关系，如图 1-2 所示。课程与其在学校的教学实际应用分离开了，两者独立变化而互不影响。

（二）课程（学科）与教学相互交叉

课程(学科)与教学之间是相互交叉、存在交集的关系。教学包含课程的一部分，课程也包含教学的一部分，如图 1-3 所示。

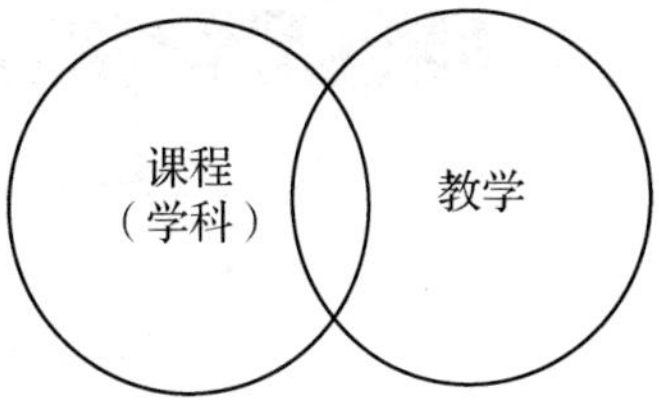

图 1-3　课程与教学相互交叉

（三）课程（学科）与教学相互包含

课程(学科)与教学是相互包含、存在相互归属的关系，有两种具体形式。第一种是课程包含了教学，教学是课程的一个子系统。第二种是教学包含了课程，课程是教学的一个子系统，如图 1-4 所示。

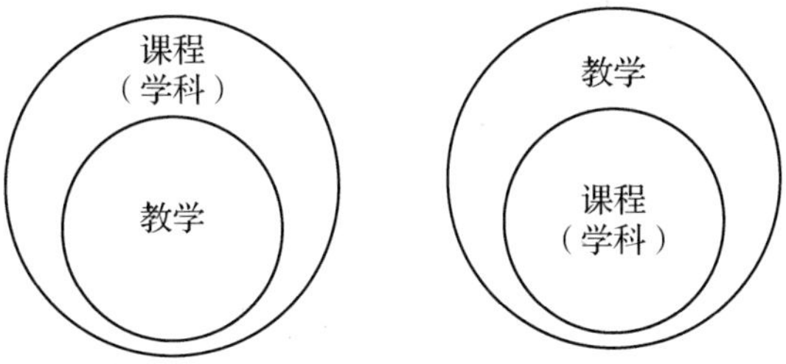

图 1-4　课程与教学相互包含

单元小结

学科教学是当前学校教育中最主要的部分，其内容较为确定，以系统的学科知识为主。开展学科教学主要包括教学设计与实施、教学策略与方法选择、教学评价与反馈等重要环节。讲授法、演示法和练习法是特殊教育学校中常见的学科教学方法，掌握科学的教学方法将有助于提高学生学、教师教的效果。行为主义教学理论、认知主义教学理论、人本主义教学理论和多元智能教学理论是当前影响学科教学发展的主要理论。广义的课程是指学校为实现培养目标而选择的教育内容及其进程的总和；狭义的课程是指某一门学科。厘清学科、课程与教学的关系将有助于教师建构完整的学科教学理论框架。

讨论与探究

1. 讨论特殊教育学校学科教学的要素有哪些。
2. 讨论学习学科教学法的方法有哪些。
3. 运用多元智能教学理论设计一节课。

阅读资料拓展

1. 徐继存、徐文彬：《课程与教学论》，北京，高等教育出版社，2009。
2. 张文京：《特殊教育课程理论与实践》，重庆，重庆大学出版社，2014。

第二单元　特殊教育学校学科教学组织形式

单元导学

教学是特殊教育学校教育活动的核心，是实现培养目标的途径。在现实的课堂中，教师如何组织学生进行学习，怎样分配教学时间，怎样用好教学空间……这些都是教学组织形式要解决的问题。所以，教学组织形式在教学理论与实践中，处于真正接近实践的地位。教学理念、教学原则、教学过程等最终都将综合、集结于教学组织形式中，体现出教学目标、内容和方法的统一。特殊教育学校学科教学中，形成了各具特色的教学组织形式，不同教学组织形式的教学功能不尽相同。教学组织形式的合理选择和运用，直接影响着教学的速度与规模，也与教学质量有密切关系。

学习目标

1. 能够说出教学组织形式的概念。
2. 能够说明选择教学组织形式的依据。
3. 能够比较特殊教育学校学科不同教学组织形式的优势与局限。
4. 可以根据实际情况选择恰当的教学组织形式。

单元思维导图

- 特殊教育学校学科教学组织形式
  - 特殊教育学校学科教学组织形式概述
    - 教学组织形式的内涵
    - 影响教学组织形式选择的因素
  - 特殊教育学校学科教学基本组织形式及其发展
    - 特殊教育学校学科教学基本组织形式
    - 特殊教育学校学科教学组织形式的展望

第一节
特殊教育学校学科教学组织形式概述

教学组织形式是教学过程诸多要素的组合，是联系特殊教育学校教师和学生的桥梁，决定了教师对学生的指导程度以及学生在学习活动中的主动性和参与度。了解教学组织形式的内涵、明晰教学组织形式选择的依据，将有助于教师在教学实践中做出正确的选择并践行对理想教学的追求。

一、教学组织形式的内涵

关于教学组织形式的讨论，可谓源远流长。夸美纽斯早在《大教学论》中就谈道：教学如同印刷书籍一样，教师的嘴就是一个源泉，学生的注意如同一个水槽，知识的溪流由教师的嘴流向学生头脑里。① 赫尔巴特提出的教学形式阶段理论将教学过程分为清楚、联合、系统和方法四个阶段，实际上谈的就是一个完整的教学过程。② 苏联教育学家凯洛夫基于马克思主义认识论原理，进一步提出一节课包括组织教学—复习旧课—讲授新课—巩固新课—布置作业五个环节。虽然学者们对教学过程具体如何安排有不同见解，但毫无例外都将这个问题作为探讨教学的落地之策，通过对教学组织的梳理，达到教学过程的最优化。由此，对教学组织形式的探讨成为教学论中的一个重要问题。

从教学组织形式的内涵来看，它是教学活动的形式，服务于教学工作的内容。教学工作的内容包括教学目的、教学内容和教学方法。教学组织形式就是为教学目标的达成、教学内容的实施以及教学方法的运用服务的，教学组织形式是教学任务得以实现的基本保证。③ 教学组织形式是为了实现一定的教学目标，围绕一定的教育内容或学习经验，在一定时空环境中，借助一定的媒体，师生相互作用的方式、结构与程序。

---

① [捷克]夸美纽斯：《大教学论》，傅任敢译，135～136页，北京，人民教育出版社，1957。
② [德]赫尔巴特：《普通教育学 教育学讲授纲要》，李其龙译，58～60页，杭州，浙江教育出版社，2002。
③ 王策三：《教学论稿》，272页，北京，人民教育出版社，1985。

其主要内涵包括特殊的师生互动、特殊的时空安排和教学因素的特殊组合。[①]

通过对现有观点的梳理，教学组织形式的概念研究中呈现出一些共识。教学组织形式是教学活动中师生相互作用的结构形式。在教学目的的指导下，怎样把一定的教学内容传授给学生，教师和学生如何加以组织，教学时间、空间以及其他条件如何妥善安排和有效利用，这些都是教学组织形式要解决的问题。

具体而言，教学组织形式要解决的问题包括如下三方面。[②]

①教学活动的人员组合形式。即教师以什么形式把学生组织起来，并通过什么形式与学生发生互动？是个别的、小组的，还是集体的？教师在各种形式的教学活动中起什么作用？这种作用方式是直接的，还是间接的？

②教学活动时间、空间安排。即教学活动的时间是固定的，还是灵活变动的？教学活动的场所是封闭的，还是开放的？

③教师和学生都需要服从的教学程序。可以是集体上课，也可以是小组或个人完成教师规定的学习任务。

二、影响教学组织形式选择的因素

在教学实践中，课的不同类型、师生组合方式以及时空差异，要求选择各具特色的教学组织形式。这些影响因素也将成为未来我们选择合适的教学组织形式的依据。

（一）课的类型与结构

课型的划分依据众多，按照教学任务可以划分为新授课、复习课、巩固课、技能课；按照教学方法可以划分为讲授课、演示课、练习课、实验课等；按照教学内容可以划分为单一课和综合课。课的结构就是课的各种因素的有序结合，取决于课堂教学的内容、教学方法、学生的认识发展水平以及这节课在教学过程中所处的地位等。长期以来，教学论中把课的结构看成一种固定的模式顺序，即组织教学—复习提问—讲授新教材—巩固新教材—布置家庭作业。[③] 从实践角度来看，该流程有利于教师发挥主导作用，但长此

---

① 黄甫全、王本陆：《现代教学论学程》修订版，354～355页，北京，教育科学出版社，2003。

② 裴娣娜：《教学论》，223页，北京，教育科学出版社，2007。

③ 沈小碚：《教学组织形式研究的发展及其问题》，载《西南师范大学学报(人文社会科学版)》，2003(1)。

以往，将有碍于发挥学生学习的主动性和创新性。新课程改革后，基础教育阶段大力倡导以学生为主的学习方式，如合作学习、自主学习和探究学习，以及近年来特殊教育领域探索的项目式学习、情境教学等。这些课型都有着不同的结构，其教学组织形式也不尽相同。

（二）师生组合方式

师生组合方式是选择教学组织形式需要考虑的基本问题之一。回顾教学组织形式发展的历史，形成了一对一的个别教学制、一对多的班级授课制，以及多对一、多对多的教学组织形式。

特殊教育学校学科教学一般都是以班级授课制来组织实施的，而一些技能训练或康复性治疗课程大多采用一对一的个别教学制。需要注意的是，特殊教育学校的班级和普通学校略有差异。普通学校主要是根据学生的年龄进行分班，而特殊教育学校是将学生的残疾类型以及入学评估作为分班依据。近年来，随着兼有多重残障儿童的入学，更加剧了个体差异的多样性和复杂性，给特殊教育学校的班级授课制带来巨大挑战。①

除此之外，在特殊教育学校中，多对一或多对多的教学组织形式也很常见。如协同教学是指多名教师同时进入一个课堂，共同承担教学责任，处理课堂事务，旨在通过多位教师的合作提供支持，以最大限度地满足学生的个别化需求，兼顾集体教学目标及特殊学生个别教育计划的目标。

（三）教学时空安排

教学的时间和空间可以有多种多样的变化和组合方式。从时间的组合来看，涉及学年制的分割与组合，即选择几学期制的问题，如二学期制、三学期制、四学期制等；涉及学周制的安排，即一个教学周安排几个教学工作日，如六天工作制、五天工作制、四天工作制等；涉及课时的安排，即一节课安排多少时间。② 目前，国内特殊教育课时的安排主要有固定课时制、活动课时制等。从空间的组合来看，教学活动可以安排在校内进行，如课堂教学、课外活动等。也可安排在校外进行，如实施现场教学，组织学生到超市、餐厅、工厂等现场进行参观或实际操作等。

---

① 朱茵、章文亮：《转变评价方式　重新认识盲生》，载《现代特殊教育》，2003(Z1)。

② 吴文侃：《比较教学论》，336～342页，北京，人民教育出版社，1999。

拓展阅读

活动课时制

活动课时制产生于20世纪50年代的美国学校。它是对原本统一的教学时间进行调整，以使不同学科或活动的课时不同，如核心课程延长时间，辅助课程缩短时间。通过对教学时间的变动，教学能适应不同的学科和年级学生的特点，但增加了教学管理的工作量，可能会使班级间上下课时间错位，易发生相互干扰。

教师对教学要素进行组合的过程，就是对各种教学组织形式进行分析和比较，从中挑选出适合自己的教学组织形式的决策过程。当然，选择的实质就是一个价值判断过程，会受到教师教学理念的影响。但是，现代社会已经不允许教师依据单一教学指标来做出教学组织形式的选择。① 在选择教学组织形式时，教师需要综合考虑教学目标、内容、方法以及教师、学生和时空条件，摆正教学关系、师生关系、理论和实践关系；设计好教学的结构和程序；处理好社会、生产、科技发展和个人对教育教学的要求之间的关系；兼顾传授知识和发展人的个性、能力；既要提高整个班级质量，又要因材施教；尊重学生的个性，使学习成为学生的乐园；在缺乏师资的情况下，充分发挥现有人力和物力的作用。② 教学组织形式改革和发展的趋势必然是继续寻求效率与质量的平衡，只有统筹考虑教学要素、有机组合，才能实现教学过程的最优化。

▶第二节

特殊教育学校学科教学基本组织形式及其发展

教学组织形式具有社会制约性，它总是伴随社会历史的进步而不断变化发展。要

① 司成勇：《走向个别化教学——论教学组织形式的发展历史与逻辑的统一》，载《教育探索》，2011(2)。

② 沈小碚：《教学组织形式研究的发展及其问题》，载《西南师范大学学报(人文社会科学版)》，2003(1)。

想能够恰当选择和实施教学组织形式，教师必须对各种教学组织形式有所了解。

一、特殊教育学校学科教学基本组织形式

（一）班级授课制

班级授课制可谓是目前使用最广泛的教学组织形式，它是指把一定数量的学生按年龄与认识程度编成固定班级，根据预先的课时安排，有计划地向全班学生集体授课。

班级授课制的特点可以归纳为以下几个方面。①

第一，在教学人员的安排上，以班为基本单位，学生被分配在各个固定的班级。

第二，在教学活动程序的安排上，以课为组织单位，教学一般分学科进行。每门学科每周预定的课时数一般根据国家规定的课时标准确定。

第三，在教学时间安排上，以课时为基本单位，每一节课都被规定在统一而固定的单位时间内进行。

第四，教学内容根据国家规定的课程标准确定。班级授课制要求一个班级的所有学生应该达到基本的要求。

我国特殊教育学校的教学组织形式是仿效普通教育班级授课制建立起来的，逐渐形成了“小组班、大班校，不管多少按班教”的特征。② 班级授课制的优势不言而喻，夸美纽斯作为第一个为班级授课制提供理论依据的人，曾指出这一教学组织形式有“节约时间和精力”等好处。虽然班级授课制在我国沿用不衰，但对其弊病的反思从未停止。学习是始于学习者的现有知识和技能，构建在学习者的原有经验之上，并受到学习者独特的兴趣、学习方式、文化背景等因素的影响，学习始终是“一件个人的事情”③。值得注意的是，班级授课制存在脱离特殊教育学校实际的问题，会制约、消损着特殊教育学校小班的灵活性和个别化优势的发挥。因而，习惯于以“班”教学的教师，无论是在教育理念上还是在专业技能上，都有一种“念旧拒新”的本能，难以适应个别

---

① 朱家存、王守恒、周兴国：《教育学》，252 页，北京，高等教育出版社，2010。

② 盛永进：《盲校现行教学组织批判——基于个别化教学的反思》，载《中国特殊教育》，2006(10)。

③ [美]约翰·杜威：《民主主义与教育》，王承绪译，321 页，北京，人民教育出版社，2001。

化教学组织的新要求。①

当然，对于班级授课制，还是应该辩证看待。特别是当下尚无法将其完全取代。在班级授课制的前提下，如何满足学生的个别化需求成为亟待解决的问题。

（二）个别教学

个别教学是人类教学组织的最初形式。随着社会发展，班级授课制逐渐占据主流地位，但个别教学一直存在，并逐渐展示出其独特的优势。“人类教学组织形式的发展经历了从个别教学制到班级教学制，再从班级教学制向个别教学的回归的历史过程。”②正是因为班级授课制存在不足，人们开始积极探索各种教学组织形式，包括道尔顿制、文纳特卡制、设计教学法、分组教学制、特朗普制、开放教学等，其共同特点是关注学生个性化的学习需求。

为尽力满足特殊学生复杂多样的教育需要，个别教学成为特殊教育学校最重要的教学组织形式。个别教学强调的是教师对每名学生分别进行指导，而不仅仅是形式上是否是“一对一”。2016 年，国家颁布了三类特殊教育学校义务教育课程标准，在一般性课程之上，增设选择性课程，这必将带来特殊教育学校教学组织形式的变革。在部分特殊教育学校，一般性必修课程安排在上午，选择性课程则安排在下午。在选择性课程的教学组织形式上，开始实践探索走班制。在原有行政班的基础上，学生根据个性化课程表，携带学习资料和用具，按时到相应教学班，流动完成学习任务。根据学生的实际情况，可选择按学科走班、按需要走班、跟导师走班等。③ 在融合教育的推进下，特殊学生还可以走出学校，走进普通幼儿园、普通学校，为回归主流奠定基础。

当然，走向个别教学不仅仅是教学组织形式的改变，还意味着学业目标、课程设置以及学校教学管理和资源支持的全方位调整。只有多管齐下，才能真正实现满足每一名学生的特殊教育需要。

---

① 盛永进：《盲校现行教学组织批判——基于个别化教学的反思》，载《中国特殊教育》，2006(10)。

② 司成勇：《走向个别化教学——论教学组织形式的发展历史与逻辑的统一》，载《教育探索》，2011(2)。

③ 张永和、毛伟：《跨级走班制的实践探索》，载《现代特殊教育》，2017(6)。

拓展阅读

帕金斯盲校的个别教学组织形式[①]

美国的帕金斯盲校自20世纪70年代以来，坚持以个别化教育方案为核心，实施个别化教学，力争满足每一名学生的特殊教育需要。为此，学校为学生提供了三种学业目标的选择以及相应的课程。教学组织形式上，帕金斯盲校打破传统的班级授课制，在具体教学时基本是采取小组分层与个别教学相结合的形式。对于大部分学科课程，主要实施小组分层。一般一位教师负责一个小组学生的教学；小组学生一般在5名左右，且相对固定；小组内实施分层次教学。由于课堂采取的是极为个别化的小组学习方式，即使相同的内容，教师对不同学生的要求也不一样。譬如，关于语文课某个段落、章句的教学中，对有的学生不仅要求背诵、理解，还要求进行点评，并联系已学过的内容进行迁移运用；而对有的学生则要求熟读、会背即可。所以在同一节课的同一小组内，由于人数少，教师只要处理好共性要求与个性差异的矛盾，做到合中有分、分中有合、灵活处理，基本能满足每一名学生的差异需要。

对于一些技能或康复课程，教师大多采取一对一的形式组织教学。诸如定向行走训练等，完全按照个别教育计划的要求，把运动领域的技能训练所设定的长(短)期目标，分解到具体的每一节课上，实施一对一的项目训练。针对每次训练的效果、学生的进步情况以及存在的问题，教师都进行个案记录，采用档案式的管理。一学期下来，全部训练的内容、学生的进步轨迹，教师一目了然。

（三）协同教学

随着特殊教育课程改革的深化，以及学生残疾程度的加深，综合课程的出现使传统的一位教师负责教学的形式陷入危机，协同教学应运而生。协同教学是由两位或两位以上的教师(或家长、义工等教学辅助人员)以协作的关系组成教学团队，彼此分工

① 盛永进：《美国特殊教育学校的个别化教学——帕金斯盲校的经验与借鉴》，载《中国特殊教育》，2011(3)。

合作、共同策划和执行某一教学活动的一种教学形态。美国学者弗兰德和库克将其概括为六种基本的教学模式：教学—观察模式、教学—辅助模式、平行模式、分站模式、选择模式、小组模式。①

具体到特殊教育学校学科教学实践中，常用的协同教学模式主要有以下三类。②

1. 共同主教模式

共同主教模式是指参与协同教学的教师在分工上处于平等地位，彼此之间通过密切配合和互动完成教学活动任务，让学生掌握相应的知识和技能。由于具体配合方式的不同，共同主教模式还可以分为从不同视角配合的小组模式、同步进行的平行模式和轮流进行的分站模式。如在综合实践活动课“乘坐公共汽车”的教学中，由两位教师共同执教，且都是主教教师。其中一位主教教师负责现场讲解、评价等语言形式的教学工作，另一位主教教师负责示范、演示等动作形式的教学工作。两位教师各自发挥所长，共同完成复杂的教学任务，避免了既要做语言讲述、又要做动作演示的应接不暇，达到了单一教师执教难以达到的效果。

2. 主教＋助教模式

主教＋助教模式是指参与协同教学的教师在分工上有所侧重，一个担任主教承担主要的教学任务，另一个担任助教协助、支持主教完成相应的教学活动任务。根据具体辅助方式的不同，主教＋助教模式还可以分为辅助教学观察的教学—观察模式、辅助个别支持的教学—辅助模式和辅助小组提优补差的选择模式。如在“非洲鼓：我的小宝贝”一课的教学中，一位主教教师在台上负责主要的教学活动，如教导学生识谱、示范等；同时另一位助教教师在台下负责巡视、检查，及时为学生的练习提供个别化的协助指导。

3. 主教＋嘉宾模式

主教＋嘉宾模式是指教学活动中除了主教以外，还会请到家长、义工等以客串嘉宾身份参与的人员。这些嘉宾参与的教学活动也是整个课程计划的一个有机组成部分。

---

① 刘颖、先照勇、李伦银：《美国协同教学实践发展的现状及启示》，载《现代特殊教育》，2016(6)。

② 刘春生：《培智学校班级协同教学模式的探索与实践——以G特殊教育学校为例》，载《绥化学院学报》，2020(4)。

如在“劳动最光荣”一课的教学中，主教是教师，嘉宾是班级所有学生的爸爸。在教学活动的某些环节，教师会邀请作为嘉宾出席的爸爸分别介绍自己的职业和工作中的甜酸苦辣，让学生真切感受到各行各业劳动者的光荣。

协同教学模式作为现阶段单人教学模式的补充，进一步丰富了特殊教育学校的教学组织形式，激发了课堂的活力，使课堂教学呈现出新的样态。

（四）合作学习

合作学习是通过让小组成员一起合作，使所有成员学习成效最大化的教学组织形式。合作学习能够提高特殊学生的自尊心、减少特殊学生的焦虑和被排斥的感觉，使其完成任务的成功率得到提升。[①] 合作的氛围为注意缺陷多动障碍学生学习和练习社交技巧提供了场所，合作学习班级中的注意缺陷多动障碍学生同伴的接纳度和社会地位都高于未采用合作学习的班级。[②]

合作学习在特殊教育学校学科教学中使用广泛，其中小组教学和同伴辅导最为常见。相较于个别教学，小组教学是将能力水平不同的学生异质分组进行教学的教学组织形式，具有方便学生观察、有益于提升学生的技能、促进学生的语言发展及技能泛化的优势。然而，特殊学生的突发行为有时会妨碍其他学生学习，因此对教师的教学调整能力要求更高。同伴辅导是高能力学生扮演小老师辅导低能力学生的教学组织形式。高能力学生传授知识给他人时，需精练知识；低能力学生则利用同伴给予的脚手架更好地学习，对于提高双方的学业成绩都有显著的效果。同伴辅导分为班级内同伴辅导、班级内学生指导小组和跨年龄同伴辅导三种形式。班级内同伴辅导中，学生的年龄差距较小，主要有一对一辅导和小组辅导两种形式。学生轮流担任辅导者角色，处于较为平等的交流状态。跨年龄同伴辅导一般是将年长的学生与年幼的学生进行匹配，年长的学生作为辅导者，年幼的学生为被辅导者。[③]

---

① Jenkins J. R., Antil L. R., & Wayne S. K., et al., “How Cooperative Learning Works For Special Education and Remedial Students,” *Exceptional Children*, 2003(3), pp. 279-292.

② Agnese Capodieci, Thomas R., & Cesare Cornoldi, et al., “A Cooperative Learning Classroom Intervention for Increasing Peer's Acceptance of Children With ADHD,” *Journal of Attention Disorders*, 2019(3), pp. 282-292.

③ 冯秋涵、邓猛：《合作学习及其在特殊教育中的应用》，载《现代特殊教育》，2019(3)。

二、特殊教育学校学科教学组织形式的展望

通过梳理特殊教育学校学科教学基本组织形式，我们发现每种教学组织形式都有一定的合理性以及显而易见的弊端。随着特殊教育的发展以及现代教育技术的进步和学生构成等的变化，人们在完善现有教学组织形式的基础上不断探索新的教学组织形式。

（一）班级授课制的未来展望

任何单一、僵化的教学组织形式都难以满足每一名学生的需要，因此我们应该改变固有思维方式，形成灵活的弹性教学组织形式观。积极探索班级教学与分层教学、异步教学、小组教学的有机结合，是突破班级授课制局限的必由之路。

班级授课制中要响应学生的个别需求，教师首先要确保整个教学过程应该是以学生为中心的，整个学习都是围绕学生的各种活动展开的；教师应根据学生的需要调整评估和指导。① 为满足不同层次学生的需求，教师必须了解和响应学生的准备状态、兴趣以及学习风格(包括学习方式、多元智能、个性)，关注学生的个体差异，并提供有针对性的支持。为使教学更能适应学生的个别需求，分层可以发生在教学的各个环节。

（二）网络教学的兴起与发展

网络教学是网络技术、多媒体技术和远程教育教学理论相结合的产物，不受时空的限制，使师生能够共享优质的教育资源，带来了传统的教学思想、教学模式、教学组织形式的变革。网络教学时空分离的特殊性要求其组织形式需要重构。借鉴传统课堂教学组织形式的优势，立足于网络教学发展的现状，梳理已有研究，得到了如下一些有益的启示。②

1. 优化学习环境

网络教学背景下师生处于不同的物理环境中，构建适合异地学习的环境成为重点。

---

① 杨璐：《班级授课制下如何满足学生的个别需求——以某单元的美国历史课为例》，载《当代教育科学》，2011(22)。

② 王星、杨文正：《网络教学组织形式优化发展研究》，载《中国电化教育》，2013(1)。

因此要综合考虑异地学习终端、学生人数以及信息设备配备等现实因素，优化学习环境。

2. 优化教学过程

根据教学目标、内容，教师可以一对一、一对多或多对一，采用直播、录播、点播等方式进行教学。目前，很多平台都可以支持网络教学，但由于这些平台不是专门为网络教学设计的，无论是在设备配置、师生适应方面还是在教学过程适应等方面都有一定的局限性。设计专门用于网络教学的平台是网络教学发展的趋势。

3. 构建立体的交互系统

师生有效互动是网络教学取得良好教学效果的关键。虽然当前网络同步视频互动教学在形式上能够基本实现传统教学的环节，但这种间接的“面对面”并不能完全保证教学的有效性。因此，利用网络同步视频互动教学平台，形成师生正式交互外，还可以利用网络课程教学平台，辅助学生预习、复习的非正式交互；还可以利用手机短信互动平台，形成覆盖网络教与学全过程的泛在交互。

4. 优化教学资源管理

网络中的教育信息是无限丰富的，学生完全可以根据个人的兴趣和爱好或需要选取知识和信息。但正是信息太多，往往导致学生不知道如何选择、难以便捷获取。要提高资源利用率、真正服务于学生的异地学习，需要转变资源建设观念，构建以学生为中心的学习资源动态推送系统。

5. 增强网络归属感

网络教学过程中师生、生生处于时空分离状态，构建体现学生网络存在的学习共同体是开展网络教学的基础。因此，利用网络通信技术工具为学生提供网络班级、网络组、网络非正式共同体等多样的共同体空间，让学生体验不同的存在角色，能够增强学生学习的积极性、主动性和持久性，提高学习效果。

当然，网络教学组织形式总是随着网络信息媒体技术与现代化教学理论的变革发展而不断发展的，还有待于在实践中不断创新。

单元小结

教学组织形式是教学活动中师生相互作用的结构形式。在教学目的的指导下，怎样把一定的教学内容传授给学生，教师和学生如何加以组织，教学时间、空间以及其他条件如何妥善安排和有效加以利用，这些都是教学组织形式要解决的问题。教学实践中，由于课的类型与结构不同、师生组合方式以及时空差异，形成了各具特色的教学组织形式。在特殊教育学校学科教学实践中，常见的教学组织形式有班级授课制、个别教学、协同教学、合作学习等。随着特殊教育的发展以及现代教育技术的进步和学生构成等变化，人们在完善现有教学组织形式的基础上不断探索新的教学组织形式。首先是积极探索班级教学与分层教学、异步教学、小组教学的有机结合，突破班级授课的局限性，进而加强对网络教学组织形式的探索。

讨论与探究

1. 教学组织形式的核心问题是什么？

2. 选择教学组织形式的依据是什么？

3. 简述不同教学组织形式的优势与局限。

4. 特殊教育学校学科教学中还能使用哪些教学组织形式？

阅读资料拓展

1. 裴娣娜：《教学论》，北京，教育科学出版社，2007。

2. 朴永馨：《特殊教育学》，福州，福建教育出版社，1995。

3. 刘春玲、江琴娣：《特殊教育概论》第二版，上海，华东师范大学出版社，2016。

4. 于素红：《特殊教育教学设计》，上海，华东师范大学出版社，2016。

第三单元　特殊教育学校学科教学设计与实施

单元导学

根据心理发展特点和规律以及学科的逻辑结构，学生的认知学习过程千差万别，特殊学生更是如此。因此，在学科教学被广泛应用的今天，通过对教学内容的认定与学科教学的深度整合，才可以有效提升教学的效果。作为多学科交叉最为显著的特殊教育，将学科知识以及教学方法进行融合更符合特殊学生的需要。因此，在特殊教育学校系统地实施学科教学，通过教学技术和辅助技术等形式，不仅能精准地对学生特殊需要的领域进行改善和弥补，还能将学科内容、教学技术和教学手段迁移到特殊学生的日常生活中并给予他们更好的帮助。特殊教育学校学科教学设计与实施也是目前特殊教育学校学科教学的重要内容。

学习目标

1. 熟练掌握特殊教育学校学科教学设计的概念与内容。
2. 在了解特殊教育学校学科教学设计后进行有效实施。
3. 能够在特殊教育学校学科教学中结合教学内容进行教学设计与实施。
4. 把握特殊教育学校学科教学设计要素，进行教学活动和教案编写。

单元思维导图

- 特殊教育学校学科教学设计与实施
  - 特殊教育学校学科教学设计的理论基础
    - 特殊教育学校学科教学设计的基本概念
    - 特殊教育学校学科教学设计的基本内容
  - 特殊教育学校学科教学设计要素
    - 教学主题的设定
    - 教学设计的组织实施
    - 学科教学的评价
  - 特殊教育学校学科教学设计与实施原则
    - 激发动机与兴趣——情意原则
    - 保持思想方法的一致性——结构原则
    - 基于学生中心——因材施教原则
    - 创新手段、丰富经历——多样化原则
  - 特殊教育学校学科教学实施过程
    - 评估教育对象
    - 确定学科类型
    - 制订个别化教育计划
    - 评估教学
  - 特殊教育学校学科教学教案

▶第一节 特殊教育学校学科教学设计的理论基础

特殊学生在知识的获取上存在很大的差异，对于不同学科的理解更是千差万别的。在教育改革之前，部分理论认为具备了某一学科知识就可以教学，但缺乏基本的教育教学知识会直接影响学生接受知识的有效性。随着特殊教育学校不断发展，学科教学也已完善，针对不同的教学内容，运用不同的教育教学法，将两者进行整合后，能对学科知识实现有效表征。近几年，更有专家在学科教学的基础上提出了整合技术的学科知识(Technological Pedagogical Content Knowledge，TPACK)，即将教师技术知识、教学法知识、学科内容知识三者进行融合，延伸出整合技术学科教学知识、学科教学知识、整合技术的学科知识、整合技术的教学知识四模块。这样的技术整合不是单纯教学法和学科知识的复杂互动，而是纳入各要素的特点体现学科教学的优势，既有组织架构，又有可实际操作性。

一、特殊教育学校学科教学设计的基本概念

教学的含义有广义和狭义之分，广义上的教学泛指经验传授与经验获得的活动，狭义上的教学特指在学校中教师与学生之间的有组织的教和学的活动。本书针对的是特殊教育学校学科教学行为，故取后者的概念进行解释。《辞海》对于学科的界定多为人们所认同："①学术的分类。指一定科学领域或一门科学的分支。如自然科学中的物理学、生物学；社会科学中的史学、教育学等；②'教学科目'的简称。"[①]本书中所指的学科应是该词条的第二种释义，即一定单位的教学内容。因而学科教学是对学生教授一定单位教学内容的实践活动。随着教育学的诞生和完善，教师除了掌握专业的学科知识外，还应增加对教育学内容的教学知识的拓展，使得教学逐步脱离单一的知识传授。但单纯以学科知识和教学知识为主的教学实施，仍然缺乏对学科问题的关注，

① 夏征农、陈至立：《辞海》第六版，2603页，上海，辞书出版社，2009。

这实质上也是忽视了学生的认知结构和水平。因此，学科知识理论的发展就是始于教育领域长期将学科知识与教学知识割裂的情况，希望能将两者深度整合，在实施上让教师以自己独特的方式将某特定学科的内容进行转化。转化的最终目的是有利于教学，有利于学生学习。学科教学主要关注特定的学科知识、教学法知识、学生相关的知识、情境知识以及技术知识。也就是说，学科教学关注的范围更广，不仅聚焦于学科上，更能从学生和学科特点入手，在促进学生成长的基础上加速教师专业化的发展进程，使学生的受教育问题得到很好的保障。但是，目前有些特殊教育学校基于学科教学的发展仍缺乏系统的研究。因此，对特殊教育学校学科教学过程中有关课程与教学两大基本要素进行调查分析，发现其中存在的问题，准确把握其基本概念是关键。图 3-1 为学科教学的要素。

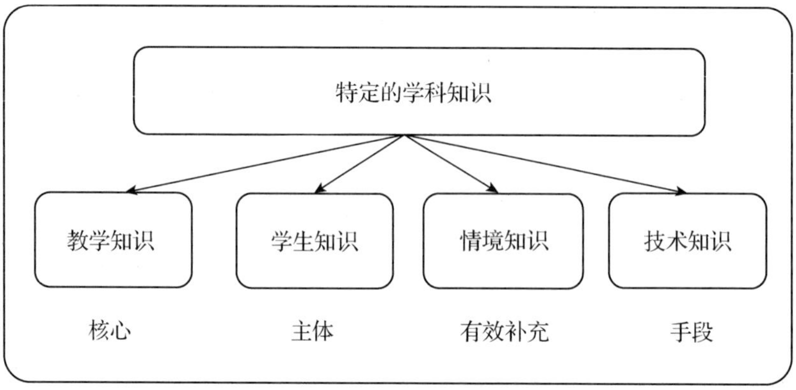

图 3-1　学科教学的要素

尤其是在特殊教育领域，针对学生的特殊需要，要求教师不仅需要知道某一概念的内涵，还要知道概念在学科中的特征，并从学生的角度提供教学法的技术支撑，保证学科教学的科学性、严谨性。例如，针对视力障碍学生和听力障碍学生采用的辅助技术是截然不同的。基于舒尔曼的学科教学研究设计的学科教学知识(Pedagogical Content Knowledge，PCK)框架图，我们可以根据特殊学生的自身情况对同一学科在特殊教育学校教学中进行不同的学科教学设计，具体如图 3-2 所示。

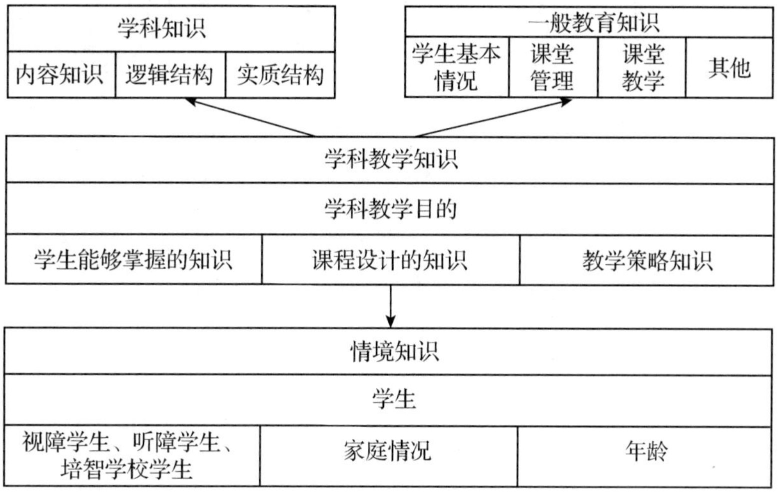

图 3-2　学科教学知识框架

特殊教育义务教育课程标准与普通教育课程标准的关系，一直是研究的重点。因此，在了解普通教育课程标准的基础上，还应该着重分析特殊教育学校各学科课程之间的关系。教师应充分认识课程标准的意义和作用，应依标准开展工作。例如，以聋校为例，学生对书本、较固定的知识掌握较好，而相对较为灵活的、联系生活的题目和需要理解、概括的题目明显不足，其知识的迁移能力、阅读理解能力以及语言文字的组织表达能力有待提升。针对学生目前语文学习中存在的问题，我们需要从学法指导的意义、学法指导的内涵、学法指导的原则、学法指导的途径、学法指导的步骤等方面，对学生进行学法指导，以引导学生进行有效学习、独立学习。因此，学科教学的主要目的始终在于如何提高课堂教学的效率和质量，着眼于学生的发展，针对学生的学习特点和自身特点进行教学。例如，在特殊教育领域，面对差异性较大的学生，教学技术和学生知识相融合，可以帮助教师实现更加完整的差异化教学，减少无效教学。

二、特殊教育学校学科教学设计的基本内容

（一）学科知识

“学科”一词英文为“discipline”，来源于拉丁语 disciplina，由动词 discere(学习)派

生的 discipulus(学习者)演变而来。disciplina 在字面上意指对于学徒的指导和教学，因此延伸出“学科”之意。从词源学的角度来看，它是教学科目的简称，即“科目”，是学校教学的基本单位。对于特殊教育学校，基本的学科知识在内容上应该包含对于课程的理解、逻辑的整合。这是对于学科的基本认知。相对于情境知识来说，学科知识处于静态的范畴。但是，随着时代的发展，尤其是在多学科融入的特殊教育领域，整合技术的学科教学知识是教师使用技术进行有效教学所必需的知识，也让学科的发展处于动态。这对教师的能力也提出了要求，不同的情境会直接或间接地作用在教师的知识结构或实践经验发展上。而教师选择什么样的知识类型又最终取决于教师长期积累的教学实践经验。

（二）一般教育知识

一般性教育知识在教学设计中聚焦于实施的主要环节——课堂教学。它可以提供教学的实施方案，也是学科教学法运用的主要体现。舒尔曼提出的学科教学知识是体现教师职业特征的独特知识，是关于教师用专业学科知识与一般教学知识的综合视角去理解特定主题的教学是如何组织、呈现以适应学生不同兴趣和能力的知识。可见一般性教育知识是教学组织呈现的基础。关于教与学的过程、实践或者方法的深层次知识，包括所有的教育目的、价值观和目标。在这里，一般性教育知识包含的是所有教学实施的过程，应用在特殊教育中，可以考虑在此基础上形成个别化教育的形式。在教育实施中，一般性教育知识就是指教师所具备的一般性的、与学科无关的教学策略和教学活动方面的知识。特殊教育中的一般性教育知识即教育学、心理学等知识类型。

（三）学科教学知识

1986 年，舒尔曼首次提出学科教学知识的概念，并明确了什么是学科教学知识。它是教师在掌握学生所理解及拥有知识的基础上，使用类比、说明、举例、解释、示范等形式将自身所掌握的学科知识用以上不同的方法呈现出来，并适时转化为学生易于理解和掌握的知识。1987 年，舒尔曼进一步提出学科教学知识是将学科内容知识与教育学知识、心理学知识有机结合起来，形成对学科知识新的理解，突出学生的个性化兴趣和能力，通过多种有效的教学形式呈现的教学知识。目前的学科教学主要聚焦于实施的方式和策略的提供上。针对特殊教育领域，学科教学强调的是教学辅助技术。例如，针对特殊学生应该采取缺陷补偿技术，发展学生的相关能力。针对视障学生，教师在教学过程中主要利用他们的听觉补偿，对知识进行语言的可视化描述，使他们利用听觉补偿机制进行学习。

（四）情境知识

情境知识在于对学生进行学情的分析，精准地把握学生的障碍情况和影响学生障碍情况发生的情境因素。在进行教学法设计的过程中，情境知识能有效排除影响教学的无效干扰。学情意味着对教学各个环节的全面分析。首先，班级情况的分析可以让教师掌握班级学生个别化的需求，以及学生的整体差异。教师在分析后可以有针对性地改善学生的行为习惯和学习习惯，明确学习的重要性。在分析原因之后教师进一步提出改进措施，利于进行教学反思。

▶第二节 特殊教育学校学科教学设计要素

特殊教育学校学科教学设计是在教学过程当中体现的，主要是由教学主题的设定、教学设计的组织实施、学科教学的评价构成的，在日常教学中以教案的形式呈现。好的教学设计在展开课堂教学之前就能较好地预演教学情况，让学生达到预期的学习效果。

一、教学主题的设定

在特殊教育学校实施教学主题的设定主要在确定教学学科之后进行，包括教学对象分析、学情分析、教学内容分析、教学目标分析、教学策略选择、教学重难点分析等。

教学对象分析以及学情分析是对学生的了解以及针对学生情况选取教材，在学科教学设计中占有重要地位。每个年龄段的学生心理发展情况是不一样的，只有确定学生的基本情况才能采用相应的教育学基本方法，然后选定教材，使教材的逻辑顺序与学生的学习情况相适宜。这些都体现在学情分析中，这里要清楚介绍班级学生的情况，说明学生学习教学内容时会遇到的知识和能力困难。教学内容分析主要是对教学内容进行知识能力要素分析，阐述所教内容的地位和重要性。例如，本单元内容可以通过增加学生认知中生活用语的使用，提高学生的社会适应能力。这点是整堂课的目标所在。

二、教学设计的组织实施

教学设计的组织实施是学科教学设计的主体，学科能不能实施好关键看教学设计实施部分是否按照前期的设计进行。而组织实施主要由教学策略选择、教学重难点分析、教学过程安排、板书设计组成。

教学策略选择中，一般可以根据学生的情况采用讲授法、讨论法、案例分析法、情境演绎法等教学方法。教师可以运用外在教学资源，制作或者利用教材中原有的图片、表格，根据学生的认知规律提供感性事实材料，然后分析、比较、归纳结论和观点，再根据结论组织、解释事实材料，解决实际问题。在讨论法的运用中，教师可以创设问题情境，让学生先思考、再学习，增强学生的自主探究意识。

教学重难点一般建立在学生认知理解的基础上。后续单元内容中都有简要说明特殊教育学校各学科教学中设计重难点的要求与方法。

教学过程是教学设计的重中之重，可以说明教学的环节、具体的活动、所需的资源支持及其主要环节的设计意图。比如，导入环节用以提出教学内容中的主要问题，然后承转到教学实施的讲授部分，注意穿插板书等辅助教学设计，利用自主探究留给学生思考的空间。教师可以通过提问检验学生自主学习的效果以及回顾自己的教学过程是否达到了预期的目的。

三、学科教学的评价

学科教学的评价主要是由课程评价、成绩评价、学生评价、教师评价等构成的。

其中课程评价、成绩评价、学生评价直接反映的是学科教学整体的时效性问题，而教师评价则是教师的反思过程，对于下次课程的教授起到反馈、改进的作用。表 3-1 为教学设计模板。

表 3-1　教学设计模板

<table>
<tr><td colspan="4">课程名称：关于××的教学设计</td></tr>
<tr><td>课　时</td><td></td><td>班　级</td><td></td></tr>
<tr><td>教材选定</td><td colspan="3"></td></tr>
<tr><td colspan="4">教学内容分析(主要说明教学的主要内容，说明它的地位和作用)</td></tr>
<tr><td colspan="4"></td></tr>
<tr><td colspan="4">学情分析(阐明学生学习内容时可能遇到的问题和能力困难)</td></tr>
<tr><td colspan="4"></td></tr>
<tr><td colspan="4">教学目标(指向学科核心内容、学生核心素养的发展趋势)</td></tr>
<tr><td colspan="4"></td></tr>
<tr><td colspan="4">教学策略选择(说明主要采取的方法、手段和活动设计等)</td></tr>
<tr><td colspan="4">1. 外在教学资源运用：
2. 教材提供的教学辅助：</td></tr>
<tr><td colspan="4">教学重点及难点(说明课程需要掌握和突破的环节)</td></tr>
<tr><td colspan="4"></td></tr>
<tr><td colspan="4">教学过程(环节、活动的具体步骤)</td></tr>
<tr><td>教学环节</td><td>教师活动</td><td>预设学生活动</td><td>设计意图</td></tr>
<tr><td>导　入</td><td></td><td></td><td></td></tr>
<tr><td>讨论交流</td><td></td><td></td><td></td></tr>
<tr><td>自主探究</td><td></td><td></td><td></td></tr>
<tr><td colspan="4">板书设计：</td></tr>
</table>

▶第三节 特殊教育学校学科教学设计与实施原则

教学设计与实施是教师完成教学任务所采用的方法和手段，既包括教师教的策略与方法，也包括学生学的策略与方法。但是在设计与实施过程中仍然需要掌握相应的原则才能使特殊教育学校学科教学实施更符合学生的学习的认知发展规律。

一、激发动机与兴趣——情意原则

如何组织和指导学生，才能使他们以最大的热情、最佳的精神状态投入学习？这是一个需要认真思考的问题。特殊学生在注意力、身体活动、思维发展能力以及情绪控制能力上都与普通学生存在很大差别，确保特殊学生投入学习需要注意如下方面。

①问题性：创设问题情境，以问题引导学习，形成认知冲突，激发求知欲，激活思维。同时，利用追问等方式，使学生的这种心理倾向保持在一个适度状态。让学生先有成功的体验，才可以继续追问达到求知的探索。

②思维最近发展区内的学习任务：采取有步骤地设置思维障碍等方法，铺设恰当的认知阶梯，呈现与学生思维最近发展区相适应的学习任务，可以激发学生的学习热情。面对特殊学生，设置的学习任务要适应个别差异，是一个难题，需要教师的智慧。也可以在制订个别化教育计划时采取因材施教的方法。

上述两方面有内在联系。提问的关键是要把握好“度”，要做到“导而弗牵，强而弗抑，开而弗达”。这是课堂教学的关键，也是衡量教师教学水平的关建。

二、保持思想方法的一致性——结构原则

结构化教学内容具有如下特点：①核心知识(基本概念及由内容所反映的思想方法)为联结点，精中求简。②形成概念的网络系统，联系通畅，便于记忆与检索。③具有自我生长的活力，容易在新情境中引发新思想和新方法。

基于结构化教学的方式，教师在教学中也应遵从结构原则，让知识符合学生的逻辑思维方式、认知水平发展方式。

三、基于学生中心——因材施教原则

教学方法是教师在教学过程中为完成教学目的、任务而采取的活动方式的总称。但它不是教师孤立的单一活动方式，包括教师的教学活动方式，还包括学生在教师指导下学的方式，是教的方法与学的方法的统一。我们知道，教学有法，但无定法，贵在得法。教学是一种复杂多变的艺术，要根据学生的情况实施不同的教育。尤其是特殊教育学校学生，虽然班级相同，但是每个人的差异较大。教师要因学生和自身的特点而相应地改变自己的教学设计以及教学实施的方法。

四、创新手段、丰富经历——多样化原则

教学设计与实施当中的多样化原则是指在不同的教学活动中体现的复杂性决定了教学方法的多样性。所以评课既要看教师是否能够面向特殊学生实际恰当地选择教学方法，同时还要看教师能否在教学方法的多样性上下功夫。在教学中，教师要注重引导学生将获取的新知识纳入已有的知识体系。真正懂得将本学科的知识与其他相关学科的知识联系起来，并让学生理解知识，提高学生掌握和综合应用知识的能力。看教学方法的改革与创新，要看创新能力的培养，要看主体活动的发挥，要看新的课堂教学模式的构建，要看教学艺术风格的形成等。

▶第四节 特殊教育学校学科教学实施过程

特殊教育学校学科教学设置要具有针对性和个别化，因为每种障碍类型的特殊学生在认知发展、生理发展、心理发展上存在差异。特殊教育学校实施学科教学需要对

学生的障碍进行评估，确定学科类型，制订个别化教育计划，评估反馈学科教学的效果，分层落实学习的内容。

一、评估教育对象

在特殊教育学校开展学科教学首先要对学生的情况进行全面评估，充分了解每名学生的适应能力和现状，根据学生的障碍类型将学生进行划分。例如，学生入学，先要对其障碍情况进行调查，评估其视力障碍的程度、环境适应的能力、心理状况等。

二、确定学科类型

自特殊教育学校义务教育课程设置实验方案公布以来，特殊教育课程已经经过了翻天覆地的变革，任何一门学科的课程体系和教学内容都是依据课程目标精选并经科学整合而形成的。在建立课程体系、确定教学内容的过程中，要切实从特殊教育学校的需要、特殊教育教师的培养等实际出发，突出学科教学理论指导下的实践性，克服片面追求理论性或技能化两种极端倾向，突出学科教学论的综合性、整体性和教育性，克服单一的学术性、知识性，构建一个较完善的学科教学论课程体系。

三、制订个别化教育计划

在教学过程中，教师要处理好班级教学和个别教学的关系，关注学生的日常表现，按个别化教育计划的内容层层落实，满足不同学生的学习需求，不仅从根本上实现生活适应学科教学目标，而且还要培养和提高特殊学生的生活适应能力。

四、评估教学

评价是教育的重要组成部分，是实现教育目标、促进学生发展的保证。目标全面是指既要评价学生对学科基础知识和基本理论的掌握，又要评价学生分析和理解问题的能力；既要评价学生能力和技能的提高，又要评价学生的学习态度、情感的变化。

▸第五节 特殊教育学校学科教学教案

教案的编写是学科教学实施的主要部分，学科教学的各个环节都能够在教案中体现。但是教学过程是灵活的，教案只是教学的参考依据，还需要依据特殊学生的特殊性制订个别化教育计划。表 3-2 为听障学生个别化教学记录。表 3-3 为教学设计案例。

表 3-2　听障学生个别化教学记录①

<table>
<tr><td>姓　名</td><td></td><td>性　别</td><td></td><td>助听器佩戴方式</td><td>□单侧　　□双侧</td></tr>
<tr><td>生理年龄</td><td colspan="3">岁　　月</td><td>听觉年龄</td><td>岁　　月</td></tr>
<tr><td>领域</td><td colspan="4">内　　容</td><td>设备/玩具/图书</td></tr>
<tr><td>常　规</td><td colspan="4"><table>
<tr><td colspan="2">环境：安静</td><td>距离</td><td>a</td><td>i</td><td>u</td><td>m</td><td>s</td><td>sh</td></tr>
<tr><td rowspan="2">察觉：
（　）</td><td>左耳</td><td></td><td></td><td></td><td></td><td></td><td></td><td></td></tr>
<tr><td>右耳</td><td>2 米</td><td></td><td></td><td></td><td></td><td></td><td></td></tr>
</table></td><td></td></tr>
<tr><td>听能发展</td><td colspan="4">听觉记忆：
听觉概述：</td><td></td></tr>
<tr><td>言语发展</td><td colspan="4">呼吸训练：
生气结合训练：
舌体操：</td><td></td></tr>
<tr><td>认知发展</td><td colspan="4"></td><td></td></tr>
<tr><td>沟通技能</td><td colspan="4">1. 理解并回答教师提出的问题
2. 进行实际生活观察
3. 在学习生活中学会倾听</td><td></td></tr>
<tr><td>家长表现</td><td colspan="4"></td><td></td></tr>
</table>

① 此表为辽宁省丹东市特殊教育学校《个别化教学记录》模板。

续表

家庭康复建议		
家庭康复记录		
授课日期		授课教师	

表 3-3 教学设计案例①

<table>
<tr><td colspan="4">名称：关于数字“0”的教学设计</td></tr>
<tr><td>课　时</td><td>第一课时</td><td>班　级</td><td>培智二年级</td></tr>
<tr><td>教材选定</td><td colspan="3">人教版培智学校义务教育实验教科书数学二年级上册</td></tr>
<tr><td colspan="4">教学内容分析(主要说明教学的主要内容，说明它的地位和作用)</td></tr>
<tr><td colspan="4">教学内容的选择贴近学生的生活实际，利于学生体验、理解、思考，既要重视数学知识的基础性和实用性，又要照顾学生的生活经验。强调数学知识与日常生活的紧密联系，以生活情境为媒介，以数学知识为内容，以问题解决为主线，由浅入深地展开。让学生经历生活情境—数学问题—解决问题的过程。</td></tr>
<tr><td colspan="4">学情分析(阐明学生学习内容时可能遇到的问题和能力困难)</td></tr>
<tr><td colspan="4">本班共计 10 名学生，其中孤独症 5 人，唐氏综合症 1 人，多动症 1 人，智力发育迟缓 3 人。4 人的数学学习能力较好，能独立完成相应的活动与练习。另外 6 人需提供语言、动作、辅具等不同程度的支持。</td></tr>
<tr><td colspan="4">教学目标(指向学科核心内容、学生核心素养的发展趋势)</td></tr>
<tr><td colspan="4">1. 认识数字 0，理解数字 0 的含义，并能够比较高矮(三个物体中比较)。
2. 能够正确书写数字 0。
3. 培养学生对身边与数学有关的一些事物的好奇心及乐于参与数学学习的情感。</td></tr>
<tr><td colspan="4">教学策略选择(说明主要采取的方法、手段和活动设计等)</td></tr>
<tr><td colspan="4">外在教学资源运用：
1. 经历从日常生活中认识常见的量的过程，了解日常生活中常见的量。
2. 经历从日常生活中抽象出数的过程，理解 10 以内数的意义。
3. 教材提供的教学辅助：图片。</td></tr>
<tr><td colspan="4">教学重点及难点(说明需要掌握和突破的环节)</td></tr>
<tr><td colspan="4">1. 认识数字 0，理解数字 0 的含义。
2. 知道一个都没有用数字 0 表示。</td></tr>
</table>

① 此表为内蒙古自治区宁城县特殊教育学校培智二年级数学教案。

续表

教学过程(环节、活动的具体步骤)			
教学环节	教师活动	预设学生活动	设计意图
导　入	一、谈话导入 1. 师：在同学们的努力下，我们已经在数字王国认识了好多小朋友，那你们还记得它们的名字吗？下面老师要考考大家，看看大家都记得哪些数字朋友。(观看课件，最后出示数字0) 2. 师：有一个数字朋友我们不太熟悉，那今天我们就来认识一下它，好不好？ 3. 引出学习内容"认识0"。教师用课件出示数字0的图片(揭示课题：认识0)。	全体学生抱臂坐正，遵守课堂常规。 1. 观看课件，A组说一说认识哪个数字朋友，它叫什么。 B组在提示下说一说认识哪个数字朋友。 C组认真坐好。 2. A、B、C组：认真倾听。 3. A、B组：跟读课题"认识0"。	利用谈话导入，让学生在熟悉的环境氛围中，进入新学习，揭示课题。
讨论交流	二、新知探究 (一)认识数字"0" 1. 教师出示数字0的图片，先示范读，让学生依次进行跟读。 2. 教师幻灯片再次出示数字0，引导学生观察0的形状，想一想0像什么。(学生观察数字0后，出示鸡蛋实物) 3. 教师引导学生观看数字0和鸡蛋的形状，并带领学生读数字儿歌："0像鸡蛋做蛋糕"。 4. 找一找数字"0。 师：同学们观看幻灯片进行练习，找一找数字0，并指认。(评价反馈) (二)认识0的含义 1. 师：今天啊，兔妈妈带着小兔子去采蘑菇，我们一起去看看它们的劳动成果吧！(教师出示"小兔子采蘑菇"的动态图片。)	1. 跟读"0"。 (1) A、B组：进行跟读"0"。C组认真坐好。 (2) A、B组认真观察0的形状，并思考问题。 C组认真坐好。 (3) A组独立说："0像鸡蛋做蛋糕。"B组跟说："0像鸡蛋做蛋糕。"C组认真坐好。 2. 指认"0"。 (1) A组：独自进行指认。 B组：在教师的辅助下进行指认。 C组认真坐好。 (2) A组独立说："它采了3个蘑菇，用3表示。" B组在教师的提示下回答："3个蘑菇，用3表示。" C组认真坐好。	利用实物鸡蛋，引导学生在真实情境中看一看、想一想。 利用不同形式的练习，强化学生记忆。 让学生在富有情趣的故事中，自然而然地理解数字0：表示一个也没有。

续表

讨论交流	(1)第一只兔子采了几个蘑菇？3个蘑菇用几表示？(认真倾听兔子说话) (2)第二只兔子采了几个蘑菇？2个蘑菇用几表示？ (3)第三只兔子采了几个蘑菇？1个蘑菇用几表示？ (4)第四只兔子采了几个蘑菇？没有蘑菇用几表示？ (5)教师引导学生说出一个蘑菇都没有用数字0表示。再次强调：0表示一个也没有。	(3)A组独立说："它采了2个蘑菇，用2表示。" B组在教师的提示下回答："2个蘑菇用2表示。" C组认真坐好。 (4)A组独立说："它采了1个蘑菇，用1表示。" B组在教师的提示下回答："1个蘑菇用1表示。" C组认真坐好。 (5)A组尝试回答。 (6)A、B组：一个都没有用0表示。 C组认真坐好。	借助多媒体创设具有互动性的练习情境，并针对不同学生的实际能力，循序渐进，体现个别化要求。
自主探究	1. 看图说数字。 (1)图一鱼缸里有几条鱼？用数字几表示？ (2)图二鱼缸里有几条鱼？用数字几表示？ (3)图三鱼缸里有没有鱼？没有鱼用数字几表示？ 2. 我会填数。 (1)图一树上有没有桃子？没有用数字几表示？ (2)图二树上有几个桃子？用数字几表示？		利用练习及时巩固所学知识。

板书设计：

0像鸡蛋做蛋糕。
0表示一个都没有。

单元小结

特殊教育学校学科教学设计与实施是学校开展教学的基础。把握好学科教学设计的内涵，掌握特殊教育学校学科教学设计要素(教学主题的设定、教学设计的组织实施、学科教学的评价)。其中教学设计的组织实施包括教学策略选择、教学重难点的分析、教学过程的安排、板书设计等。情意原则、结构原则、因材施教原则和多样化原则是特殊教育学校学科教学设计与实施需要把握的原则。灵活地使用教学设计方法，是特殊教育学校学科教学实施的关键。

讨论与探究

1. 特殊教育学校学科教学设计要素包括哪些方面?

2. 特殊教育学校学科教学设计与实施原则包括哪些方面?

3. 结合学科教学设计在特殊教育学校开展中的意义，思考如何合理、灵活地实施学科教学。

4. 以特殊教育学校二年级语文课程“认识叠词”为例，选择恰当的教学方法，设计一份适用于二年级听力残疾学生的教案。

阅读资料拓展

1. 杨龙等:《以素养为核心的学科课程图谱》，上海，华东师范大学出版社，2019。

2.《教育部 中央编办 国家发展改革委 财政部 人力资源社会保障部关于加强特殊教育教师队伍建设的意见》，2012-09-20。

第四单元　特殊教育学校学科教学评价

单元导学

学科教学评价是特殊教育学校学科教学组织与实施的重要环节，是制订个别化教育计划的依据。特殊教育学校由于教育对象的特殊性和复杂性，需要根据不同障碍类型及障碍程度确立不同的学科教学评价标准。2016 年，教育部发布盲校、聋校、培智学校三类特殊教育学校义务教育阶段课程标准。这些文件明确指出：要积极引导学校推进教学评价改革，关注过程、着眼发展、尊重差异、多元评价，充分发挥评价在改进特殊教育教学、促进残疾学生发展中的积极作用。因此，特殊教育学校需要根据现代特殊教育理念、课程改革及新的课程标准确立相应的教学评价机制。

学习目标

1. 掌握特殊教育学校学科教学评价的概念及作用。

2. 理解特殊教育学校学科教学评价的原则并在学科教学评价活动中贯彻落实。

3. 能够根据学科性质与学生特点选择恰当的特殊教育学校学科教学评价方法。

单元思维导图

- 特殊教育学校学科教学评价
  - 特殊教育学校学科教学评价概述
    - 特殊教育学校学科教学评价的概念
    - 特殊教育学校学科教学评价的作用
  - 特殊教育学校学科教学评价原则
    - 评价标准差异化原则
    - 评价方式多样化原则
    - 评价主体多元化原则
    - 发展性原则
    - 注重过程性评价原则
  - 特殊教育学校学科教学评价方法
    - 对教师的评价方法
    - 对学生的评价方法

第一节
特殊教育学校学科教学评价概述

特殊教育学校学科教学评价在特殊教育评价中居于核心地位。利用学科教学评价，可以准确了解教师教学目标的达成情况和学生的学习情况，帮助教师不断改进教育教学方法。因此，学科教学评价在特殊教育中具有导向、引导、反馈与调节及促进等功能。

一、特殊教育学校学科教学评价的概念

教学评价是教学的重要环节，是实现教学目的的重要手段。它为了解、诊断、调整和提高教学质量服务。关于教学评价的概念，我国研究者基本达成一致的观点。一般认为，教学评价是对教学工作质量所做的测量、分析和评定。它以参与教学活动的教师、学生、教学目标、内容、方法、教学设备、场地和时间等因素的优化组合的过程和效果为评价对象，是对教学活动的整体功能的评价。[①] 但具体到学科时，不同学科背景的研究者界定学科教学评价的侧重点又有所不同。例如，语文、数学等学科的研究者一般认为教学评价的重点在于教师的教学活动，包括教师的教学方法、教学技能等对学生学习效果的影响；而音乐、舞蹈、体育等学科的研究者则认为教学评价的重点在于学生学习的过程，注重学生学习过程中的体验。

基于前人研究及特殊教育学校教育对象与教学目标的特殊性，本书认为，特殊教育学校学科教学评价是指在特殊教育价值观的指导下，依据特殊教育学校义务教育阶段课程的性质、目标和主要内容，通过使用一般的或特殊的技术和方法，对所实施的关于特殊教育的教学活动、过程、要素、结果进行科学判定，并为改进教学、提高教学质量提供依据，以期达到价值增值的过程。

① 王道俊、郭文安：《教育学》第七版，245页，北京，人民教育出版社，2016。

二、特殊教育学校学科教学评价的作用

特殊教育学校学科教学评价在特殊教育中起着“指挥棒”的作用，它引导教师的教学活动向更加科学、合理的方向发展。特殊教育学校学科教学评价的作用是多方面的，主要表现在以下几个方面。

（一）学科教学评价对特殊教育学校教学管理具有导向作用

学科教学评价的导向功能主要来自评价的目标导向机制，通过教学评价可以为教学改革明确方向，为管理者明确管理目标，帮助管理者制定科学的教学评价体系。学科教学评价的导向作用主要体现在两个方面：一是通过学科教学评价促进特殊教育学校建立科学合理的评价机制。伴随特殊教育学校义务教育阶段课程标准的实施，特殊教育学校迫切需要推进教学和评价改革，建立符合特殊教育需要的教学评价标准。二是通过教学评价促进特殊教育学校高质量实施课程。特殊教育学校课程计划及其可行性，课程安排的适切性，课程管理的合理性、有效性，个别化教育计划的科学性，以及学校特色课程开发的针对性等都应成为学校学科教学评价的重要内容。

（二）学科教学评价对个别化教育计划制订具有引导作用

诊断与评估贯穿于特殊教育教学活动的始终，要为特殊学生提供适宜的教育，必须以科学的诊断与评估为基础。诊断性评价是特殊教育学科教学评价中较为常见的类型之一，是指在学科教学活动开始之前对特殊学生的知识储备、能力现状、身心特点及存在的学习障碍或困难进行初步判定。这种评价的根本目的在于摸清特殊学生现有的基础、优势与不足，确定教育的起点水平，在此基础上制订个别化教育计划。

（三）学科教学评价对特殊教育教学活动具有反馈与调节作用

教学评价的反馈与调节功能体现在形成性评价中，形成性评价是一种伴随教学过程而进行的经常性的评估。其主要目的是给教师和学生提供及时的反馈信息，并让教师根据反馈信息对教学活动与学习活动进行调节，以确保达成预期的教学目标。在特殊教育学校学科教学中，反馈与调节作用主要表现在两个方面：一是帮助教师发现教学过程中存在的问题，及时调整教学过程，包括调整教学观念和教学方式，改进教学

策略，合理把握教学容量和难度要求，突出潜能开发和功能补偿等；二是利用反馈让学生清晰地看到自己的进步与存在的问题，提高学生学习的自信心，明确努力方向。

（四）学科教学评价对教师专业发展具有激励与促进作用

教学评价是为提高教学质量服务的，利用教学评价可以促进特殊教育教师的反思与发展能力。利用教学评价结果，促进特殊教育教师主动收集分析教学相关信息，不断进行反思，及时调整和改进教育教学工作。同时，特殊教育教师针对教学工作中的现实需要与问题，进行教育教学研究，积极开展教学改革。此外，利用教学评价还可以增强特殊教育教师专业发展的自觉性，让他们自主制定专业发展规划，积极参加专业培训，不断提高自身的专业素质。

▶第二节 特殊教育学校学科教学评价原则

特殊教育学校学科教学评价的基本原则是特殊教育学校开展有效教学评价的重要指导思想。有效的特殊教育学校教学评价要促进学生全面发展、促进教师专业发展和促进学校教学质量提升。因此，特殊教育学校学科教学评价要遵循评价标准差异化原则、评价方式多样化原则、评价主体多元化原则、发展性原则和注重过程性评价原则。

一、评价标准差异化原则

教学评价标准的制定既要针对全体学生，又要注重因人而异。学生的发展具有差异性，评价应尊重和体现学生的个性差异，适当地拔高或降低标准。随着特殊教育的发展，我国特殊教育学校学生的障碍类型不断分化，障碍程度不断加重，多重障碍不断增多，个别化教学显得尤其重要。因此，特殊教育学校学科教学评价标准的制定要以不同学科的教学内容、教学目标、教学要求为依据，从每名学生的原有基础出发，尊重学生的个性特点，既关注全体学生要达成的共同目标，也要关注每名学生的个别化目标。

特殊教育学校在践行差异化教学评价时应做到以下几点：首先，坚持课程本位的评价，同一学科在不同障碍类型学生中的教学目标和内容不同，要根据该障碍类型的课程学习内容和目标制定评价标准；其次，同一障碍类型不同障碍程度和身心发展特点及学习能力不同，要制定与之相适应的评价标准；最后，同一学科不同学段要制定不同的评价体系，体现评价标准的层次性。

二、评价方式多样化原则

特殊教育学校学科教学评价是指根据教学目标系统地收集学习情况的信息，对教学过程中的学习活动以及成果给予评价。任何单一的评价方式所反映的结果都有其局限，因此采用多样化的评价方式才能准确地实现评价的目标和功能。结合特殊教育学校义务教育阶段课程标准的实施建议，特殊教育学校学科教学评价应形成定性评价为主、定量评价为辅，总结性评价和形成性评价相结合，更加重视形成性评价的模式。

一般而言，特殊教育学校学科教学评价方法的选择首先要充分考虑不同障碍类型学生的认知能力和发展需求。例如，对于智力障碍学生的教学评价主要以定性评价为主，但对于听觉障碍和视觉障碍等的学科教学评价，在定性评价为主的同时可以适当增加定量评价，以满足学生升学考试的发展需要。

其次，要根据不同层次的教学目标选择不同的评价方法。对于知识与技能目标可以考虑选择定量评价的方法，对于情感与态度目标以及过程与方法目标则宜选择定性评价的方法。例如，数学教学中要检测学生运算技能的掌握情况，可以选择测验的评价方式，但对于数学思考和问题解决方面及情感态度的评价则宜选择观察、活动记录、课后访谈等方式。

最后，特殊教育学校义务教育课程标准要求开设缺陷补偿和潜能开发方面的特色课程，如盲校的“定向行走”“综合康复”“社会适应”，聋校的“沟通交往”“律动”等课程。这些课程是以提高学生的社会适应能力为核心而设置的，因此在评价中宜采用形成性评价，更加重视对学生的激励和改进，帮助学生了解自己学习的状况，增强他们的自信心。

三、评价主体多元化原则

教学评价不是教师或学生单方面的活动，而是学校、教师和学生共同参与的一项实践活动。因此，特殊教育学校新课程标准提倡教学评价主体多元化，增强评价主体间的互动，强调被评价者成为评价主体中的一员，建立学校、学生、教师和家长等共同参与、交互作用的评价制度。多元化评价方式要求充分收集不同评价主体的评价意见，增加评价结果的说服力、有效性，体现评价的科学性，以保证评价更加全面，评价结果更为可靠。

特殊教育学校学科教学评价实行教师评价、学生自评与互评、家长参评相结合的多元化评价方式，体现了教师为主导、学生为主体的教学原则。教师在教学评价中起主要作用，依据学生的学习目标达成程度、行为表现和进步幅度，对学生的学习情况进行综合评价，有利于及时调整教育教学策略，以便更好地为学生的学习服务。学生自评与互评，不仅体现了学生的主体地位，而且有利于提高学生的自我评价能力，促进学生的自主学习，提高学生自我反思的能力，在此基础上使学生发现同学的优点，促进合作学习。班主任、各学科的任课教师、生活教师等共同参与评价有利于加强特殊教育教师之间的合作交流。此外，家长参与评价有利于促进特殊教育学校的家校合作。

四、发展性原则

特殊教育学校新课程标准倡导的“关注过程、着眼发展”的理念是发展性原则的依据。教学评价的发展性原则是指对教学效果的价值判断，不仅要关注学生的学习结果，更要关注学生在学习过程中的发展和变化，尤其是学生在情感、态度、价值观及人格等方面的发展。

首先，发展性原则要求充分发挥教学评价的诊断、反馈与促进功能，即重在有效促进学生发展，不多强调甄别、选拔的功能。教师通过评价活动，诊断学生在发展中的优势与不足，并在此基础上提出有针对性的指导意见，有效促进学生的学业进步和全面发展，改进教学工作，促进自身的专业成长，做到评价与教学活动有机结合。其次，发展性原则要求教学评价内容有助于学生综合素质的提高。教师应根据培养目标与学生的实际情况，整体设计社会性与情感、认知、语言、自理、康复和运动等多方面的评价内容，全面反映学生的学习经历和成长轨迹。

五、注重过程性评价原则

过程性评价，也叫形成性评价，是相对于总结性评价而言的，是指特殊教育教师对学生学习全过程的持续观察、记录、反思而做出的发展性评价。过程性评价有两方面的目的：一是为教师的教学提供及时的反馈信息，帮助教师及时地发现学生学习过程中存在的问题，从而帮助教师及时地调整教育教学策略；二是激励学生学习，帮助学生有效调控自己的学习过程，使学生获得成就感，增强自信心。

特殊教育学校学科教学评价要了解学生的学习结果，同时教学评价本身就是学生丰富多彩的学习过程。在评价过程中，学生彼此间讲述活动过程、分享探究发现和活动体验、交流作品和活动心得，都是学生学习的生动体现。因此，过程性评价强调评价方式的动态性，即将教学评价贯穿到教学活动的全部过程，使教学评价过程转变为教育过程。过程性评价不仅关注学生学习、探究、思考、发现和合作的过程，还重视学生在课堂教学中的经历、体验和表现。即使活动的最后结果没有达到预期目标，也应从学生体验宝贵经验的角度加以珍视，做出正面的积极评价，鼓励学生参与教学活动的积极性。

▶第三节 特殊教育学校学科教学评价方法

特殊教育学校学科教学评价的内容非常广泛，包括教学活动过程中的教师、学生、教学目标、教学方法、设备等各要素。其中对特殊学生学习能力和学业成就的评价、特殊教育教师的教学能力和教学效果评价是较为重要的两个内容。同时，对教师的评价方法和对学生的评价方法又有所不同。因此，我们从教师和学生两个角度来论述特殊教育学校学科教学评价方法。

一、对教师的评价方法

特殊教育学校学科教学评价强调评价主体的多元性。因此，除了学生对教师的教学进行评价外，还有同行教师、校内外专家、学校领导以及教师自身等都参与到教学评价中，有利于保证教学评价结果的可靠性。

（一）学生评价

学生评价是指学生对教师的思想品德、教学态度、教学能力等做出的评价。在整个教学评价体系中，与教师自评、同行评价等教学评价相比较，学生评价是最直接、最生动、最有说服力的教学评价方法。让学生来评价教师是教师评价一个重要的、可靠的信息来源，利用学生对教师的课堂教学进行客观、有效的评价是检验和保证课堂教学质量的有力措施。

特殊教育学校在教学评价中做好学生评教应当注意以下几点：一是要设计恰当的学生评价方式。特殊教育学校学生评价方式的设计要考虑到学生的障碍类型及认知能力。例如，视觉障碍学生可以通过个别访谈、座谈会等方式，听觉障碍学生则选择意见箱、问卷调查等形式进行评价。二是评价问题的设计要浅显易懂。要将对教师教学评价的专业术语转述成特殊学生能够理解的方式，避免出现一些过于专业的名词。三是明确评价的重点与方向。学生评价的重点是教师的教学能力，而不是其他方面。

（二）同行评价

在特殊教育学校学科教学评价中，由于特殊学生沟通与表达能力的限制，只从学生角度评价教师的授课质量，就会有失偏颇，所以同行评价的重要性不言而喻。引入同行评价，对特殊教育教师的授课从专业师德与理念、专业知识、专业能力等方面提出建设性的意见，更能准确地反映教师的教学水平。

特殊教育学校同行评价一般以观察、访谈、问卷调查、公开课等多种形式进行，其中以公开课和教学技能比赛最为常见。特殊教育学校具体实施同行评价应做到以下几个方面：一是将同行评价制度化、规范化。只有将同行评价以规章制度的方式确定下来，才能保证同行评价的有效实施。二是定期举行公开课，为教师搭建同行评价的平台。开展公开课教学研讨活动，聘请校内外专家深入课堂进行教学观摩，对教师的授课过程进行评价，共同探讨改进策略。三是鼓励特殊教育学校教师积极参加各类教学技能比赛，通过比赛加强与同行的交流，提升自身的教学能力。

（三）教师自我评价

教师自我评价是特殊教育学校学科教学评价中的重要环节，是指教师依据特殊教育教师专业标准对自己的教学活动包括对学生的态度与行为、教育教学的态度与行为、学生发展知识、教育环境创设与利用、激励与评价等各个方面的表现做出的综合性评价。自我评价要求教师能够客观地认识到自己在教学活动中的优缺点，不仅要发现不足的地方，也能找到自己的优点。

特殊教育教师一般通过教学日志、教学科研论文及教学反思等方式进行自我评价。特殊教育教师的自我评价有三方面的功能：首先，自我评价可以强化教师的评价意识，让教师认识到自己在评价中的地位和作用，充分调动教师自我评价的自觉性和主动性。其次，自我评价能使教师发现教学中存在的问题，及时地调整和改进教学方法，提升教学质量。最后，教师通过自评可发现自己的优势与不足，明确自己努力发展的方向，由此制定专业发展规划，促进自身的专业发展。

（四）领导评价

领导评价指特殊教育学校的各级领导对任课教师教学中各个方面的表现做出的评价。领导评价一般是用于改进教师的教学方法或对教师进行人事考核等目的，不同的侧重点决定了不同的教学评价指标体系。

首先，领导评价要做到评价的客观性、公正性。领导评价要切实反映教师的教学质量和学生的学习效果，不能掺杂个人情感甚至不能主观臆断，违反客观性和公正性，避免挫伤教师教学的积极性，丧失评价的意义。其次，领导评价要建立在对教师全面了解的基础之上，要对特殊教育教师的专业知识、专业技能以及学生学习指导等多方面做出全面的评价。最后，特殊教育学校学科教学评价的本质是提高特殊教育学校学科教学质量。因此，领导评价要注重对教师的激励与促进作用。

拓展阅读

特殊教育教师的教学效能是教学评价的重要内容，我国已经出台了特殊教育教师专业标准，但对于特殊教育教师教学效能的评价体系的建设还比较薄弱。已有研究者通过考察美国特殊教育教师教学效能评价经验，为我们建设特殊教育教师教学效能评价体系提供了借鉴。表 4-1 为特殊教育有效教学的构成要素。

表 4-1 特殊教育有效教学的构成要素①②

构成要素	特殊教育有效教学行为具体描述
明确性	教学有条理、系统性、表达清晰；包含旨在帮助学生掌握和应用解决新问题的知识、技能和策略等一系列子要素
集约性	教师的教学目的明确，立足当前课堂和学生的长远发展；教学节奏快，但在学生接受范围内；教师对每节课有清晰的目标，且目标对学生来说简单明了；教学中很少浪费时间；所有课堂活动都围绕重要的技能展开，活动之间的过渡快速而流畅
连贯性	教学以系统、连贯的方式展开，明确将课程目标与活动联系起来；教师将当前课程与学生曾经及未来的学习联系起来
参与性	学生在课堂 80%以上的时间里积极地参与教学；教师使用多种教学技巧引发学生回应，并以积极的方式快速引导开小差的学生重新参与教学
责任性	教师组织教学时为评估学生的学习提供多次机会，并帮助学生理解他们所做的对与错；根据学生的需求做出教学调整或为学生接受课程提供便利措施
聚焦性	教学聚焦有助于学生成功的核心课程概念、策略和技能，并不断对其进行复习以帮助学生熟练掌握

① Jones N. D. & Brownell M. T., "Examining the Use of Classroom Observations in the Evaluation of Special Education Teachers," *Assessment for Effective Intervention*, 2014(2), pp. 112-124.

② 王名扬、王崇恩、郑晓坤:《美国特殊教育教师教学效能评价研究及启示》，载《中国特殊教育》，2019(11)。

二、对学生的评价方法

特殊教育学校学科教学评价强调评价主体之间的互动，因此对于学生的评价要坚持教师评价、学生自我评价、学生互评相结合。教师主要通过测验法、观察法、作品分析法、档案袋评价法等方式对学生进行评价，同时教师要引导学生进行自我评价和互评。

（一）测验法

测验法是通过学生的书面或口头回答了解学生学习情况的一种评价方法。测验法主要用于评价学生理论知识的掌握情况，一般分为书面测验和口头测验。特殊教育学校中的测验以教师自编测验和口头测验为主。测验法有其优点，但它很难关注到学生学习的过程。因此，在特殊教育学校学科教学评价中，测验法要结合其他评价方法使用。

特殊教育教师使用测验法时应注意以下几点：一是测验法的选择应简便易行且同特殊学生的能力相适应。例如，对于听障学生的测验可以选择书面测验法，而对于视障和智障学生则选择口头测验法。二是测验的内容应注重基础知识和基本技能的考查，淡化特殊的解题技巧，不出偏题、怪题。同时，测验的内容要结合学生的生活适应和社会适应需要。三是测验的试题类型应多样化，充分发挥各种类型题目的功能。要考查学生基本概念的掌握情况，可以设计匹配、填充、选择等试题；考查学生解决问题的能力，可以设计具有实际背景的试题。

（二）观察法

观察法是指教师通过感官或借助一定的辅助工具对学生在日常生活中表现出的情感、态度、能力、行为进行观察，并做客观和详细的记录，并对照事前制定的标准进行评价的方法。观察法适用于教学评价中不易量化的行为表现，如兴趣、爱好、态度等以及技能性的成绩评价。因此，观察法一般用于特殊教育学校中的“道德与法治”“综合康复”“唱游与律动”“定向行走”等课程的教学评价中。

观察法是一种质性的评价方法，强调学生学习过程中行为的变化。为了提高观察的可靠性和准确性，教师需要做到以下两点：首先，要制定详细的观察方案。观察方案包括观察对象、目标、时间、地点以及观察记录方式等内容。其次，要使观察常态化。特殊学生的知识获得、行为习惯养成、价值观的树立都不是一蹴而就的，需要长期的积累。因此，可以通过教学日记或轶事报告等方式连续记录真实反映学生发展变化的资料，为评价提供全面的资料。

（三）作品分析法

作品分析法是指通过对学生的各种作品、活动成果进行分析，以了解学生的活动过程和发展状况的一种方法。教师通过分析学生的作品，可以获得很多关于学生认知水平、情感态度、个性品质特点等信息，能够准确把握学生的学习状态。作品分析法不仅注重学生的学习结果，同时更加关注学生的学习和发展过程，尤其关注学生学习的兴趣、感受、态度等。作品分析法一般运用于特殊教育学校的“美术”“绘画与手工”“历史”“地理”等学科的教学评价。

使用作品分析法时需要注意以下几个方面：第一，收集学生的作品要全面。学生的作品是丰富多样的。例如，美术作品包括绘画、雕塑、设计等多种形式，丰富的作品类型更能反映学生的学习过程和发展状况。第二，作品分析法的评价主体要多元。作品分析法是一种质性的评价方法。为了提高评价的可靠性，除了教师评价以外还应结合学生自身、同伴对作品的分析，必要时还可以请学生家长参与。第三，选择恰当的评价角度。每一个作品都有多种分析角度，同时每一个作品有其突出的特点。教师要能够从多个角度对作品进行分析，以便对学生做出全面、有针对性的评价。

（四）档案袋评价法

档案袋评价法是有目的地收集有关学生学习情况的材料，体现学生在较长时间内在课程的一个或多个领域中所做出的努力、获得的进步和学业成绩的一种评价方法。它对于评价学生的进步程度、努力程度、自我反思能力及最终发展水平方面具有重要意义。特殊教育学校的档案袋评价不是单纯的学生学习资料的堆积，是在明确的教学目标的指导下动态采集学生学习信息的过程。

为了充分发挥档案袋评价的功能，需要认真设计档案袋，具体步骤包括：第一，要明确评价目的。档案袋里的每一份资料都有它被收集的理由，以展示为目的的要收集学生最满意、最重要的作品。反映学生进步的，则收集学生在这方面的过程性内容。第二，确定要收集的材料类型。档案袋中收集哪些材料需要结合评价目的和评价内容考虑，既要收集共性材料，同时也不能忽视个性资料。第三，调动学生参与档案袋制作。第四，定期对档案袋进行评价。第五，要将档案袋评价结果及时反馈给学生和家长。

（五）学生自评与互评

在对学生的评价中，学生的自我评价是重要的组成部分。在自我评价中，学生既是评价客体，又是评价主体；既是被评价者，又是评价的主人。由于特殊学生自我评价的能力较弱，在具体实施自我评价法时教师首先要对学生的自我评价给予足够的重视，鼓励学生自我评价。同时，教师要根据不同障碍类型、不同学段和不同的评价内容帮助特殊学生设计符合他们的自我评价方法。例如，特殊学生可以通过课后感受、我的成长历程、行为核对表、录像等方式对自己在学习中的表现与成果进行自我评价，以提高自我认识、自我调控的能力。

学生进行自我评价的同时，教师要引导学生之间互相评价。学生互评是指依据一定的标准互相评价。特殊教育教师要引导学生用赞赏的眼光去评价其他同学，使被评价的同学由于受到同学们的肯定，学习积极性得以提高。让学生对自己的学习进行总结、回顾和比较，承认学习的个体差异，关注自我发展。这种评价可以帮助学生逐步养成尊重、理解、欣赏他人的态度，相互促进。在特殊教育学校学科教学评价中，班级分享会、班级座谈会是学生间相互展示、相互评价的有效途径。

以上所论述的教学评价的方式方法不是固定的，每一种评价方法都有自己适用的范围。教师应根据具体情况灵活地使用以上方式方法，并在教学改革中探索创新，使其不断完善。

单元小结 ……►

教育的主要渠道是教学，教学评价在教育评价中居于核心地位。特殊教育学校学科教学评价对于课程的有效实施、提高教师的教学质量、促进教师的专业发展等方面具有重要意义。同时，特殊教育学校教育对象的特殊性决定了教学评价的特殊要求，主要体现在特殊教育学校学科教学评价的原则及评价方法的选择上。特殊教育学校学科教学评价要坚持评价标准差异化、评价方法多样化、评价主体多元化以及注重发展性和过程性评价原则，在此基础上确定了特殊教育学校学科教学评价的方法。对教师的评价强调多元主体共同参与评价，建立以学生评价、同行评价、教师自评以及领导评价相结合的评价模式；对学生的评价强调过程性和质性的评价，建立以教师为评价主体的测验法、观察法、作品分析法、档案袋评价法等，同时注重学生自评与学生互评的评价模式。对特殊教育学校学科教学评价原则及方法的探讨有利于推进特殊教育学校学科教学评价改革，为建立科学合理的特殊教育评价体系奠定理论基础。

讨论与探究

1. 特殊教育学校学科教学评价的作用是什么？

2. 特殊教育学校学科教学评价应遵循哪些原则？

3. 特殊教育学校学科教学评价的方法有哪些？

4. 任选盲校、聋校、培智学校某一课程，分别设计一份特殊教育教师和学生的学科教学评价方案。

阅读资料拓展

教育部：《特殊教育教师专业标准(试行)》，2015-08-21。

模块二

盲校义务教育学科教学

第五单元　盲校义务教育学科教学概述

单元导学

在党和国家关心支持特殊教育发展的时代背景下，盲校的课程与教学质量问题被提上日程。2016 年，盲校义务教育课程标准(2016 年版)颁布，要求按照盲校课程标准编写教材。随后涌现出不少有关盲校课程与教学的著作成果，促进了盲校教学理论发展。本单元在前人研究的基础上进行经验总结和理论探讨。视障学生既遵循与普通学生一样的身心发展规律，又有其特殊性。教师既需借鉴普通教育丰富的研究成果，也要因材施教，根据视障学生特殊的情况开展教学，为其获得基本的科学文化知识和融入社会奠定基础。本单元在厘清新中国成立以来盲校学科教学改革发展历程的基础上，以盲校义务教育课程标准(2016 年版)为参考，对其设置依据、原则及具体的学科设置进行探讨，并根据相关理论依据提出盲校学科教学的原则，兼顾理论性与实践指导性，以期为从事盲校教育的教师培养培训提供参考。

学习目标

1. 明晰新中国成立以来我国盲校义务教育学科教学改革历程。

2. 了解盲校义务教育学科设置依据与原则，对盲校义务教育课程与教学的培养目标与具体学科设置形成整体概念框架。

3. 掌握并能灵活运用盲校学科教学的原则。

单元思维导图

- 盲校义务教育学科教学概述
  - 盲校义务教育学科教学改革历程
    - 初步探索阶段（1949—1977年）
    - 快速发展阶段（1978—2011年）
    - 规划化发展阶段（2012年至今）
  - 盲校义务教育学科设置
    - 盲校义务教育学科设置的依据与原则
    - 盲校义务教育学科内容
  - 盲校学科教学原则
    - 盲校学科教学原则的确立依据
    - 盲校学科教学原则的内容

▶第一节
盲校义务教育学科教学改革历程

新中国成立后，我国的视障教育迈向新的发展阶段。国家颁布一系列特殊教育政策，涉及特殊教育学校学制、课程、师资、经费等多方面，还颁布了全国统一的盲文文字，成立了盲校教材编写组，出版专供盲校使用的部分科目的教材[①]，使视障学生的教育获得了快速发展。进入新时代，国家组织专家制定盲校义务教育课程标准，对其学科设置、课程内容、实施建议等做出了具体安排，成为指导盲校教学开展的指导性文件。我国盲校义务教育学科教学改革经历了初步探索、快速发展、规范化发展三个阶段。本节以盲校义务教育学科教学的重要发展阶段为节点，梳理我国盲校义务教育学科教学改革历程。

一、初步探索阶段(1949—1977 年)

新中国成立后，特殊教育被纳入国民教育体系。为改变盲校教育教学一盘散沙的局面，国家致力于构建统一的盲校课程体系和教学计划。1955 年，《教育部关于小学教学计划在盲童学校中如何变通执行的指示》颁布，参照小学教学计划，并根据视障学生的障碍特点，增改了盲校的学科设置，考虑到了教学中视障学生的身心发展需要。[②] 1957 年，《教育部关于办好盲童学校、聋哑学校的几点指示》指出，不仅要开设手工劳动课与职业劳动训练课，完善我国盲童学校课程体系，还要求盲童学校的教学在全部活动中特别注意发展盲童的触觉、听觉和运动觉等感觉器官，借以补偿他们的视觉缺陷，加强直观教学。[③] 到 1962 年，教育部编制《全日制盲童学校小学教学计划(草案)》，这是我国第一部相对较为完善的视障教育课程方案。该计划不仅对盲校课程设

① 黄志军、曾凡林、刘春玲：《新中国成立 70 年来我国特殊教育课程改革的回顾与前瞻》，载《中国特殊教育》，2019(12)。

② 季瑾：《我国视障教育课程演变历史浅析》，载《现代特殊教育》，2017(9)。

③ 顾定倩、朴永馨、刘艳虹：《中国特殊教育史资料选》下卷，1562～1616 页，北京，北京师范大学出版社，2010。

置进行了较为完整的罗列，且在课时比例分配上呈现出文化教育与技能培养并重的特点。[①] 在这一阶段，国家对盲校课程与教学的构想，为改革开放后盲校课程与教学做出了重要的导向，使盲校学科设置与教学获得初步发展。

二、快速发展阶段(1978—2011 年)

改革开放后，随着特殊儿童的受教育权得到保障，国家积极完善盲校的学科课程设计，贯彻以人为本的理念。1987 年，国家教育委员会制定颁布《全日制盲校小学教学计划(初稿)》，将盲校学科课程设置为盲文教学、思想品德课、语文课、数学课、认识初步课、自然课、社会课、体育课、音乐课、手工课、生活指导课、识汉字教学，在学科设置上体现出兼顾文化知识和能力培养的原则，且将视障学生个体性的需要作为学科教学设计的依据。随后于 1993 年制订实行的《全日制盲校课程计划(试行)》在 1987 年教学计划的基础上，进一步满足视障学生的个体发展需要，将培养视障学生的社会适应性作为重点教学要求。而 2007 年出台的《盲校义务教育课程设置实验方案》，虽参照普通教育的课程设置方案，但是立足于盲校教学实际，初步凸显出摆脱普通教育课程设置，更加关注到了个别化教育，基本构建了完整的盲校课程设置、教学实施和评价方案。[②] 在该阶段，相关法律法规的出台，与盲校学科教学发展相互促进，使盲校学科课程与教学获得快速发展，使我国的盲校学科教学朝着更加科学的方向发展。

三、规范化发展阶段(2012 年至今)

进入新时代，我国陆续出台两期特殊教育提升计划，并修订《残疾人教育条例》，推动我国特殊教育朝着高质量的方向发展。《特殊教育提升计划(2014—2016 年)》出台后，我国特殊教育获得进一步发展。为进一步落实视障学生的受教育权和保障教育公平，2016 年，教育部发布盲校义务教育课程标准(2016 年版)。这是新中国成立以来首次为视障学生专门制定的一整套系统学习标准，是对我国多年来盲校教育发展和教育

---

① 顾定倩、朴永馨、刘艳虹：《中国特殊教育史资料选》下卷，1562～1616 页，北京，北京师范大学出版社，2010。

② 季瑾：《我国视障教育课程演变历史浅析》，载《现代特殊教育》，2017(9)。

教学改革经验的集中总结，充分体现了对视障学生教育的重视。该课程标准从国家教育目的、课程本位及视障学生特点三个层面进行了系统化的衔接设计[①]，将缺陷补偿与潜能开发相结合，完善了盲校的学科设置(具体学科设置及课时分配如表 5-1 所示)，力求促进视障学生的全面发展。随后修订了《残疾人教育条例》，并颁发了《第二期特殊教育提升计划(2017—2020 年)》，涉及盲校的课程设置、课程目标、课程内容、课程实施和课程评价。自此盲校学科教学以课程标准为依据，进入了规范化发展阶段。

表 5-1　盲校义务教育学科设置及课时分配

类别	学科	年级	课时数(节)
一般性课程	品德与生活	1～2	140
	品德与社会	3～6	280
	思想品德	7～9	210
	历史	7～9	210
	地理	7～8	140
	生物学	7～8	140
	物理	8～9	210
	化学	9	140
	语文	1～9	1820
	数学	1～9	1680
	英语	3～9	770
	体育与健康	1～9	630
	美工	1～9	525
	音乐	1～9	525
特殊性课程	信息技术	1～9	315
	综合康复	1～3	210
	定向行走	1～6	315
	社会适应	4～9	210

注：品德与生活、品德与社会、思想品德学科名称已统一改为道德与法治，但因对应的新课程标准未发布，在此只介绍旧有内容。

① 黄志军、曾凡林、刘春玲：《新中国成立 70 年来我国特殊教育课程改革的回顾与前瞻》，载《中国特殊教育》，2019(12)。

第二节 盲校义务教育学科设置

一、盲校义务教育学科设置的依据与原则

（一）盲校义务教育学科设置的依据

盲校教学活动开展以具体的学科设置为参照，而学科设置则服务于既定的培养目标。当前我国盲校义务教育学科设置以促进视障学生的全面发展为导向，其设置的具体理论依据如下。

1. 马克思主义关于人的全面发展理论

实现人的自由而全面发展是马克思主义哲学的终极归宿，也是新时代中国化马克思主义的根本价值取向。① 我国教育的定位，源于马克思主义关于人的全面发展学说中对现代社会所需人才必备素质的论述。人的全面发展蕴含着社会的每个人都应该得到相应的发展的思想，这一平等思想为视障学生获得发展提供了理论支撑。学校是促进学生全面发展的重要场所，其学科设置和教学实施是贯彻全面发展的重要体现。因此盲校设置了一般性课程和特殊性课程，以此满足视障学生全面发展的需要。

2. 我国教育对人才培养目标的要求

视障学生作为合法公民，有责任和义务参与社会建设。以社会所需人才素养为目标和依据，培养视障学生，是盲校学科设置的重要且直接的依据之一。

（二）盲校义务教育学科设置的原则

我国的盲校义务教育学科设置，既是对国内外视障教育成果经验的总结，也是立足于视障学生个性需求的合理规划。在学科设置上，盲校秉持“取其精华，去其糟粕”的原则，为盲校课程与教学实施提供了具有指导意义的学科教学方案。

1. 坚持继承、借鉴与发展的原则

长期的盲校教育实践为我国当前盲校学科设置提供了宝贵经验。而随着经济全球

① 欧阳康、熊治东：《马克思人的全面发展学说的情感意蕴及其当代意义》，载《世界哲学》，2018(4)。

化的发展，特殊教育在国家文明程度方面成为国家文化软实力的重要体现。《盲校义务教育课程设置实验方案》指出，盲校学科设置不仅要总结并继承我国历史上各地视障学生教育的成功经验，立足视障学生的全面发展，注重视障学生的潜能开发和缺陷补偿，加强职业技能教育和社会适应力，还要借鉴与吸收国外视障学生教育的成果经验，让视障学生学会学习、学会做事、学会共处、学会做人。

2. 坚持共性与个性相统一的原则

视障学生既与普通学生遵循同样的身心发展规律，又因视觉障碍更具特殊性，因此盲校的学科设置应坚持共性与个性相统一的原则。首先，落实基础教育改革精神，结合普通教育的基础性、普遍性和盲校教育的特殊性，为视障学生更好地融入社会主流和实现融合教育做铺垫；其次，处理好综合课程与分科课程的关系，依据视障学生身心发展的特点和学科知识的内在逻辑，将综合课程随着学生年级的升高逐渐过渡为分科课程，逐渐增加课程内容的抽象性、课程门类、课时比例[①]；最后，视障学生间的差异性要求学科设置和实施过程中关注个体差异，开展个别化教学和分层教学，在完成教学任务的同时促进视障学生的发展。

二、盲校义务教育学科内容

盲校义务教育培养目标要以社会发展的现实需求为依据来确定，而培养目标的实现要通过具体的学科设置和实施达成。目前我国以培养全面发展的接班人为目标，在参考普通教育学科设置的基础上，以视障学生的身心发展特点为依据，盲校开设了一般性课程和特殊性课程，以满足社会和个人发展的需要。

（一）一般性课程

1. 品德与生活

盲校义务教育品德与社会课程内容包含“健康、安全地生活”“愉快、积极地生活”“负责任、有爱心地生活”“动手动脑、有创意地生活”四个方面，共同构成盲校品德社会教育的基本内容。

---

① 钱志亮：《盲校义务教育课程标准的特点》，载《现代特殊教育》，2017(1)。

2. 品德与社会

品德与社会课程采用“一条主线，点面结合，综合交叉，螺旋上升”的设计新思路。课程内容涉及个人健康成长、家庭生活、学校生活、社区生活、国家与社会等方面的规范知识。

3. 思想品德

盲校义务教育思想品德课程的内容由小及大罗列，包含对自我、对他人和集体、对国家和社会的认识和如何处理的方法论介绍。

需要说明的是，品德与生活、品德与社会、思想品德三门学科的名称已统一改为道德与法治，因新课程标准未发布，只对旧有内容进行介绍。

4. 历史

盲校义务教育历史课程内容参照普通义务教育历史课程标准，以时间为线索，按照编年史体例编排，呈现古今中外几千年历史发展的情况。

5. 地理

盲校义务教育地理课程内容包括基本的地理知识的介绍，还包括世界地理的基本情况、中国的地理人口概况，以及学生所在家乡的地理信息等。考虑到学生在地理学习中受限程度较大，盲校地理课程提供了可根据学生的视力受损程度选择的内容及活动建议。

6. 生物学

盲校义务教育生物课程内容主要包括“科学探究”“生命体的结构层次”“生物与环境”“生物圈中的绿色植物”和“生物圈中的人”等十个维度，涉及自然界中的所有生命体基本生物学概念的介绍以及现代生物技术和预防生理疾病等内容。

7. 物理

盲校义务教育物理课程内容由科学探究和科学内容两部分组成，对学生物理学习中所需培养的基本探究能力进行了详细规定。

8. 化学

盲校义务教育化学课程内容由“科学探究”“身边的化学物质”“物质构成的奥秘”“物

质的化学变化”“化学与社会发展”组成。它既具备普及化学知识的科学性，又注意化学教学中的育人性，引导学生正确看待化学对人类社会发展的作用。

9. 语文

盲校义务教育语文课程分学段和根据视力损伤程度对学生语文学习的具体要求和内容进行阐述。各学段的内容要求的维度虽大致相似，但具体的课程内容和难度呈递增的趋势，循序渐进地培养学生的基本语文素养和语文学习能力。

10. 数学

盲校义务教育数学课程内容总体分为“数与代数”“图形与几何”“统计与概率”“综合与实践”四个板块三个学段，每个学段就四个板块内容展开说明。

11. 英语

盲校义务教育英语课程内容服务于课程总目标的实现，在细则上未进行详细规定。主要从“语言技能”“语言知识”“情感态度”“学习策略”和“文化意识”五个方面培养选择相应的教学内容。

12. 体育与健康

盲校义务教育体育与健康课程分学段水平从“运动参与”“运动技能”“身体健康”“心理健康与社会适应”四方面的内容提出要求，根据相应要求进行教学。

13. 美工

盲校义务教育美工课程内容在四个学段都涉及对学生“造型・表现”“设计・应用”“欣赏・评述”“综合・探索”四个领域的培养。但是各个阶段四个领域的具体要求有所差异，要求根据学生所处年龄阶段和学段选择相应的目标和内容展开美工教学。

14. 音乐

结合学生的身心发展特点，盲校义务教育音乐课程内容关注“潜能开发”和“缺陷补偿”，渗透“矫正与康复”，并体现在“感受与欣赏”“表现”“创造”“音乐”等领域中。

（二）特殊性课程

1. 信息技术

盲校义务教育信息技术课程贯穿各个年龄阶段，分学段授课，各阶段知识相互衔接，层层递进，主要包括基本的系统操作、文字处理，网络相关知识的应用，计算机系统的应用和音视频文件的处理等。

2. 综合康复

盲校义务教育综合康复课程的主要内容包括“认识初步”“视觉康复”“感知觉补偿”“物理治疗”“作业治疗”和“心理健康”几个维度。

3. 定向行走

盲校义务教育定向行走课程设置1～6年级的定向行走技能的教育内容，各学段课程内容皆包括参与意识、基本概念、基础训练、定向技能、行走技能、综合应用几方面。

4. 社会适应

盲校义务教育社会适应课程在盲校中、高学段设置，课程内容包括“生活适应”“学习适应”“人际适应”和“职业适应”四个维度，各维度包含家庭、学校、社区等方面的要求。

第三节 盲校学科教学原则

一、盲校学科教学原则的确立依据

教学原则是在教师完成教学任务和教育目标时必须遵循的原则。[①] 本节内容在探讨盲校学科教学原则确立依据的同时，总结盲校学科教学的普遍性原则。

（一）视障学生的身心发展规律

教学活动的开展是教师与学生的双边互动。学生是正在成长中的人，是教学活动的主体，具有主动性、能动性和创造性。学生的身心发展具有顺序性、阶段性、不均

① 钱志亮：《盲校课程与教学》，9页，北京，北京师范大学出版社，2013。

衡性和个体差异性等特点[1]，但因其视觉障碍，视障学生更具特殊性。受视力受损程度和适应力的影响，视障学生在学习过程中所需的辅助材料和专项能力的发展方面，个体的差异性明显大于普通学生。因此，在教学原则的确立上，盲校学科教学不仅要考虑针对视障学生普遍性的教学原则，更要以视障学生群体特有的身心发展规律去确立教学原则。

（二）视障学生的个性化、社会化发展需求

学校教育教学的目的在于促进学生的个性化和社会化，以便能够适应现代社会的发展。盲校教育作为教育的重要组成部分，同样担任着培养能够适应和促进社会发展的公民的任务。由此，现实社会的需要就成为盲校教育目标的重要考量维度。盲校各学科教学目标均有所侧重，但均体现出国家和社会对视障学生的要求。盲校学科教学原则的确立，应以视障学生的社会化发展需求为参考，结合当前视障学生的需求和社会现实需要，注重视障学生的全面发展和社会技能的获得，使各科教学成为传递知识和培养社会技能的有效活动。

二、盲校学科教学原则的内容

盲校学科教学原则既遵循与普通学校一样的全面发展、主体性和因材施教原则，又照顾到视障群体的特殊需要。以下所阐述的盲校学科教学原则，对盲校所有学科均具指导意义。

（一）全面发展原则

教育发展的历史实践表明，追求和促进学生的全面发展已成为国际教育界的共识，并广泛落实到了教育实践中。[2] 我国教育的总目标是培养德智体美劳全面发展的人，盲校学科教学也以学生的全面发展为教学活动的最终归宿。具体而言，第一，目前我国的盲校多采用分科课程。教师在教学活动中，应加强学科之间的联系，贯通学科间的知识点。第二，要避免盲校学科教学中或侧重文化知识，或侧重学生职业能力培养

① 王凤琴：《青少年学生的身心发展规律对教育课程与教学改革的启示》，载《文教资料》，2008(12)。

② 王本陆：《简论现代教育的全面发展伦理原则》，载《现代教育论丛》，1999(5)。

的倾向。知识基础与劳动技能是相辅相成的，教学中应兼顾文化知识的学习和技能的培养。第三，因视障学生视力损伤，活动灵敏度和范围皆有限，盲校学科教学时应关注学生实际的社交能力、身体素质和行走能力的提升，落实全面发展的教育理念。

（二）主体性原则

新一轮基础教育课程改革强调“以学生为本”，教学是以教师和学生为交流主体的特定交往活动，在坚持学生主体地位的同时，也应充分发挥教师的主导作用。对于视障学生来说，视觉受损使学生自主学习的能力受限，如果不提供充分的帮助，教学质量将无法得到保证；教师需要在教学过程中，加强对视障学生学习和生活上的指导，帮助视障学生克服学习中的困难。对于盲校教师来说，每一名视障学生都需要关注，要立足于每一名学生的需求，关注学生的学习进度，并为其进一步的发展提供可参考的材料。在视障学生的生活自理能力的培养，尤其是日常生活自理、行走等方面，教师要在平时教学中鼓励学生多动手，采取循序渐进的教学方式，激发视障学生独立生活的信心。

（三）因材施教原则

因材施教不仅是一种教学原则，还应作为一种教育原则体现在盲校教育实践的全过程。因材施教原则在本质上是教育公平的具体体现，表达了教育者与受教育者关系的合法性与正当性。[①] 因材施教的前提条件是对受教育者个体差异和特点的尊重与承认，依据受教育者的个体差异和特点对其进行有针对性的教育。盲校义务教育阶段各学科教学的对象，是义务教育法赋予受教育权利和义务的合法公民。教学活动根据视障学生的需要因材施教，是对视障学生应有权利和义务的保证。因材施教的根本目的是要保证每一名接受教育的视障学生能在自身基础上，通过教育不仅获得生存能力，而且还获得创造自身幸福生活的能力，这也是当前我国教育的最终归宿。

（四）重视言语指导原则

言语指导是指教师在教学活动中所进行的具体言语指导，包括主动指导和被动指导两方面。主动指导是教师主动介入学生的学习活动，被动指导则是教师被动介入对

---

① 何菊玲：《因材施教原则的教育正义之意蕴》，载《华东师范大学学报（教育科学版）》，2018(2)。

学生进行语言指导。① 相较于普通学生和其他特殊学生，言语指导对视障学生的作用十分显著。眼睛是帮助我们接收外界绝大部分信息的重要感官通道，但视觉受损或者完全失明则让学生大量减少对外界信息的接收。利用触觉、听觉虽在一定程度上能够补偿视觉带来的缺陷，但是学生容易对事物形成零散的、片面的认识。这就需要教师在实际的教学活动中，在学生利用触觉、残余视力的同时，加强对学生的言语指导。同时，随着年级的升高，视障学生学习的内容更加抽象，因此教师在教学中应将系统抽象的知识，转化为生动的、与视障学生生活贴近的语言，激起学生学习兴趣的同时，保证教学目标的达成。

单元小结

本单元回顾了盲校义务教育学科教学改革历程、盲校义务教育学科设置依据及原则以及当前盲校义务教育学科设置情况和教学原则。盲校教育是我国特殊教育中的重要组成部分，而特殊教育也是我国教育事业中不可缺少的一个方面。新中国成立以后，我国盲校教育逐渐走上规范化、科学化的道路，相关指令文件指导了我国现代盲校学科教学的初步探索；改革开放以后，随着宪法及相关专门法律对残疾人权利的保障，我国盲校学科教学进入快速发展阶段；进入新时代，随着国家对特殊教育的关心和支持，盲校学科教学走上规范化发展阶段。当前，在马克思主义关于人的全面发展学说及国家对培养德智体美劳全面发展的社会主义接班人的要求下，盲校设置了科学合理的学科课程。本单元就盲校义务教育学科设置原则、具体内容进行了详细阐释，并就如何促进盲校学科教学实效，提出相关教学原则，为盲校学科教学实践提供一定的参考。

讨论与探究

1. 总结盲校义务教育学科教学改革历程，总结各阶段盲校学科教学的特点与不足。

---

① 汪宁馨：《深度学习视角下大班主题建构活动的教师言语指导行为个案研究》，硕士学位论文，南京师范大学，2018。

2. 结合本单元内容，尝试解读盲校义务教育各科课程标准(2016 年版)。

3. 结合自身的实践情况，谈谈本节中所涉及的教学原则，以及如何将其具体运用与盲校各科教学中。

阅读资料拓展

1. 钱志亮:《盲校课程与教学》，北京，北京师范大学出版社，2013。

2. 韩萍:《实用盲校教学法》，南昌，江西高校出版社，2011。

3. 彭霞光:《视力残疾儿童的教育理论与实践》，北京，华夏出版社，1997。

第六单元　盲校语文教学

单元导学

语文是最重要的交际工具，是人类文化的重要组成部分。盲校语文课程具有基础性、综合性、实践性、工具性、人文性的特点。盲校义务教育阶段语文课程，应使学生初步学会运用祖国语言文字进行交流沟通，吸收古今中外优秀文化，提高思想文化修养，促进自身精神成长。盲校语文教学主要参照普通学校的语文教学进行，在此基础上，根据视障学生身心发展的特点做出相应调整，以满足其特殊需求、特别发展需要。也就是说语文学习需要运用符合视障学生特点的教学方法达到与普通学生共同的学习目标。

学习目标

1. 能够根据盲校义务教育语文课程标准设计教学目标。

2. 了解盲校语文教学的内容与要求。

3. 掌握盲校语文教学方法。

4. 学会根据盲校义务教育语文课程标准设计教学活动和教案。

5. 尝试进行盲校语文教学实践。

盲校义务教育
语文课程标准解读

单元思维导图

- 盲校语文教学
  - 盲校语文教学设计与实施
    - 盲校语文教学设计
    - 盲校语文教学实施
  - 盲校语文教学方法与运用
    - 听读教学法
    - 多感官参与教学法
    - 演示教学法
    - 情境教学法
  - 盲校语文教学评价与反馈
    - 盲校语文教学评价的要求
    - 盲校语文教学反馈

▶第一节
盲校语文教学设计与实施

聆听是视障学生学习语文的主要途径，但语言的习得又不仅仅依靠聆听；语言沟通与表达是视障学生融入社会的一项重要技能，但又不是全部的技能。视障学生受限的学习方式以及受限的生活学习环境为语文教学带来挑战。所以在盲校语文教学设计与实施过程中，教师要引导学生调动多种感官来学习语文，在更为真实广阔的生活空间中学习语文，在充满灵感的生活过程中使用语文，并促进各项技能和素养的提升。

一、盲校语文教学设计

所谓盲校语文教学设计是指按照课程要求以及教学对象的身心特点，在教学过程中把各种教学元素进行科学合理的设计，最终确定出合适的教学方案和教学实施过程。它主要包括以下几个方面：分析教学内容及教学对象、确定教学目标及教学重难点、设计教学及组织过程等环节。

（一）分析教学内容及教学对象

教学之前，教师首先需要分析教学内容和教学对象。教师要从教材的整体知识架构、单元教学架构、文篇教学架构三方面来分析教学内容。具体来说，分析教学内容所具备的前期基础、先决条件；当前教学要处理的发展要求；教学对于后期学习所起的作用、意义等。分析教学对象是指分析教学对象的基本特点，如残疾情况、智力情况、学习方式、原有知识及能力情况、补偿要求、需要提供的辅助支持等，为接下来的教学目标设定做准备。教学对象的分析立足学生的基本特点展开，可以按照学生的原有能力程度来进行分层分析。如分为 A 层学生、B 层学生、C 层学生；也可以按照学生缺陷补偿的不同需求进行分层分析，如分为盲学生、低视力学生、多重障碍学生等；还可以进行整体对象与个别对象相结合的情况分析，如进行全体学生的特点分析，由于学生小 A 是新转校过来的，再进行他的特点分析等。

（二）确定教学目标及教学重难点

教师要根据语文课程标准及教学对象的实际情况，确定教学要完成的具体目标。根据教学对象的不同，可以设计分层教学目标、个别教学目标，目标设定要促进每一名学生的发展。例如，根据教学内容所对应的学段、年级，具体分析和确定语文学科在“识字与写字”“阅读”“写作”“口语交际”“综合性学习”等方面的具体目标要求。可以进行整体目标设计，也可以进行学生分层教学目标设计、个别化目标设计。

教学重点是教学中需要重点关注的目标及内容；教学难点是教学中需要攻克的教学困难点，需要整体布局，攻克落实。

教学目标及教学重难点确定后，才便于进行教学活动的准备及设计。教学组织的核心就是促进目标的落实、学生能力的提升。

（三）设计教学及组织过程

教学过程的设计就是指按课堂教学的组织环节(导入—新授—总结—作业等)逐一设计任务，从教学活动、教师活动、学生活动、设计意图四个方面进行整体考虑，进行有必要的、有逻辑的设计。导语的设计要简明扼要，时间在 3 分钟左右，一般不要超过 5 分钟。新授内容的过程设计要清晰，具有整体性、逻辑性，结构不能过于松散、跳跃。课堂总结和作业布置是教学内容的及时复习和拓展延伸，要进行有质量的设计。每一个教学环节的设计，要厘清楚活动内容中哪些是适合教师的活动，哪些是适合学生的活动，设计这些活动的意图是什么。这样的教学过程设计才是有思考的设计。

| 思考 |

在课前进行了教学设计，课堂组织了教学过程，课后还需要做什么？在进行教学反思时，可以从哪些方面来展开？

二、盲校语文教学实施

在教学实施的过程中，教师应根据现场教学情况，适时灵活调整或优化原有设计，以达到更好的教学效果。教师在教学中需要注意以下几个问题。

第一，给视障学生补充和语文相关的具体经验。“眼见为实，耳听为虚”，声音的经验凭听觉学习是正确的，但视觉的经验通过听觉来学习往往缺乏真实感。视障学生在进行语文学习时，需要多通过实物、模型，接触实际情境，通过触感来学习，避免因声音学声音，不懂字、词、句所传达的真正意义。

第二，给视障学生补充和语文相关的实际操作经验。视障学生无法对环境中有意义的视觉刺激做出积极的反应，再加上实际动手模仿、操作的体验有限，会造成视障学生语文学习上的困难。教学时教师要充分考虑到他们的这种不足，尽可能让他们亲自动手操作，从做中学。如在二年级上册“曹冲称象”的教学中，要让视障学生读懂“称象原理”的语段，可以使用课堂实验操作法，让他们亲自动手操作来明白。

第三，给视障学生补充和语文相关的统整经验。由于信息获取通道受限，触觉或听觉的学习所提供的信息远远不能帮助学生形成正确的事物表象。教师应通过各种途径帮助视障学生将获得的支离破碎的经验统整成完整的事物的正确概念。

第四，注意训练听觉、触觉的敏感度，注意保护学生的残余视力。对于全盲学生，听觉、触觉能力异常重要。在语文教学中，教师要创设各种途径加强训练，盲文摸读就是训练触觉直接有效的方式之一。对于低视力学生，在汉字阅读方面需要花费较长时间，容易造成视觉疲劳。教师要注意转换教学方式，做到低视力学生持续用眼不超过 20 分钟，多引导他们观察和描述绿色植物，望向远处景物等。

▶第二节 盲校语文教学方法与运用

盲校语文教学方法是教师和视障学生为了完成教学任务，实现教学目标所采用的方法和手段，既包括教师教的方法，也包括视障学生学的方法。视障学生主要是通过听、摸读等方式进行学习。在语文教学的过程中，教师应结合视障学生学习方式的特点，采用有针对性的教学方法。

一、听读教学法

听读教学法是盲校语文教学中使用较为广泛的教学法。它是指学生借助于聆听教师的语言、讲解，借助于聆听一定的录音、音频、音乐等有声材料，并通过“读”(发声、朗读、摸读、阅读、讨论等)这种有声语言的形式来开展学习的方法。盲文是拼音文字，以普通话为基础发展而来的。视障学生学习盲文，首先要学会听字母发音、听普通话，学会拼读技巧，才能说普通话，学会盲文，从而打开学习各科知识的钥匙。对于视障学生来说，朗读是一个系统性的学习过程，需要通过“手—脑—嘴—耳—脑”等一系列操作才能实现。摸读和出声读有一个相互协调的过程。

例如，在二年级上册“我多想去看看”一课中，长句教学内容有：“遥远的北京城，有一座雄伟的天安门，广场上的升旗仪式非常壮观”。视障学生在理解遥远、雄伟、壮观等词语时存在困难。教师播放介绍天安门和升旗仪式的音频，让学生边听边想象，即可感受、理解遥远、雄伟、壮观等词语。

在一年级下册“春夏秋冬”的教学中，教学重点是词和短语。教师可以采用听读法来进行教学。首先，引导学生读准字音。“春、吹、池、出”和“草”的声母，“青”和“林”的韵母在发音上相近，要加以区分。其次，指导学生朗读词语时要连读，不可读破，如“春风”不能读成“春——风——”。再次，引导学生进行短语的朗读，要根据主谓短语的特点做合适的停顿。如春风/吹，夏雨/落，秋霜/降，冬雪/飘。最后，可以借助对韵歌的形式，通过一对一答的方式来合作朗读，加深感受。师：什么吹？生：春风吹。师：什么落？生：夏雨落。

教师还可以将文本教材制作成有声教材，即听读文本，设计难度不同的听力目标，让学生有目的地倾听，有意识地获取信息，进而思考和回应问题。例如，让学生获取材料中的细节；从嘈杂的声音背景中区分和识别出一定的声音和短语；让学生确认一段话中的主题句；让学生找出材料中的论点等。

二、多感官参与教学法

多感官参与教学法是指教师在教学中多方位调动视障学生利用自己的听觉、触觉、残余视觉、嗅觉、味觉、运动觉等多种感官参与学习，以加深他们对所学内容的理解和记忆的教学方法。该方法对促进视障学生全方位地感受和整体理解学习内容，形成主动感受、积极思考、保持注意的学习习惯大有帮助。

在语文教学中，该方法有点类似于修辞手法“通感”(又叫移觉)的运用，即寻找两者的共通性，使用一种感知觉方式去体验表达另外一种感知觉。在盲校语文教学中，教师调动视障学生利用触觉、嗅觉、味觉、运动觉等感官体验去理解、认识视觉概念，表达视觉感受，从而弥补因视觉缺失所带来的对形象、色彩、远近、具体、抽象等概念及体验的不足。

例如，在二年级下册“颜色是什么”一课中，“颜色”是视障学生，尤其是全盲学生特别敏感的话题。文中的盲童托马斯通过吃、听、闻、触摸等方式来感知颜色。教师在引导学生理解课文内容、打开认识颜色的角度时，可以结合多感官体验来进行。如学生吃辣酱、吃芥末酱的感受就是红色给人的“火辣”的感觉；学生所闻到的青草的香味，就是“绿色”给人带来的清爽感觉；黑色是妈妈头发的颜色，是爱的感觉和所有颜色的大王。这样颜色的概念就鲜活起来，也教会学生运用人类的通感去体悟和感受生活，打开学习语文的新世界。

三、演示教学法

演示教学法是配合教师的讲授将直观教具或动作、表情展示给学生，并引导学生从观察中获得感性认识、丰富表象的一种教学方法。这种方法能够帮助学生形成准确的表象、扩大其社会认知和情感认知，促进其有效地学习。视障学生由于知识经验不足，认知渠道受限，对词语、事物的理解往往停留在肤浅和表面的层次上。例如，视障学生听到乌鸦叫，知道那是乌鸦叫，并不代表他们真正认识乌鸦。这就可以使用演示教学法来提高学生的理解和运用能力。

例如，在二年级下册“小毛虫”教学中，教师讲述了一只小毛虫从结茧到破茧羽化成蝶的过程，充满人文气息和童趣。但是视障学生缺乏直接的感性认知，教师可以找来毛毛虫、茧子、蝴蝶的直观模型或教具，让学生用触摸、语言描述等来感知，从而加深对课文的认识和理解。在学习“绒毛”“花纹”等词语时，教师可让学生触摸玩偶、标本或器皿等，获得直接的感性认识，提高词语教学的实效性。

在二年级下册“青蛙卖泥塘”一课的教学中，在“愣住”“吆喝”“尽情游泳”的动词学习中，教师可以使用动作演示法，让学生做一做表情、动作。教师评价学生中谁做得最到位，达到真正理解词语的目的。

在帮助视障学生学习太小或太大的事物，或学习有毒副作用的事物时，教师也可以使用演示教学法。例如，让视觉障碍学生认识蚊子前，教师可指导他们先触摸蚊子的模型，然后通过成比例缩小的方式，将蚊子的体型大小、结构、形状等告诉学生，让他们了解蚊子。认识大的事物也一样。在讲到“赵州桥”时，教师可以利用赵州桥的微缩模型来给学生讲解课文，让学生将有更深刻的体验。

四、情境教学法

情境教学法是指教师引导学生置身于一定的模拟场景中，体验场景中的人、物、情，学习相关知识和技能的一种教学方法。由于该方法是将学生置于场景中学习，故一方面可以引导学生利用场景信息理解学习内容，另一方面便于学生将课堂上学到的知识或技能迁移到现实生活中。

例如，在进行古文《小石潭记》的教学时，教师可以引导学生进行角色扮演，化身为柳宗元去游览小石潭，逐一细品“发现小潭”“欣赏小潭”“感受小潭气氛”的游览过程。教师可以让学生加入自己的想象，使用现代文描绘古文“小丘西行百二十步”“隔篁竹”“闻水声”“伐竹取道”“下见小潭”的场景；适时播放溪水流淌的声音，营造发现的场景，并让学生用语言抒发发现小潭“心乐之”的感受。小潭的风景美丽，地点幽静，带来美好的体验，但在小石潭边坐了一会儿，作者认为小潭透露出“四面竹树环合，寂寥无人，凄神寒骨，悄怆幽邃”的氛围，“以其境过清，不可久居，乃记之而去”。教师引导学生联系写作背景来理解讨论作者不喜欢小石潭氛围的原因：柳宗元因为参与改革，失败被贬，心中愤懑不平。这种人生经历的孤独凄凉心境与小石潭幽深冷寂的氛围不谋而合，以此让学生理解文章融情于景、情景交融的写作特点。通过这样的教学过程，视障学生成为学习的主体，实现了对知识和情感的“感知—理解—转化”三个层次的提升。学生在教师营造的学习情境中，获得良好的体验，最终实现对文章的高效学习。

| 思考 |

你还能想到哪些合适的盲校语文教学方法？这些教学方法该怎样实施？

第三节 盲校语文教学评价与反馈

评价与反馈是语文教学的重要内容，既能够反映视障学生对语文知识的掌握和能力的运用，以及在学习过程中的变化和发展，又促进了教师的教学反思，有利于教学活动的完善。

一、盲校语文教学评价的要求

第一，评价具有多重功能。教师应该充分发挥语文教学评价的诊断、反馈和激励功能，检验和改进学生的学习和自身的教学。

第二，评价方式多样。教师应采用关注学习过程的形成性评价与关注学习结果的总结性评价相结合的评价方式，注重学生日常语文学习的观察记录和多种考试形式的恰当使用。在评价结果方面，除了分数或等级外，教师可用有代表性的事实客观描述学生语文学习的进步，并提出建议。

第三，评价主体多元。教师应注意将自身的评价、学生的自我评价、学生之间的相互评价相结合促进学生主动学习和自我反思，还可以根据需要让家长、社区、专业人员适当参与评价。

第四，评价依学段目标来进行。教师应根据不同年龄学生的学习特点，按照不同学段的课程目标，对“识字与写字”“阅读”“写作”“口语交际”“综合性学习”五个方面的语文素养进行评价。

二、盲校语文教学反馈

盲校语文教学反馈是指教师对学生语文学习达到的效果进行总结反思，是师生双方在教学过程中进行信息获取、处理和输出的动态过程。教师可以采用班级集体反馈、学生个别反馈、家长反馈等各种方式，对学生语文学习的情况进行反馈。反馈的目的只有一个：提升语文学习的效果，故在反馈时要注意选择适宜的方法。如对于成绩波动大的学生要进行个别反馈，通过谈心等帮助学生找出产生问题的原因；对于成绩不好又缺乏自信的学生，反馈时要以激励为主；对于孤僻的学生，还可以通过写信、笔谈等方式进行反馈，拉近师生之间的距离，创造良好的语文学习氛围。良好有效的反馈能够帮助视障学生解决语文学习过程中遇到的问题，优化教学过程，提升教学效果。

单元小结

语文课程是视障学生必须修习的基础性课程。盲校语文教学主要参照普通学校的语文教学进行，并根据视障学生身心发展的特点做出相应调整，以满足其特殊需求、特别发展需要。本单元从盲校语文教学设计与实施、教学方法与运用、教学评价与反馈三方面论述了盲校语文教学过程。其中盲校语文教学目标从知识与技能、过程与方法、情感态度与价值观三个方面设计。盲校语文教学设计与实施主要包括教材分析、学情分析、教学目标、教学重难点、教学方法、教学准备、教学时长、教学过程和教学反思等内容，重点掌握盲校语文的听读教学法、多感官参与教学法、演示教学法和情境教学法等主要教学方法。在进行盲校语文教学评价时，要注意评价具有多重功能，评价方式多样，评价主体多元，评价依学段目标来进行的要求。

讨论与探究

1. 盲校语文教学内容包括哪些方面?

2. 盲校语文教学方法有哪些?

3. 结合视障学生的身心发展特点谈谈情境教学法在盲校语文教学中的意义。

4. 自选盲校语文课程，选择恰当的教学方法，设计一份适用于对应年级视障学生的教案，并尝试进行说课。

阅读资料拓展

1. 钟经华:《 盲文》，天津，天津教育出版社，2007。

2. 彭霞光:《视力残疾儿童的教育理论与实践》，北京，华夏出版社，1997。

教学设计案例

寻觅春天的踪迹

第七单元　盲校数学教学

单元导学

数学是人类文化的重要组成部分，数学素养更是成为现代社会公民应该具备的必要素养。视障学生因残障因素在一定程度上影响了其数学观察力和空间想象能力的发展。教师可以通过探索和遵循视障学生的数学学习规律，挖掘和发挥视障学生自身的优势潜能，选择和借助辅助手段补偿缺陷，多方式提升视障学生的数感、符号意识、运算能力、空间观念和几何直观等数学素养，为视障学生的康复治疗、潜能开发、生活适应、社会融入等方面奠定基础。

学习目标

1. 能够根据盲校义务教育数学课程标准设计教学目标。

2. 了解盲校数学教学内容与要求。

3. 掌握盲校数学教学方法。

4. 学会根据盲校义务教育数学课程标准设计教学活动和教案。

盲校义务教育
数学课程标准解读

单元思维导图

- 盲校数学教学
  - 盲校数学教学设计与实施
    - 盲校数学教学设计
    - 盲校数学教学实施
  - 盲校数学教学方法与运用
    - 补偿教学法
    - 情境教学法
    - 谈话教学法
    - 游戏教学法
  - 盲校数学教学评价与反馈
    - 盲校数学教学评价
    - 盲校数学教学反馈

▶第一节 盲校数学教学设计与实施

由于视力障碍，视障学生无法像健全学生那样感知数学的学科样态，也从自然和社会中感受数学知识在实际生活中的丰富运用受限颇多。部分视障学生存在孤独、自卑、压抑等心理状态，因而盲校数学教学设计与实施过程中，教师要多将教学与视障学生的生活经验相联系，引导他们通过其喜闻乐见的方式方法去感受数学的魅力，体验数学学习的快乐。

一、盲校数学教学设计

盲校数学教学设计是根据《盲校义务教育数学课程标准(2016 年版)》的要求和视障学生的实际特点，将教学过程中的诸要素有序安排，并最终确定合适的教学方案的设想和计划。具体包括分析教学对象、确定教学目标、分解教学内容、明确教学重难点、运用教学方法、梳理教学过程、布置作业等环节，其中运用教学方法在第三节中讲解。

（一）分析教学对象

视障较之智障、听障，其发生率相对较低。根据我国视力残疾分级标准，视障分为“盲”和“低视力”两大类、四等级。

盲校数学教学实践中，往往存在学生人数少，年龄和学业水平差异大的特点，部分地区还存在复式班级的现象。特别是由于学生致残原因、周围环境的不同，视障学生个体间的心理发展水平和知识、能力发展水平参差不齐。因此，教师在进行盲校数学教学设计时，应该充分了解教育对象的认知发展特点和其已有的知识、能力和经验水平，然后再因人施教、因班施教。

（二）确定教学目标

盲校数学教学目标是学校对于教学将使学生发生何种变化的预期指向和明确表述，是指在教学活动中所期待得到的学生的学习结果，是对学生发生各种变化的一种规定。

在教学过程中，教学目标起着十分重要的作用。教学活动以教学目标为导向，且始终围绕实现教学目标而进行。[①] 因而，教师需从知识技能、数学思考、问题解决和情感态度四个层面，结合学生的数学学习特点，整体设置。确定盲校数学教学目标是整个教学设计环节的核心步骤，具有贯彻始终、提纲挈领的作用。

（三）分解教学内容

盲校数学教学内容是指教学中师生发生交互作用、服务于教学目的达成的动态生成的素材及信息，是学生在学校习得的知识和技能、思想和观点，以及培养的习惯和行为等的总和。选择盲校数学教学内容时，教师需要以教学目标为基础，规定学习内容的范围、深度和解释教学内容各个组成部分之间的联系，以保证达到教学最优化的内容效度。对于视障学生来讲，教学内容的选择要紧密结合他们的发展特点以及与生活紧密联系，注重实用性。教师要熟悉、分析教材，理解教材编写的原则和依据，充分了解教材内容的选择、表现形式以及编排的特点，灵活、有创造性地使用教材。

（四）明确教学重难点

教师要根据教学目标以及视障学生的认知特点明确教学的重点和难点。教学内容都是根据学生认知发展的规律循序渐进地进行教授的。教学中必须给予特别关注的知识点称为教学重点，对于那些学生用已有的知识经验不足以理解的，学生学习存在困难的称为教学难点。教学的重点和难点都是对于教育对象来说的，因此在盲校数学教学的过程中，教师应该认真研究，既要易被学生接受，又要设置合适的知识台阶引导学生跨越。

（五）梳理教学过程

盲校数学教学过程根据教学内容的异同，一般包含情境境入(或问题导入)、新知探究(讲授)、练习巩固、总结拓展等主要环节。好的开端是成功的一半，导入环节不仅要让学生做好学习准备，同时也要激发其求知的兴趣。盲校数学教学的导入方式宜开门见山、轻松有趣，常用的导入方式有设疑导入、复习导入、故事导入、任务导入等。这些导入方式都较好地符合了学生的学习特点，具有较强的适用性。

---

① 李森、陈晓瑞：《课程与教学论》，76 页，北京，北京师范大学出版社，2015。

在实际教学过程中，教师需注意教学材料呈现方式的选择。有低视力学生的课堂教学，应避免使用图片、动画等资料。教师可以借助现代科技信息技术，将相应材料转化为语音、盲图，或使用实物、实物模型来代替。同时，为了提升学生课堂参与的积极性，教师还可以创设游戏型、竞技型、任务型的小组合作环节，让学生在参与中完成任务。例如，在小学五年级“图形的旋转”一课中，教师课前要求学生同桌之间相互协作，制作一个时钟或一个风车模型；上课之后邀请学生依次用简短的几句话介绍自己的作品。教师在随后的总结中指出刚才学生在介绍时都提到了他们的作品可以“旋转”的特性，引导学生思考日常生活中接触过哪些旋转现象，自然引出本课题。随后学生借助自己的作品开展本课的学习。

（六）布置作业

布置作业是对当堂教学的延伸和反馈，是教学过程中不可或缺的一个基本环节。在盲校数学教学结束后，教师要根据教学目标以及视障学生的课堂表现及反馈，合理布置作业，具体应做到符合视障学生的实际能力，具有代表性，难度适中。班级学生的差异较大，教师应根据视障学生的能力差异，分别布置分量、难度各异的作业。同时教师应给予视障学生必要的提示和指导。

二、盲校数学教学实施

盲校数学教学设计只是教师对课堂教学计划的制订，主要包括确定教学目标、选择和组织教学内容以及涉及的其他相关要素；而盲校数学教学实施主要是实施盲校数学教学计划，即教学计划是教学实施的对象。

首先，在盲校数学教学实施前，教师需要做好充足的教学准备，包括教学内容与教学方式的选定、教学工具与教学材料的确定等，保证盲校数学教学的顺利实施。教师还要做好应对课堂突发状况的心理准备。其次，在盲校数学教学实施过程中教师还要注意教学计划的安排、课堂的预设与生成等。第一，教师在课堂上需要按照教学计划实施教学，避免随意性和盲目性。第二，教师要注意课堂上预设与生成的统一。这对教师的临场反应能力具有一定的要求，也是提高教学效益的关键所在。最后，在盲校数学教学实施结束后，教师要做好总结反思。教师需要发现学生在学习中存在的问题，思考教学目标与教学内容是否匹配，教学策略与方法是否恰当，教学过程是否适宜学生的认知发展等内容，并认真分析原因，及时找出解决方案。

▶第二节 盲校数学教学方法与运用

盲校数学教学方法是为了达到相应的教学目标，教师引导学生参与专门内容的学习活动所采用的方式和程序的综合，包含教师的教法、学生的学法等。根据视障学生数学学习的特点，盲校数学教学除了使用普通学校常用的讲授法、探究法、练习法等，还可以根据教学内容的不同采用补偿教学法、情境教学法、谈话教学法、游戏教学法等方法。

一、补偿教学法

视障学生只是自身的视觉感知途径受阻或信息流失十分严重，但他们的身体和心理还在不断地发育发展。视障学生可通过听觉、触觉、嗅觉等的代偿作用，或由其他健全感觉器官直接代偿感知，或想方设法将有关信息转换成可代偿感知的信息感知。[①]

在盲校数学教学中，教师为了能让视障学生更好地理解所教授的算理、图形等知识，可借助实物、模型、盲图等教具，让视障学生亲手触摸，以增加对相关知识点的直接感知。如在小学数学图形和几何知识的教学中，在准备适宜视障学生的教学具时，教师应做到复杂图形简易化，平面图形盲图化，立体图形模型化。在具体实施过程中，教师应优先选择盲文教材中已有的触摸图，然后再考虑自制的数学触摸图。制作数学触摸图时教师应摒弃原图中的无关信息和干扰信息，确保触摸图简洁易触摸。使用数学触摸图组织教学时，教师不仅要给视障学生充足的感知时间，而且教师指导语务必

① 钱志亮：《视力残疾儿童心理与教育》，65页，大连，辽宁师范大学出版社，2002。

做到直观准确，如合理地运用上、下、左、右、前、后等方位词，帮助视障学生有序全面地感知触摸图，形成表象。对于立体图形教学，教师应出示视障学生日常生活中容易接触到的实物模型和准确适宜的立体图形，以利于视障学生便于观察和发现其特征，促进视障学生将所学知识与日常生活实际建立有效联系。

二、情境教学法

情境教学法可以在盲校数学教学的全过程中使用，也可以在某一环节使用。具体的情境创设可以采用生活展示、实物演示、音乐渲染、故事表演等途径。在盲校数学教学中，教师通过创设学生熟悉的情境，促使学生更好地感知和理解情境，有利于学生更快地进入与主题相关的内容探究中。

如教学数字 5 的相关内容时，教师可提示学生数 5 个锥笔、5 根小棒、5 根手指、5 个小朋友、5 方六点字等，然后让学生说说这些例子的共同点："都是 5"，个数都相同。学生很自然地把数从具体的事例中抽象出来。在教师的引导下，学生发现数可以用来表示一类物品的个数。同时教师还可以进一步启发学生联系生活，发现每个人都有 2 个耳朵、10 根手指，学校教室都有 2 扇门、3 扇窗等。这样从具体到抽象，学生渐渐可以不借助实物用"数"、数"数"，逐渐形成"数"的概念，能体会到"数"的意义，感受到"数"的作用。

三、谈话教学法

谈话教学法是教师根据教学目的和学生已有的知识和经验，提问学生，与学生交谈对话，并启发引导学生积极思考问题得出结论，从而获得知识的一种教学方法。谈话教学法在教学中应用较广，导入、新授、练习、总结等环节都可以使用。同时该方法较之其他教学法无明显的时空局限，是盲校数学教学中运用频率较高的方法之一。

具体教学过程中，教师可以通过启发性谈话，激发视障学生对所学内容的兴趣；通过询问性谈话，了解视障学生对基础知识掌握的情况；通过总结性谈话，加深视障学生对重点内容的理解。谈话时教师要围绕所学主题进行，启发视障学生积极参与对话，引导他们积极思考，自觉回答提问，认真聆听其他同学发言；教师则应积极反馈评价学生的回答。

｜教学片段｜

师：今天是小明的生日，他准备了很多好吃的东西，和好朋友一起过生日。

师：请大家触摸盲图1，说说小明准备了什么好东西？

生1：我摸到了可乐、橘子和生日蛋糕。

生2：小明准备了6罐可乐、4个橘子和一大块生日蛋糕。

师：比较刚刚两名同学说的，谁说得更准确、更清楚？

生(众)：××同学(生2)。

师：以后我们就应像××同学(生2)那样用准确的数学语言来回答问题。

师：听，小明的朋友来了(播放小明好朋友的祝福话)，听听来了几个朋友？

生：来了2个朋友。

师：小明拿出橘子，把橘子分给两位客人，该怎么分？

……

四、游戏教学法

美国数学科普作家马丁·加德纳认为："唤醒学生的最好的办法是向他们提供有吸引力的数学游戏、智力题、魔术、笑话、悖论、打油诗或那些呆板的教师认为无意义而避开的其他东西。"①在盲校数学教学中运用游戏教学法，就是以游戏教学为手段，组织视障学生以活泼、具体的形式来学习数学知识。此类教学法适宜于盲校小学低段数学教学或视障兼智障学生的数学教学。具体实施中，数学游戏的设计和选择不仅要适宜视障学生的认知特点，同时游戏内容应兼具游戏性和学科性。

如在教学二年级"探索规律"时，教师设置竞技游戏"比比谁的记性好"，出示两张数字卡片。卡片上各有一个多位数，请一名男同学和一名女同学进行比赛，看谁记得

① 转引自王幼军：《数学中的游戏因素及其对数学的影响》，载《自然辨证法通讯》，2002(2)。

又快又准(男生卡片为 631840050439，女生卡片为 432143214321，比赛中女生最先胜出)。教师宣布女同学获胜后，男同学和部分同学质疑此次比赛的公平性，并指出女生记忆的数字有规律，好记忆，而男同学记忆的数字规律不明显。教师适时总结分析：女同学获胜的原因在于她记的数字有规律，非常容易记住；并指出日常生活中像女同学卡片上数字这样有规律的现象还很多。自然引出本课题。

▶第三节

盲校数学教学评价与反馈

评价与反馈作为盲校数学教学的重要内容，不仅能够反映视力障碍学生对数学知识的掌握和能力的运用，而且能够促进教师的教学反思。同时随着第一、二期特殊教育提升计划的落实，第三期特殊教育提升计划的推进实施，教学评价逐渐呈现新的趋势，即由传统的质性评价向统整量化评价转变，由侧重班级整体向注重学生个性化表现转变。

一、盲校数学教学评价

盲校数学教学评价是对教学基本功能实现程度做出判断的过程，是对教学活动质量和效果所进行的测量、分析和评定。盲校数学教学评价主要包括教师教学质量评价和学生学习质量评价两部分。

教师教学质量评价主要涉及学科教学计划的制订、课堂教学、个别指导、作业布置与批阅等一系列相关因素。教师可采用教学录音(像)、课堂教学量表、教学笔记、反思日志等方法进行自我评价，也可采用随堂听课、课堂调查等他人评价的方法进行评价。其中随堂听课作为教师同行或评价专家对教师课堂教学进行定期或随机的观察、记录以得出相应结论的评价手段被广泛使用。教师可以通过填写专门的课堂观察记录表或描述记录课堂教学中的典型事件来对课堂教学进行有效评价，表 7-1 为盲校数学课堂观察记录表。

表 7-1　盲校数学课堂观察记录表

学校	授课教师信息		科目	课题	班级
	姓名：　　性别： 教龄：				
时间	教学环节	观察到的事件（教师）	观察到的事件（学生）	观察者的解释和疑问	讨论

视障学生发展是盲校课程和教学的终极价值所在。学生学习质量评价是盲校数学教学评价环节最核心和关键的部分。教师通过评价了解视障学生数学学习的有关知识、能力水平，以便科学有效地制订教学计划、安排教学进度、确定教学过程和发现教学中存在的问题、缺陷。同时实施个别化评价有利于把握不同学生的学习轨迹，以便因材施教。具体实施中教师可以采用书面测验、师生交流、档案袋评价等方法。如可将学生每学期优秀的作业、最好的测验试卷等收藏到专门的档案袋中，由学生、教师、家长三方共同参与档案袋的设计和建设。学生通过整理检查自己在数学学科中学习进步的结果，成为自身进步和成果的积极评价者。

二、盲校数学教学反馈

盲校数学教学反馈主要是指教师对学生数学学习达到的效果进行总结反思，是师生双方在教学过程中进行信息获取、处理和输出的动态过程。为了实现教学反馈效果的最优化，教师应该以教学对象的特点选择针对性强的方式。根据视障学生的不同特点，教师在反馈上要遵循共性与个性相结合、灵活性、针对性的原则。

首先，共性与个性相结合指的是面对数学教学中学生存在的共性问题，教师可以进行集体反馈、集中讲评；对于个别学生存在的个性问题，教师可以采取个别面批的方式。其次，灵活性指的是反馈方式的灵活。对于低视力学生，除了口头上的反馈外，教师还可以用不同颜色的笔写简短的大字书面评语；对于全盲学生，教师要善于利用现代通信技术，可以通过语音、电话的形式反馈；无论何种反馈都应有效准确地告诉他们到底好在哪里，不足在哪里，明确他们的长处，以发挥他们的优势。同时为了增强学生学习数学的自主性，教师还可以采取小组反馈法，充分发挥数学成绩优异同学的作用，通过“一帮一”进行点对点的反馈。最后，针对性是指教师不能盲目地将教学结果反馈给学生，要具体问题具体反馈。对于数学学习成绩不太理想且对学习失去信心的学生，教师应给予具体的建议并给出一些鼓励，这样才能够改进学生的学习方法以及增加他们学习的信心。对于一些数学学习成绩优异且充满信心的学生，教师应提供一些更能激起其学习潜力及奋力拼搏的反馈，利于其潜能的发挥。良好有效的反馈能够帮助学生解决数学学习过程中遇到的问题，优化教学过程，提升教学效果。教师要遵循教学反馈原则，使盲校数学教学达到教与学统一和谐的效果，促进学生的全面发展。

单元小结

盲校数学课程是盲校义务教育阶段的基础性和普及性课程。本单元设计与实施、方法与运用、评价与反馈这三个层面论述了盲校数学教学过程。盲校数学教学目标包括总目标和具体目标，即通过数学学习获得必需的知识技能，善于数学思考，能够利用数学知识分析和解决问题，形成初步的创新意识和科学态度。盲校数学教学设计与实施包括分析教学对象、确定教学目标、分解教学内容、明确教学重难点、梳理教学过程、布置作业等内容。掌握盲校数学教学的补偿教学法、情境教学法、谈话教学法、游戏教学法等主要教学方法。在进行盲校数学教学反馈时教师要遵循共性与个性相结合、灵活性、针对性的反馈原则。

讨论与探究

1. 盲校数学教学内容包括哪些方面？
2. 盲校数学教学方法有哪些？
3. 结合视障学生的身心发展特点谈谈情境教学法在盲校数学教学中的意义。

4. 以盲校数学课程“克与千克”为例，选择恰当的教学方法，设计一份适用于三年级视障学生的教案。

阅读资料拓展

1. 钱志亮：《盲校课程与教学》，北京，北京师范大学出版社，2013。

2. 邓猛：《视觉障碍儿童的发展与教育》，北京，北京大学出版社，2011。

3. 徐文彬：《小学数学教学方法》，北京，教育科学出版社，2017。

教学设计案例

数学广角

第八单元　盲校英语教学

单元导学

在经济全球化的背景下，学习英语有利于视障学生更好地了解世界，开阔视野，丰富生活经历，形成跨文化意识，增强爱国主义精神，形成正确的人生观、价值观和良好的人文素养，培养乐观、自信的人生态度，更好地适应经济全球化、信息化的社会生活，从而为他们提供更多的接受教育和职业发展的机会。视障学生通过学习英语还能增强社会能力，在学习借鉴国外文化的同时，传播中国文化，讲好中国故事，逐渐增强文化自信，充分发展语言技能，补偿视觉缺陷，发展思维能力、创新能力和跨文化交际能力，更好地融入现代社会。我们要充分认识到视障学生学习英语的特殊性，根据《盲校义务教育英语课程标准(2016 年版)》的相关内容以及视障学生的认知特点、语言学习规律和身心发展特点，结合生活经验，开发课程资源，传授教学内容，提升盲校英语教学质量。

学习目标

1. 熟悉盲校义务教育英语课程标准，形成对盲校英语的价值认同。

2. 能够根据盲校义务教育英语教学目标与内容进行教学设计与实施，并掌握教学设计的各个要素，领会教学实施过程。

3. 掌握盲校义务教育英语教学方法，把握教学过程的要领。

盲校义务教育
英语课程标准解读

单元思维导图

- 盲校英语教学
  - 盲校英语教学设计与实施
    - 盲校英语教学设计
    - 盲校英语教学实施
  - 盲校英语教学方法与运用
    - 听读法
    - 摸读法
    - 联想法
    - 游戏活动法
    - 情境模拟法
    - 歌谣法
  - 盲校英语教学评价与反馈
    - 盲校英语教学评价的要求
    - 盲校英语教学反馈

第一节 盲校英语教学设计与实施

由于有视力缺陷，视障学生无法像健全学生那样通过直观的视觉体验接受丰富多彩的知识以及五光十色的社会，生活学习环境相对封闭，学习英语时会遇到不少的困难。所以在盲校英语教学设计与实施过程中，教师要多与生活实际相联系，充分利用视障学生的其他感官体验，培养其听、说能力，引导视障学生在充满灵感的生活过程中体验学习英语的快乐。

一、盲校英语教学设计

盲校英语教学设计包括分析教学对象、确定教学目标、分解教学内容、明确教学重难点、梳理教学过程、进行教学总结与反思等内容。

（一）分析教学对象

盲校英语教学设计包含对教学对象的了解与分析。由于身心发展的差异性，每名学生都有自己的认知发展特点，以及对于英语学习的认知特征和心理特点。同时已有的知识及能力也会对其英语的学习过程和效果产生影响。[①] 因此，教师在进行英语教学设计时，应该充分了解学生已有的知识经验以及认知发展特点。

（二）确定教学目标

盲校英语教学目标是对学生通过教学后应该表现出来的可见行为的具体明确的表述，是教学活动的出发点和最终归宿。[②] 因此，确定盲校英语教学目标是整个教学设计环节的重要一环，决定着教学的总方向以及教学内容和方法的选择以及教学过程的梳理等。盲校义务教育阶段英语课程的总体目标是培养学生初步的综合语言运用能力，促进其心智发展，提高其综合人文素养。综合语言运用能力是在学生语言技能、语言

---

① 李文岩：《小学英语课程与教学》，135 页，北京，中国人民大学出版社，2016。
② 杨九民、梁林梅：《教学系统设计理论与实践》，83 页，北京，北京大学出版社，2008。

知识、情感态度、学习策略和文化意识等整体发展的基础上形成的。图 8-1 是盲校义务教育阶段英语课程目标结构。

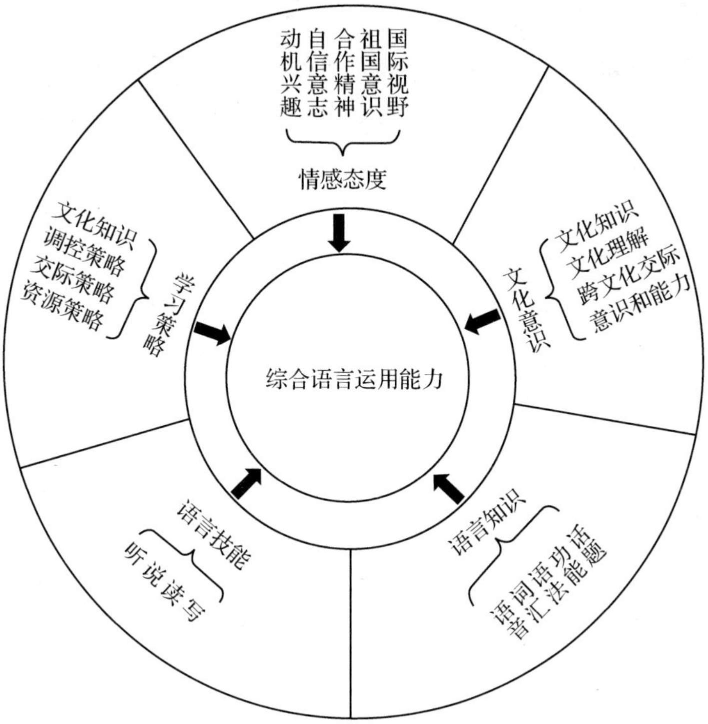

图 8-1　盲校义务教育阶段英语课程目标结构

（三）分解教学内容

盲校英语教学内容是在教学活动中为了实现教学目标，师生共同作用的知识、技能、技巧、思想、观点、信念、行为习惯的总和。① 选择盲校英语教学内容时，教师需要以教学目标为基础，规定学习内容的范围、深度和解释教学内容各个组成部分之间的联系，以保证达到教学最优化的内容效度。对于视障学生来讲，盲校英语教学内容的选择要紧密结合学生的发展特点以及与生活紧密联系，注重实用性。教师要熟悉、分析英语教材，理解教材编写的原则和依据，充分了解教材内容的选择、表现形式以及编排的特点，灵活、有创造性地使用教材。

① 鲁子问、康淑敏：《英语教学设计》，91 页，上海，华东师范大学出版社，2008。

（四）明确教学重难点

教师要根据教学目标以及视障学生的认知特点明确教学的重点和难点。盲校英语教学内容要根据学生认知发展的规律循序渐进地进行教授，总有一项是最突出、最重要的。教学的重点和难点都是根据教育对象确定的，因此在盲校英语教学过程中，教师应该认真研究教学重点和难点，既要易被学生接受，又要设置合适的知识台阶引导学生跨越。

（五）梳理教学过程

盲校英语教学过程包含导入、讲授、练习与运用等主要环节。根据第二语言课堂学习的基本过程即语言学习的准备、语言感知、语言理解、语言吸引、语言运用和发展。

盲校英语课堂的导入方式一般轻松有趣，能够缓解视障学生面对第二语言学习时的压力与紧张的情绪。常见的导入方式有歌曲导入、谜语导入、复习导入、问答导入等，这些导入方式都巧妙地避免了视觉功能的使用，符合视障学生的学习特点。教师在讲授的过程中要注意教学材料呈现方式的选择，避免使用图片等资料，可以充分利用现代科技信息技术，将教辅材料转化为盲文，打印后提供给视障学生使用；同时结合有声软件以及音频播放设备的使用、问题情境的创设，提高视障学生学习英语的热情，以及敢于运用英语表达的能力。在让视障学生进行英语练习与运用的过程中，教师要创设语言情境，进行各种形式的模拟练习。例如，在讲 shopping 的内容时，教师可以巧妙地结合现实中真实的场景，让视障学生积极参与，理解并会用英语“Can I help you?”以及“I'd like…”“How much is it?”等句子表达。同时，为了增加学生参与的积极性，教师还可以创设游戏式、竞赛式、任务式的小组合作环节，让学生在新的语境下完成任务。

| 案例 |

任务内容：餐厅点餐以及询问价格的表达。

Menu：rice，fish，beef，chicken，soup，noodles，vegetable.

Waiter：What would you like?

Customer：I'd like…

Customer：How much is it?

Waiter：It is…

任务设置：教师把视障学生分成几个小组，给每个小组提供一份盲文版的英语菜单。每个小组进行分工，分别扮演 Waiter 和 Customer。然后每个小组的成员轮换地运用英语模拟餐馆点餐。教师随时观察学生的情况，遇到问题及时给予指导，最后可以挑选几个小组上台表演。

任务说明：在这个活动中，餐馆点餐是生活中的一个真实情境。视障学生可能会由于自身的缺陷等原因产生自卑、不自信的不良情感体验。通过小组合作的形式，教师让这类学生敢于表达，敢于与人交流。教师还可以变化活动的方式，在没有盲文菜单的条件下，可以灵活地改为 Waiter 介绍菜单，也能够促进视障学生英语表达练习以及思维活动的练习，进而提高他们的综合运用能力。

（六）进行教学总结与反思

总结反思是教学过程中不可或缺的一个基本环节。在盲校英语教学结束后，教师要根据教学目标以及学生的课堂表现及反馈，对教学活动及其效果及时做出价值判断，总结有用的教学经验和学生良好的课堂表现，并及时将其反馈给学生甚至家长，增强学生学习英语的信心。教师在教学过程中发现的问题，可能是学生方面的，也可能是教学环节出现的，都要做好课后反思，找出问题产生的原因，通过教研小组讨论等形式及时解决问题，以不断地改进英语教学设计，促进英语教学更有价值地开展。

二、盲校英语教学实施

盲校英语教学设计只是教师对课堂教学所规划的蓝图，这种蓝图能否发挥预期的效果，还需要在课堂教学的实践中进行检验。

首先，在盲校英语教学实施前，教师需要做好充足的教学准备。这些准备包括教学内容与教学方式的选定、教学工具与教学材料的确定等，以保证盲校英语教学的顺利实施。教师还要做好应对课堂突发状况的心理准备，第二语言的习得对于学生来说是一项具有挑战性的任务，以防学生因为学习困难而产生焦虑等不良情绪或行为问题。

其次，在盲校英语教学实施中，教师需要注意教学计划安排、课堂预设生成问题。第一，教师在课堂上需要按照教学设计的内容实施教学。盲校英语课程的设置比语文、数学少，要想充分实现英语教学目标，一定要发挥教学设计的指导作用，避免随意性和盲目性。第二，教师要注意课堂预设与生成的统一。这对教师的临场反应能力具有一定的要求，也是提高教学效益的关键所在。由于教学对象的特殊性，英语教学进程容易受到不确定因素的影响。尤其是在发音练习过程中，视障学生的学习时间可能是普通学生的几倍，不仅要求教师要有充足的耐心，还要有适宜的方法推动英语教学的实施。正如苏霍姆林斯基所说的："教育的技巧并不在于能预见到课的所有细节，而在于根据当时的具体情况，巧妙地、在学生不知不觉中做出相应的变动。"①第三，教学活动的展开要由易到难，过渡自然。这样学生在英语课堂上会感到容易、轻松，参与的积极性会提高。第四，教师在教授英语的过程中，言语的表达一定要充满热情、积极的态度，让学生感受到自己传达出来的对于英语喜爱的情感，体会到学习英语的乐趣。这对于所有学生来说都是非常重要的，以便他们接受英语，主动学习英语。

最后，在盲校英语教学实施结束后，教师要做好总结反思。教师要发现学生在学习中存在的问题，思考教学目标与教学内容是否匹配，教学策略与方法是否恰当，教学过程是否适宜学生的认知发展等内容，并认真分析原因，及时找出解决方案。

---

① ［苏联］瓦·阿·苏霍姆林斯基：《给教师的建议》修订本全一册，杜殿坤编译，227～228页，北京，教育科学出版社，1984。

▶第二节
盲校英语教学方法与运用

盲校英语教学应提倡百花齐放的方针。根据视障学生“以耳代目”的特点，教师除了使用普通学校常用的讲授法、练习法等之外，还应充分通过听读法、摸读法、联想法、游戏活动法、情境模拟法、歌谣法等激发学生的学习兴趣。

一、听读法

视障学生的英语学习材料非常少，教师可以利用计算机软件等将有关教材、课外读物或部分章节制成有声教材，并配上音乐。这样不但能代替点字书籍和大字课本，而且大大弥补了视障学生阅读量不足的缺陷。听读法调动了视障学生的听觉功能，发挥了他们的听觉优势。通过听读，尤其配乐听读，视障学生能触动其听觉想象，引发感情共鸣，从而激起想象，加深他们对课文的理解。在盲校英语教学中，教师应尽可能地将教材中的词汇、情境与音响手段的运用紧密联系起来。在视障学生平时的学习生活中，教师也可以提倡他们多收听各种广播电视、有声读物。这对开拓视障学生的“视野”，丰富知识，发展形象思维，陶冶情操，美化心灵，发展智能，实现“以耳代目”，进行视缺陷补偿有着十分重要的意义。

二、摸读法

英语的盲文点字体系是比较特殊的，也是盲校英语教学与普通学校教学最大的不同之处。英语盲文分为三级点字。一级英语盲文点字是与普通英文 26 个字母及所有标点符号完全对应的点字写法；二级英语盲文点字是单词里连用字母简写、常用词简写及常用词缩写的方法，这种符号及用法共有 189 个；三级英语盲文点字是在二级点字的基础之上，充分利用六点字的 63 个符号变化，扩大并发展二级简写与缩写范围，这种符号及用法共有 350 个。二级英语盲文点字的学习，已经给视障学生带来了很大的困难。摸读法是盲校较为传统的教学方法，英语的学习需要视障学生充分掌握各种符号以及用法，识别出相应单词、句子的表达，并在这个过程中不断地练习发音。英语的发音对于视障学生来说是一种完全陌生、难以模仿的语言体系，所以摸读法有利于学生一边识别单词字符，一边掌握其准确发音。

三、联想法

联想法对于视障学生来说能够有效地提高学习效率，主要有谐音联想记忆法、归类联想记忆法、故事联想记忆法。由于英语发音对视障学生来说是一种新的挑战，教师在教授英语发音的时候，可以结合汉语的读音来形成英语单词的读音。例如，对于字母“D”，教师可以联想到汉语中的“地”等，让学生在思想上留下深刻的记忆，利用谐音联想单词记忆法，促进学生对英语单词的记忆。英语盲文点字复杂难记，在记忆过程中会出现混淆的现象，降低学生对英语知识的掌握程度。教师可以采用归类联想记忆法，对单词释义相似或者一类的进行筛选和归类，让学生以对比的形式进行英语单词的学习，提高学生对英语单词的学习质量。故事联想记忆法指的是教师将已学的英语知识，形成一个短小的英语故事，将所学的英语单词、词组和句式尽可能多地融入其中，以故事的形式加深学生的印象，进而引导学生通过英语故事联想到英语课堂上所讲解的英语知识，促进学生对英语知识的记忆。

四、游戏活动法

游戏能够给学生提供他们喜爱的运动和心理活动的机会。但是受视力的影响，视障学生如果做追打、跑步的游戏，是危险的。教师必须选择适合视障学生的游戏。游戏活动法是教学中所采用的带有“玩”的色彩而又与学习内容相配合的教学方法。尤其是在一些与生活相关的英语教学中，教师可以创设游戏环节。例如，在英语盲文一级点字的学习过程中，在发音练习的授课环节，教师可以通过改造“击鼓传花”，使其适用于盲校英语教学，让学生充分参与进来，寓教育于游戏，以艺术的感染力增强这门课程的教育性。

五、情境模拟法

情境模拟法要求教师根据英语教学内容，有目的地创设符合语言环境的某种情境，令视障学生经历仿真性活动，获得某些难以身临其境去学习的体验、经验、知识等。活动的关键是让学生获得某种体验，表演的好与坏并非考查的标准。例如，在“交通工具”一课中，教师可以创设问题情境，让学生扮演不同的角色，练习“How do you go to…?”“I go to…by…”“It takes sb some time to do sth”等固定句式的表达。这不仅能够使学生掌握英语知识，还能够促进学生之间的沟通交流，培养团结互助合作精神。

六、歌谣法

视障学生在演唱方面具有先天优势，他们能够很快掌握歌词和节奏，因此视障学生非常愿意学习歌曲。好听的歌曲能够吸引学生的注意力，节奏感很强的歌曲使学生愿意学习。但是在进行英语歌曲选择的时候，教师要注意避免选择英语词汇太多、太复杂的歌曲。这种歌曲对于视障学生来说不仅记忆困难，而且也会增加发音困难，使他们逐渐降低学习英语的兴趣。所以教师在选择歌曲的时候一定要尽量避免这一点，还要注意选择节奏感强和韵律感强的英文歌曲，如下。

If you are happy, and you know it. Clap your hands. (Clap! Clap!)

If you are happy, and you know it. Clap your hands. (Clap! Clap!)

If you are happy, and you know it. Then your face will surely show it.

If you are happy, and you know it. Clap your hands. (Clap! Clap!)

……

| 思考 |

你还能想到哪些合适的盲校英语教学方法？这些教学方法该怎样实施？

第三节
盲校英语教学评价与反馈

盲校英语教学评价与反馈是课堂教学环节不可或缺的组成部分，是优化教学过程、实现教与学和谐统一必不可少的环节。因此教师应遵循教学评价要求，采用多样化的反馈模式，培养学生的学习兴趣，增强学生的学习动机，树立学生的自信心，激发学生的潜能，促进学生全面发展。

一、盲校英语教学评价的要求

第一，评价类型多样。教学评价主要是为了促进学生英语学习效果的提高。根据学生英语学习的特点，要求评价类型多样化，注重诊断性评价、形成性评价、总结性评价的灵活运用。在英语教学过程中的分班测试、课堂提问、课后测验都属于诊断性评价，它能够及时检验视障学生已有的经验储备以及对本次教学内容的掌握情况。这样教师及时把握学情，调整教学目标，改变教学方法，使学生在学习英语的过程中最大限度地获益。形成性评价有单元检测、问卷调查、访谈等，关注视障学生的学习过程。教师要根据评价结果及时与学生开展不同形式的沟通交流，充分肯定学生的进步，鼓励学生自我反思、自我提高。学生也可以在教师的指导下，根据自己的特长或优势选择适合自己的评价类型。总结性评价应采用不同类型的综合性和表现性的评价形式，如期末考试、学业成就评价。总结性评价是学生某一阶段学习效果的总结，能够给教师提供反馈信息，利于为下一阶段的英语学习制订计划。因此教师要根据英语教学过程中的具体情况，灵活运用各种评价类型。

第二，评价方式灵活。英语教学评价可以采用笔试、听试、口试等测试和非测试的多种形式。在成绩记录方面，可以采用等级制、百分制或达标等多种方法。要允许学生根据自己的特长或优势选择适合自己的评价方式。如果学生对自己某次课堂测验成绩不满意，可以与教师协商，暂不记录成绩。学生在经过更充分的准备之后，可再次参加评价。

第三，评价内容有所侧重。视障学生的英语学习与普通学生存在差异，教师在评价的标准以及内容方面要结合视障学生的身心差异进行有针对性的评价。结合盲校英语课程标准内容考虑学生在不同年级、不同知识板块的权重，评价的重点在于诊断学生的学习情况，培养学生学习英语的自信心，让学生发挥潜能，敢于表达，而不是只侧重于英语学习结果的评价。

第四，评价主体多元。积极提倡学生、同伴、家长、学校、教师、社会共同参与的多向性、多元化评价主体，提高评价的全面性。由于视障学生学习英语的特殊性，视障学生为主体的评价应注重英语教学活动是否能够被他们接受，是否有助于他们日常的应用表达等方面。以同伴为主体的评价能够更直接反映视障学生在学习英语过程中的情绪状态，更能够发挥同伴学习英语的优势。家长能够在视障学生自然放松的状态下观察到他们在英语学习课后的一些表现，这些表现能够从侧面反映出视障学生学习英语的热情以及投入状况。其他为主体的评价方式也能够从不同的层面反映视障学生学习英语的情况。表 8-1、表 8-2、表 8-3 分别是以视障学生、同伴、家长为主体的英语教学评价示例。

表 8-1　视障学生英语教学评价示例

英语教学活动	视障学生反馈
Funny	☺ ☺ ☺ ☺ ☺
Easy	☺ ☺ ☺ ☺ ☺
Useful	☺ ☺ ☺ ☺ ☺

表 8-2　视障学生同伴英语教学评价示例

你的搭档：　　　　　　　　你的姓名：
1. 英语学习活动名称：
2. 你觉得你的同伴在该学习过程中的表现怎样？
3. 你认为你的同伴做得好的地方在哪里？
4. 你觉得他(她)存在哪些不足？

表 8-3 视障学生家长英语教学评价示例

请在孩子发生的变化或出现的情况前打“√”
1.（ ）喜欢和家长谈论自己的英语老师和同学
2.（ ）常常向家长谈起自己在课堂活动、游戏中的表现
3.（ ）乐于完成家庭作业，热情、认真、充满想象力
4.（ ）懂得爱护自己的英语教材及学习资料
5.（ ）能够自觉地或根据教师的要求进行学习
6.（ ）经常在家里唱课堂上学习的英文歌曲和歌谣
7.（ ）开始注意身边的英语信息，如电视里的英语、广播中的英语等
8.（ ）在生活中能主动尝试应用所学过的英语

二、盲校英语教学反馈

盲校英语教学反馈能帮助教师及时准确地了解教学效果，处理好教与学的关系，它是师生双向互动的过程。对于学生，教师要选择不同层面的隐性反馈资源，体现针对性。在课堂问答式教学过程中，学生对教师所提问题的思考是隐性的，必须通过自己的语言表达出来。但受时间限制，教师不可能让学生一一作答，应根据问题的不同思考深度，选择不同层次的学生进行反馈，才能全面了解学生的整体思维状况，保证课堂上反馈的资源真实有效。对于教师，选择不同的反馈主体，体现全面性。反馈要面向全体，但不等于毫无目的，泛泛而谈。教师要向不同能力程度的视障学生、家长及其他教师收集反馈意见，更全面地进行教学反思。

单元小结

盲校英语是义务教育阶段视障学生必须修习的基础性课程。本单元从盲校英语教学设计与实施、方法与运用、评价与反馈这三个层面论述了盲校英语教学过程。盲校英语教学由语言技能、语言知识、情感态度、学习策略和文化意识这五个具体目标构成；盲校英语教学内容根据这五个具体目标进行选定，并分别提出了其标准要求。听读法、摸读法等教学方法贯穿在盲校英语教学设计与实施过程中。在进行盲校英语教学评价的过程中，教师要遵循评价类型多样、评价方式灵活、评价内容有所侧重、评价主体多元的评价原则；进行盲校英语教学反馈时要体现全面性、针对性的反馈原则。

讨论与探究

1. 盲校英语课程目标与内容包括哪些方面？

2. 盲校英语教学方法有哪些？

3. 结合视障学生的身心发展特点谈谈情境模拟法在盲校英语教学中的意义。

4. 根据盲校英语教材，自选课文，设计一份适用于对应年级视障学生的教案。

阅读资料拓展

1. 钱志亮：《盲校课程与教学》，北京，北京师范大学出版社，2013。

2. 邓猛：《视觉障碍儿童的发展与教育》，北京，北京大学出版社，2011。

教学设计案例

My Body

第九单元　盲校道德与法治教学

单元导学

思政课是落实立德树人根本任务的关键课程，具有不可替代的重要作用。盲校道德与法治课程作为思政课的重要组成部分，涵盖道德品质、心理健康、社会主义法治和国情教育等多方面内容，是视障学生中华优秀传统文化和革命传统教育的重要组成部分。它有利于促进视障学生道德品质、健康心理、法治意识和公民意识的进一步发展，有利于视障学生形成乐观向上的生活态度，逐步树立正确的世界观、人生观、价值观，有利于视障学生创新精神和实践能力的培养。根据《教育部办公厅关于2016年中小学教学用书有关事项的通知》，从2016年起，将义务教育小学和初中起始年级“品德与生活”“品德与社会”“思想品德”教材名称统一更改为“道德与法治”。

学习目标

1. 能够根据盲校义务教育道德与法治课程标准设计教学目标。

2. 了解盲校道德与法治教学内容与要求。

3. 掌握盲校道德与法治教学方法。

4. 学会根据盲校义务教育道德与法治课程标准设计教学活动和教案。

盲校义务教育思想品德课程标准解读

单元思维导图

- 盲校道德与法治教学
  - 盲校道德与法治教学设计与实施
    - 盲校道德与法治教学设计
    - 盲校道德与法治教学实施
  - 盲校道德与法治教学方法与运用
    - 讨论法
    - 演示法
    - 情境教学法
    - 案例教学法
  - 盲校道德与法治教学评价与反馈
    - 盲校道德与法治教学评价
    - 盲校道德与法治教学反馈

▶第一节 盲校道德与法治教学设计与实施

一、盲校道德与法治教学设计

盲校道德与法治教学设计是根据《盲校义务教育品德与生活课程标准(2016 年版)》《盲校义务教育品德与社会课程标准(2016 年版)》和《盲校义务教育思想品德课程标准(2016 年版)》的要求和视障学生的实际特点，将教学过程中的诸多要素有序安排，并最终确定合适的教学方案的设想和计划。它具体包括分析学生基本情况、分析教学内容、确定教学目标、确立教学重难点、组织教学步骤等环节。

（一）分析学生基本情况

分析学生基本情况是开展道德与法治教学的基本要求。不同年级视力障碍学生的特点各有不同，视力残疾学生所处的社会、家庭环境也存在较为显著的差异。认真分析学生基本情况是上好道德与法治这门课的前提。

（二）分析教学内容

自 2017 年 9 月起，全国小学及初中起始年级统一使用由教育部组织编写、人民教育出版社出版的道德与法治教材。新教材涉及心理学、社会学、法学等不同学科和不同领域的知识，同时融入社会主义核心价值观、中华优秀传统文化、革命传统教育、法治和生命教育等各方面的内容。2020 年 9 月起，全国各盲校小学及初中起始年级开始使用统编版的盲校道德与法治教材。

新教材对于视障学生来讲，教学内容的选择更贴合视障学生的发展特点，注重实用性、时效性。教师要熟悉、分析教材，理解教材编写的原则和依据，充分了解教材内容的选择、表现形式以及编排的特点，灵活、有创造性地使用教材。

（三）确定教学目标

道德与法治教学目标与其课程目标是一致的。道德与法治教学目标是“知识与技能”“过程与方法”“情感态度与价值观”三个方面的目标有机联系的整体。

知识与技能目标是对视障学生学习结果的描述，即学生通过学习所要达到的结果，又名结果性目标。这种目标有三个层次的要求：学懂、学会、能应用。

过程与方法目标是视力残疾学生在教师的指导下，获取知识和技能的具体程序和做法，是过程中的目标。它具体包括做中学、学中做、反思三个目标。

情感态度与价值观目标是学生对过程或结果体验后的倾向和感受，是对学习过程和结果的主观经验。它包括认同、体会、内化三个层次。

知识与技能目标是过程与方法目标、情感态度与价值观目标的基础；过程与方法目标是实现知识与技能目标的载体；情感态度与价值观目标对其他目标有重要的促进和优化作用，是教学最后要达到的目标。

（四）确立教学重难点

教学重点一般是以本节课的教学目标为基础，是教学目标中所要完成的最基本、最主要的内容。教学重点是教材中最关键、最重要内容，对于巩固旧知识和学习新知识都起着决定性作用。

教学难点是教学中难以理解或领会的内容。教材从内容、形式到语言都有难易之分。抽象的、宏观的内容难度就大；具体的、与视障学生生活距离小的，难度就小些，教学难度的确定与学生的知识基础息息相关。

教学重点和难点都是根据教育对象确定的，因此在盲校道德与法治教学的过程中，教师应该认真研究教学重点和难点。

（五）组织教学步骤

组织教学步骤是盲校道德与法治教学工作的中心环节，既包括课前学生学习状态的调整，也包括课中教学活动的具体实施和调整。它具体包括复习提问、新课导入、新课学习和小结练习四个步骤。

讲授新课之前，教师应对前面所学知识进行精心设计提问，以激发视障学生的学习兴趣；同时提问应由易到难、循序渐进，富有挑战性。

盲校道德与法治课堂的新课导入宜开门见山、轻松有趣，具体可根据课程内容采用设疑导入、复习导入、故事导入、任务导入等不同的方法，使学生为新的教学任务做好心理准备，以激发学生学习的主动性。

在新课学习过程中，教师需注意教学材料呈现方式的选择，应避免使用图片、动画等资料。教师可以借助现代科技信息技术，将相应材料转化为语音、实物或实物模型来代替。同时，为了提升学生课堂参与的积极性，教师还可以创设游戏型、竞技型、任务型的小组合作环节，让学生在参与中完成任务。例如，在道德与法治二年级上册第三单元“我们在公共场所”第二课时“我们不乱扔”一课中，教师课前要求各小组准备七八件废旧物品，上课之后邀请各小组用简短的几句话介绍自己收集的废旧物品，随后引导学生对物品进行分类，引导学生养成垃圾分类的好习惯。

小结是对课堂教学内容的归纳和总结。对一节课所学内容进行小结归纳，有助于视障学生更好地掌握所学内容。练习是学生复习巩固知识、反馈教学效果的重要方式。教师要根据课程标准的要求、教材的内容和学生的实际精心设计与布置课堂练习或实践活动。

二、盲校道德与法治教学实施

盲校道德与法治教学实施是以生活德育、实践德育和生活理念为指导，以视障学生的社会生活为基础，以促进视障学生参与社会、融入社会为价值追求。

盲校道德与法治教学实施时，教师应坚持贴近视障学生实际生活的原则。教师通过教学实施，引导视障学生在真实的生活中学习，在正确的价值观引导下学会生活。如在教学“少让父母为我操心”这一单元时，教师通过设置“我为爸妈唱支歌”“我的父母/母亲”故事分享会等活动，引导学生感受父母的辛劳，并让学生认识到：父母很辛苦，要少给父母添麻烦，要管好自己，做一个懂事的孩子。

盲校道德与法治教学实施时，教师还应充分调动视障学生参与的积极性，引导视障学生自主学习，让他们积极参与实践活动，敢于分享自己的真实想法，充分发挥他们的自主性，让道德与法治课堂充满生机活力。如在教学“做学习的主人”一课时，教师可以利用“我”的特长这一话题，激发学生的讨论兴趣，进而使学生真正意识到“做学习的主人”的重要意义。

盲校道德与法治教学实施时，教师还应不断丰富教学内容和不断创新教学形式。在教学内容上，教师要结合视障学生关心的、发生在他们身边的素材进行教学。如在教学“我的家乡”这一单元时，教师可以结合视障学生的听觉和味觉经验丰富这一特点，引导他们分享家乡的特色音乐和特色食物，以此增强他们关心家乡、热爱祖国的情感。在教学形式上，教师要注重多样化，充分利用现代化教学辅助技术，给视障学生创建生动、形象的教学情境，让视障学生多感官共同参与，以获得真切感受，进而激发学生的情感。

▶第二节 盲校道德与法治教学方法与运用

盲校道德与法治教学方法是指在盲校道德与法治教学中，教师和学生为了实现教学目标，完成教学任务，所采取的教与学相关作用的活动方式的总称。

道德与法治教学内容的丰富性，决定了教学方法的多样性。根据视障学生道德与法治学习的特点，教师除了使用普通学校常用的讲授法、谈话法、讨论法、演示法、调查法外，还可以根据教学内容的不同采用情境教学法、参与式教学法、案例教学法、探究式教学法等方法。

一、讨论法

讨论法是盲校道德与法治教学常用的方法之一，是视障学生在教师的指导下，就某个问题展开讨论和交流，以获得相应知识的方法。讨论法对于激发视障学生的学习积极性，训练视障学生的思维能力，培养视障学生的团结合作精神，启发视障学生独立思考等方面具有重要意义。

运用讨论法时，教师要注意以下几个方面：首先，在讨论前，教师要根据教学需要确定讨论的主题。讨论题目的选择要结合视障学生的实际生活、学习情况，兼顾现实问题、焦点问题。对于太难的、不符合视障学生的认知水平或太容易的题目，教师应避免选择讨论法。在讨论过程中，教师应注意引导学生围绕讨论主题，确保讨论的有效性。讨论结束后，教师要依据讨论主题和讨论的实际情况进行客观评价和概括总结。

二、演示法

在盲校道德与法治教学中，教师可借助实物、模型、盲图等直观教具，让视障学生亲手触摸，以增加对相关事物或现象的直接感知，以激发学生的兴趣。如教“五星红旗”一课时，教师可为全盲学生提供相应的凸版五星红旗，让他们通过触摸对五星红旗的图案形成直观、准确的印象。

运用演示法时，教师应为实现教学目标而进行演示。在演示过程中，教师应给予恰当的讲解和引导，以加深学生的认识和理解。

三、情境教学法

情境教学法可以在盲校道德与法治教学的全过程中使用，也可以在某一环节使用。具体的情境创设可以采用生活展示、实物演示、音乐渲染、故事表演等途径。情境创设对于盲校道德与法治教学具有重要作用，一方面有利于视障学生道德情感的激发和道德审美的提升；另一方面有助于他们更好地感知和理解情境，有利于他们尽快进入课程的学习中去。

| 教学片段 |

拥有好心情

情境描述：

两个年轻人在一场车祸中都丧失了一条腿。面对灾难，甲青年整天愁眉苦脸，唉声叹气，时常摔东西来发泄，认为世界不公，和他过不去，最终一事无成；而乙青年则很高兴，他说：“还好，我还留住一条腿，我可以用它快乐地走完下半辈子。”后来，乙青年发愤图强，参加了残疾人艺术培训班，成了有名的舞蹈家。

师：同学们，面对同一种情况，他们的态度截然不同，你喜欢谁呢？谈谈你的看法。

（学生分享自己生活中面对烦恼时做出的选择。）

师：假如是你，你会怎样接受无可改变的现实呢？

学生思考：为什么对同样一种情况，两个人的想法却不一样？哪种想法会使人不快乐，哪种想法可以使人感到快乐呢？

在盲校道德与法治教学中，教师可以对教学情境进行多样化创设，但必须注意以下几个问题。

第一，情境要源于生活，要贴合视障学生的生活实际。即所涉及的教学情境应该是视障学生生活中真实出现过的，切忌人为捏造。

第二，情境应有适度性。即情境教学所用时间不能超过一节课过多的时间，否则会使实际教学效果大打折扣。

第三，情境要具有启发性。创设的情境要能够启发视障学生思考，要能引起视障学生的共鸣，否则情境的设置就是低效的，甚至是无效的。

四、案例教学法

案例教学法在盲校道德与法治教学中具有重要的地位，使用频率较高。案例教学法就是指教师根据教学目标和教学内容的需要，呈现具体的事例以引出思考的问题，引导学生针对案例进行分析、讨论，提出解决问题的方案，并使学生掌握有关知识，提高相关能力，形成情感态度与价值观的一种互动式教学方法。[①]

在案例阅读、分析、讨论和总结等环节，学生需要独立思考、积极探索。这充分体现学生学习的主体地位，有利于学生学习迁移能力的提升，促使学生发现问题、分析问题和解决实际问题能力的提高。

① 袁滢、邓海云：《道德与法治课程与教学》，68页，长沙，湖南大学出版社，2020。

|教学片段|

法律护我成长

师：当你的合法权益受到侵害时，你应该依法维权。那么，当国家、集体、他人的合法权益受到侵害时你应该怎样呢？我们先来看一个案例。

（案例呈现：刘女士发现有人在偷自己的钱包，就拼命往回抢，她的姐姐也过来帮忙。谁知又来了四五个年轻男子，一起殴打刘氏姐妹。双方相持五六分钟，有上百人围观，无一人帮忙，最终以刘氏姐妹受伤、钱包被抢而告终。）

师：看完这个案例，你有何感想？如果当时你在场，你会怎么做？

（这个反面案例使学生激愤不已。通过大家评议，他们明确了自己的责任。教师总结。）

师：同学们，我为有你们这样富有正义感和责任心的学生而感到自豪。我们不仅要维护自己的合法权益，更要维护国家、集体和他人的权益，这是我们的责任。

师：维护合法权益是我们的责任。

（教师借学生的发言对一些机智的做法进行总结，引出下一个话题：机智勇敢不能硬拼。）

师：在我为你们感到自豪的同时，我也感到庆幸。庆幸的是大多数同学的做法都很机智，这正是我们提倡的"机智勇敢不能硬拼"。

……

案例教学法的实施具体应包括案例精选、案例呈现、组织讨论和总结评价四个阶段，四个阶段环环相扣。它是提高盲校道德与法治教学效果和保障教学质量的重要方法。

▶第三节 盲校道德与法治教学评价与反馈

盲校道德与法治教学评价与反馈的主要目的是促进每名视障学生品德和行为的发展，促进每名学生生活能力的提升。盲校道德与法治教学评价与反馈倡导多元、开放、整体的评价观。评价目标、内容、手段和方法，从单一、封闭走向开放、多元；评价过程从片面追求学生的学业成绩，走向整体关注学生的全面发展。①

一、盲校道德与法治教学评价

盲校道德与法治教学评价是根据一定的教育目标，运用可行的举措，对教育现象及其效果进行判断，为教育决策提供依据，以促进教育服务改进的过程。

盲校道德与法治教学主要是培养义务教育阶段视障学生的道德品质、法治观念，以促进学生个体的健康成长。盲校道德与法治教学评价主要包括教师的教学质量评价和学生的学习质量评价两部分。

（一）教师的教学质量评价

教师的教学质量评价内容具体包括盲校道德与法治教学的过程性、视障学生学习的体验性，教师引导视障学生参与、实践、思考和合作探究等的能力，还包括教师的学生观、学习观、教学观和课程观。同时还应包括课堂管理是否得当，重点考查实践安排是否合理，学生的时间是否得到充分利用，课堂问题行为是否得到有效调整等方面。

（二）学生的学习质量评价

学生的学习质量评价主要包括以下几方面。

①学生是否获得了应有的发展。这考查视障学生对于教学目标的达成度，评价时重点考查学生发展的全面性、发展的充分性和自由性。

---

① 廖长安：《〈品德与生活〉课程的多元评价研究》，载《当代教研论丛》，2017(11)。

②重点考查视障学生学习时是否积极参与和全身心投入。

③重点考查视障学生在学习过程中是否实行自我调控和自我评价，并及时做出评价和调整。

盲校道德与法治教学评价以质性评价为主，量化评价为辅，重视视障学生在课程目标和课程内容方面的个性化表现。常用的评价方法有观察法、访谈法、问卷法、档案袋评价法、学生作品分析评价法等。

二、盲校道德与法治教学反馈

根据视障学生的不同特点，教师在反馈上要遵循共性与个性相结合、灵活性、针对性的原则。

首先，倡导共性与个性相结合。共性与个性相结合指的是面对道德与法治教学中学生存在的共性问题，教师可以进行集体反馈和集中讲评；对于个别学生存在的个性问题，教师可以采取个别面批的方式。

其次，倡导灵活性。灵活性指的是反馈方式的灵活。随着现代信息技术的发展，电子设备已经成为学习中不可或缺的工具。对于视障学生，教师可以通过口语、文字相结合的方式进行反馈，也可充分发挥语音、电话等通信设备的功能。同时为了增强学生学习道德与法治的自主性，教师还可以鼓励家长及其他相关人员广泛参与反馈，充分汇集来自其他教师、学生、家庭等各方面的信息。

最后，倡导针对性。针对性是指教师不能盲目地将教学结果反馈给学生，要具体问题具体反馈。教师应根据学生的学习特点、障碍程度以及学习能力情况采取有针对性的教学反馈。有效的反馈能够帮助视障学生解决道德与法治学习过程中遇到的问题，优化教学过程，提升教学效果。教师要遵循教学反馈原则，使盲校道德与法治教学达到教与学统一和谐的效果，促进学生的全面发展。

单元小结

盲校道德与法治课程是视障学生义务教育阶段接受的基础性和普及性课程，但是由于视障学生的特殊性，如何有效地开展道德与法治教学是课程实施和推广的关键。本单元从教学设计与实施、方法与应用、评价与反馈这三个层面论述了盲校道德与法治教学的实施过程。其中盲校道德与法治教学设计与实施包括分析学生基本情况、分析教学内容、确定教学目标、明确教学重难点、组织教学步骤五方面内容。盲校道德与法治教学方法主要有讨论法、演示法、情境教学法、案例教学法等。在进行盲校道德与法治教学反馈时，教师要遵循共性与个性相结合、灵活性、针对性的反馈原则。

讨论与探究

1. 盲校道德与法治教学内容包括哪些方面？

2. 盲校道德与法治教学方法有哪些？

3. 结合视障学生的身心发展特点，谈谈情境教学法在盲校道德与法治教学中的意义。

阅读资料拓展

1. 钱志亮：《盲校课程与教学》，北京，北京师范大学出版社，2013。

2. 邓猛：《视觉障碍儿童的发展与教育》，北京，北京大学出版社，2011。

3. 袁滢、邓海云：《道德与法治课程与教学》，长沙，湖南大学出版社，2020。

教学设计案例

少年当自强

第十单元　盲校体育与健康教学

单元导学

盲校体育与健康课程是增进视障学生健康的重要途径，对于提高残疾人的健康素质具有重要意义。盲校体育与健康课程遵照“健康第一”的指导思想，结合盲校教育对象及其教学的特点，强化体育课和课外体育锻炼，促进视障学生的身心健康、体魄强健。同时坚持个别化教学原则，突出对学生的潜能开发和功能补偿，激发学生的运动兴趣，引导学生掌握体育与健康基础知识、基本技能和方法，发展学生的体能。培养学生坚强的意志品质、合作精神和交往能力，为学生更好地融入社会发挥重要作用。

学习目标

1. 准确把握盲校义务教育体育与健康课程目标。

2. 结合视障学生的实际，学会分级拟定体育与健康教学目标与内容。

3. 根据盲校义务教育体育与健康教学目标和内容，采用适宜的教学方法，开展教学设计并进行教学评价与反馈。

盲校义务教育体育与健康课程标准解读

单元思维导图

- 盲校体育与健康教学
  - 盲校体育与健康教学设计与实施
    - 评估学生的现有水平
    - 合理设置学习目标
    - 选择适宜的教学内容
    - 有序推进教学实施
    - 进行教学反思总结
  - 盲校体育与健康教学方法与运用
    - 讲解触摸教学法
    - 分解动作教学法
    - 协同探究教学法
    - 同伴互助教学法
    - 情感激励教学法
  - 盲校体育与健康教学评价与反馈
    - 科学确定评价目标
    - 合理选择评价内容
    - 采用多元评价方法
    - 发挥评价主体作用
    - 合理运用评价结果

▶第一节 盲校体育与健康教学设计与实施

盲校体育与健康教学设计是指教师根据学生的学习能力、现有水平与发展需求而对教学目标、教学内容、教学策略与方法等进行的规划。[①] 盲校体育与健康教学实施是检验教学设计、达成教学目标的重要一环。体育与健康教学质量和效果主要体现在视障学生体育与健康知识的掌握、运动技能的习得、体能的增强、缺陷的补偿和学习行为的变化等方面。在教学设计和实施过程中，教师要认真研究学习目标、教学内容、教学方法、学习评价等问题，保证教学的有效实施，不断提高教学质量。

一、评估学生的现有水平

盲校体育与健康教学设计需要基于学生的现有水平与发展需求，现有水平主要指学生在运动能力、特异性体质、语言与认知、同伴关系等方面的实际水平。评估运动能力主要考查学生的身体协调能力、肌肉强度、心肺功能等，为合理设计学生运动项目和强度奠定基础。教学设计应充分考虑学生的特异性体质，确保体育与健康教学实施的安全有序。如眼压过高的学生不宜进行剧烈运动，青光眼的学生不宜在强烈阳光下长时间运动等。语言作为沟通的主要形式，与学生的认知发展、社会适应、技能习得等都密切相关。视障学生因视力接收信息受限，言语沟通显得尤为重要。教师要关注学生对抽象词语和运动术语的理解能力，关注学生的注意力、记忆能力、思维能力等方面的水平。同伴关系主要指与他人共处的能力和水平。一些视障学生经常表现出人际交往技能薄弱、社会行为不恰当或不成熟的情况。教师可以通过运动合作加以改善，帮助学生学会调控情绪，提高合作意识和能力。学生的发展需求是基于学生的障碍类型与程度、目前的发展水平以及未来所要适应环境的要求而确定的。教师需要根据学生的实际水平和个体差异，结合高级心理机能、最近发展区等教育理论，制订个

---

① 于素红：《特殊教育教学设计》，7页，上海，华东师范大学出版社，2016。

别化教育计划，服务学生身心发展和社会适应的需要。

二、合理设置学习目标

体育与健康教学目标应充分体现知识与技能、过程与方法、情感态度与价值观三维目标的思想，强调运动参与、运动技能、身体健康、心理健康与社会适应四个方面目标的有机整合，充分体现体育与健康课程的多种功能和多元特征。教师应结合实际，将课程目标具体化，提高目标的可操作性，有计划、有步骤地促进学习目标的达成。教学目标是由长远目标、学期目标、单元目标、课时目标组成的完整体系。教师应设定各层次的具体教学目标，一般应该包括“条件”(在什么情境中)、“行为”(做什么和怎么做)和“标准”(做到什么程度)三个部分。设定的目标还应保证难度适宜。教师应根据视障学生的身体条件、体能、运动技能等实际情况，设置能激发视障学生的学习动机和愿望，经过师生共同努力能够达成的学习目标。

三、选择适宜的教学内容

教师应根据体育与健康课程的目标，认真分析教材，选择和设计教学内容，提高视障学生的运动技能和体能水平，加强他们健康维护的意识，促进他们身心的协调发展。教学内容的选择和设计要充分考虑不同学段、不同年龄、不同身体条件学生的体育与健康学习基础、身体特征、体能发展敏感期和心理发展特点等，提高教学内容的针对性。教学内容的选择和设计应以学生喜闻乐见的运动项目为重点，并与学生已有的体育经验和生活经验相联系，激发与培养学生的运动兴趣，调动学生学习的积极性。教学内容的选择和设计还要充分考虑场地与设施条件、季节、气候和安全等具体情况，因时、因地制宜地进行体育与健康教学。

四、有序推进教学实施

视障学生的个体差异较大。在教学实施过程中，教师不能照搬国家课程标准和参考教材，而需要评估每名学生的发展水平，了解每名学生的具体需求，在此基础上确定教学目标，设计教学内容和教学策略。盲校体育与健康教学实施与传统体育教学重结论、轻过程，强调学生运动技能的一致性，忽视个体需要的教学模式相比，应加以区别对待。当代体育教学中，多样化的快乐体育将替代模式化的体育教学，各种有氧健身活动取代体能训练，要精选重视体育健身必备的体育基础知识、技能和方法，削减繁难的陈旧的内容。每名学生在学完规定的内容后，可根据需要拓展新的内容，选择自己感兴趣的学习内容。教师可根据当地条件（场地设施、师资力量、学校传统等）选择拓展性的内容进行教学，为学生提供丰富的教学内容。这种富有灵活性的内容安排，有利于改变“吃不饱”“吃不了”或“吃得无知无味”的状况，能让学生精力充沛、劲头十足地进行练习，达到入趣、入情、入境的境界，充分满足学生的个体需要，实现个性化的教学。

五、进行教学反思总结

教学反思一直以来是教师提高个人业务水平的一种有效手段。盲校体育与健康教学反思，是指教师对教育教学实践的再认识、再思考。教学反思的过程是教师借助行动研究，不断探讨与解决教学目的、教学工具和自身方面的问题，不断提升教学实践的合理性，不断提高教学效益和教科研能力，促进教师专业化的过程；也是教师直接探究和解决教学中的实际问题，不断追求教学实践的合理性、全面发展的过程。在教学反思过程中，教师要特别注重对体育与健康教学实施过程中未预见的突发情况和未达标的教学目标进行反思，根据学生学习效果的反馈总结经验教训，及时调整教学计划、教学内容、教学策略，进一步提高教育教学水平。

▶第二节 盲校体育与健康教学方法与运用

盲校体育与健康教学方法既包括教师教的方法，也包括学生学的方法。在具体教育活动中，它是教师教授方式与学生的学习方式两大教学主体方式的有机复合。① 在盲校体育与健康教学过程中，由于学生受到视力障碍这一特殊性的影响，其教学方法应该区别于普通学校体育与健康教学。下面介绍几种常用的盲校体育与健康教学方法。

一、讲解触摸教学法

讲解触摸教学法是指学生通过聆听教师讲解并触摸教师的示范动作，或者教师个别纠正学生的错误动作，帮助学生掌握正确概念和动作的一种教学方法。学生由于视力障碍，容易对事物形态和动作要领产生片面认识。教师需要通过该方法帮助学生感受身体运动和空间变化过程。在教学中，教师一边运用语言讲解动作要领，一边引导学生用手触摸教师的示范动作。学生通过触觉和听觉感受身体各部位动作，初步了解所学动作，补偿视力缺陷。比如，在讲解屈腿摆动时，教师让学生用手触摸教师自己摆动腿的膝关节处。教师讲解动作要领的同时，做曲腿摆动动作，让学生边听边用手感受。这样学生就可以切实感受到每一项技术动作的要领，在自己进行练习时，便有了很好的基础，也就能够更好、更快地掌握技术动作。

二、分解动作教学法

分解动作教学法是指在教学过程中，教师把难度较大、变化较复杂的动作或把一个完整的技术动作分成几个部分进行教学。分解动作教学法有利于简化教学过程，缩短教学时间，提升学生学习的信心，帮助他们较快掌握技术动作。在实践中，教师需要把完整的动作按其技术结构分成几段或按身体活动的部位分成几个部分，逐段或按部分进行教学，最后帮助学生完整地掌握该动作。比如，在学习起跳动作要领时，教师指导学生先进行起跳腿的踏跳练习，再进行摆动腿的摆腿练习，最后将两部分练习相结合，让学生学习掌握完整动作。通过分解后的片段练习，学生能够较轻松地掌握技术动作。这一方法使他们学得更自信、更感兴趣，同时对课堂教学也更加投入，不会“知难而退”，为后面其他技术动作的学习做了充分准备。

---

① 唐智松：《教育原理：研究与教学》，218 页，重庆，西南师范大学出版社，2017。

三、协同探究教学法

协同探究教学注重通过互动式的教学引导学生发挥主动性和创造性，培养学生交流互动的能力。教师引导学生提出问题，组织和指导学生通过相对独立的探究和研究活动，探求问题的答案，在此过程中获得知识和能力。如在教学助跑起跳时，关于最后一步的步幅大小问题，教师可引导学生进行分组探究。学生们纷纷表达不同的意见，最后利用教师的总结获得正确答案。在这个过程中，学生充分参与到了课堂教学中，成为课堂的主人；他们对相关教学知识点的理解和把握也更加深入、透彻，为进一步的学习打下了坚实的基础。

四、同伴互助教学法

盲校普遍按照年龄和知识水平分班，每个班级均有全盲学生和低视力学生。低视力学生在空间感知、动作模仿和运动协调等方面的能力相对较强。在教授运动技能，特别是复杂动作时，教师可以采用同伴互助教学法，将全盲学生和低视力学生搭配分在一组，义务教育中、高段年级建议按照性别进行搭配分组。教学时，教师首先确保低视力学生较好地掌握教学内容。在分组练习时，由低视力学生有针对性地帮助全盲学生理解教师讲解的内容，及时纠正错误动作。这种教学方法可以提高课堂教学效率，还可以培养学生团结互助、合作共进的思想意识。

五、情感激励教学法

情感激励教学法是指教师采用简明和富有鼓励性的语言，指导和激励学生进行练习的一种方法。教师采用语言鼓励的方式，可让视障学生在练习和学习过程中获得自信心，并激励他们顽强拼搏，克服困难。如在助跑中，学生通常存在较明显的恐惧心理，教师要不断鼓励他们挑战自我。应注意的是，教师的鼓励要切合实际，应在学生对练习有充分的知识储备的前提下进行，使学生在练习中“心中有数则遇事儿不慌”，避免无所适从、手忙脚乱。另外，教师要善于发现学生的进步并予以表扬，但不应一味地、泛泛地表扬，应准确抓住学生练习中的闪光点，及时予以表扬。这种有针对性的表扬，能够使学生增强练习的信心；也不能盲目地表扬，对于学生练习中错误、不到位的动作，应及时指出，但是应注意措辞，尽量避免批评式的语言，保护学生的积极性和自尊心。

▶第三节 盲校体育与健康教学评价与反馈

盲校体育与健康教学评价要以多元的内容、多样的方法、多方面的评价主体，构成科学的体育与健康教学评价体系，充分发挥评价的诊断、反馈、激励与发展功能，促进学生更好地“学”和教师更好地“教”。

一、科学确定评价目标

重视每名视障学生的全面发展，强调通过体育与健康教学评价有效促进学生的不断发展。因此，教师在确定教学评价的目标时，应关注以下几个方面。一是了解学生的体育与健康学习和发展情况，以及达到学习目标的程度，为制订下一步教学计划做好准备。二是判断学生在体育与健康学习过程中存在的不足及其原因，以便改进教学。三是发现学生的体育与健康学习潜能，为学生提供展示自己能力、水平和个性的机会，鼓励和促进学生进步与发展。四是培养与提高学生自我认识、自我教育、自我发展的能力。

二、合理选择评价内容

教学评价内容包括如下几方面。一是体能。结合学校的实际情况，参考《国家学生体质健康标准》，确定本校学生体能测试的指标与评分标准，评价学生的体能水平。二是知识与技能。主要根据本教学的实际情况，选择相应的体育与健康知识、技能评价指标，评价学生掌握体育与健康知识和技能的程度，以及对所学知识和技能的应用能力等。三是态度与参与。主要对学生体育与健康课的出勤率、课堂表现、学习兴趣，以及课外运用所学知识和技能参与体育与健康活动的行为表现等进行评价。四是情意与合作。主要对学生在体育学习和锻炼中的情感表现、意志品质、人际交往与合作行为等进行评价。

三、采用多元评价方法

一是定性评价与定量评价相结合。对体能、知识与技能指标应主要采用定量评价的方法(如等级制评价、分数评价等)，对态度与参与、情意与合作指标应主要采用定性评价的方法(如评语式评价等)。具体来说，对水平一的学生应主要采用评语式评价；对水平二和水平三的学生可以采用评语和等级制评价相结合的方式；对水平四的学生以等级制评价为主，结合评语式评价进行综合评价。

二是形成性评价与总结性评价相结合。在体育与健康教学中，教师应注意观察与记录学生的行为表现，用口头评价的方式，及时向学生反馈评价信息，帮助学生了解自己的学习情况并改进学习方法，不断提高学习能力。在对学生学期或学年的学习成绩进行评价时，教师应综合学生在体能、知识与技能、态度与参与、情意与合作方面的学习情况和发展变化等，进行总结性评价。

三是相对性评价与绝对性评价相结合。教师要重视学生的个体差异和进步幅度，将每学期结束时的测试结果、学生在该学期体育与健康学习各方面的进步幅度，以及课堂教学记录结合起来，对相应的评价指标进行综合评价，使每一名学生都能感受到通过努力获得进步所带来的成功体验，有效地提高每一名学生的自尊和自信。

四、发挥评价主体作用

为了更好地发挥教学评价的作用，既要采用教师评价，也要关注学生的自我评价和相互评价，并努力发挥其他与学生体育与健康学习有关人员的评价作用。

一是教师评价。教师在体育与健康教学评价中起主要作用。教师的评价应具有很强的权威性，须尽力做到全面和准确。教师要用发展的眼光来评价学生，以表扬和激励为主，并提供尽可能多的具体反馈以及改进与提高的建议。

二是学生评价。教师应充分调动学生参与体育与健康教学评价的主动性和积极性。学生评价的方式有自评、互评和小组内评价等。教师应加强对学生评价的指导，提高学生正确评价自己和他人的能力。

三是其他人员评价。学生的体育与健康学习需要得到各方面人士的支持和鼓励。建议让班主任乃至家长等参与到学生体育与健康教学评价中来，上述人员的评价可以作为对学生评价的参考。

五、合理运用评价结果

教师应及时将评价结果反馈给学生，与学生一起判断体育与健康学习目标的达成程度，分析体育与健康学习中的进步与不足，帮助学生改进体育与健康学习，不断取得进步，增强自尊与自信，提高体育与健康学习兴趣，养成良好的锻炼习惯和生活方式。

单元小结

提高盲校体育与健康教学质量是一个综合性的难题，而且当今社会的飞速发展和多重残疾学生的增加又对盲校体育与健康教学不断地提出新的需要关注的问题。我们必须通过扎实的研究和实践，提高盲校体育与健康教学的效率，促进视障学生的身心健康，并为其终身体育和健康生活奠定良好基础。

讨论与探究

1. 盲校体育与健康教学目标和教学内容是什么？
2. 如何根据学生的现有水平和发展需求进行教学设计？
3. 盲校体育与健康教学方法有哪些？
4. 如何科学有效地对体育与健康教学进行评价？

5. 请完成一份水平四视障学生足球射门练习教学设计。

阅读资料拓展

1. 钱志亮：《盲校课程与教学》，北京，北京师范大学出版社，2013。

2. 邓猛：《视觉障碍儿童的发展与教育》，北京，北京大学出版社，2011。

教学设计案例

门球接力游戏

第十一单元　盲校信息技术教学

单元导学

盲校信息技术课程旨在培养视障学生对信息技术的兴趣和意识，使其初步具有获取信息、加工信息、管理信息、呈现与交流信息的能力，正确认识和理解与信息技术相关的文化，发展信息素养。但视觉障碍既严重影响视障学生直观形象能力的形成，又严重影响视障学生的信息技术操作技能的发展水平，给他们学习信息技术带来许多困难。因此，盲校信息技术教学要发挥视障学生的听觉与触觉的认知优势，挖掘其残余视力的潜力，因势利导地培养视障学生的信息素养。

学习目标

1. 熟悉盲校义务教育信息技术课程目标与内容，形成盲校信息技术学科的价值认同。

2. 能够根据盲校义务教育信息技术课程目标与内容进行教学设计，掌握教学设计的主要流程，熟悉教学实施的原则。

3. 掌握盲校信息技术教学策略，能够熟练应用常用的教学方法。

4. 熟悉盲校信息技术教学评价类别与反馈原则。

盲校义务教育信息技术课程标准解读

单元思维导图

- 盲校信息技术教学
  - 盲校信息技术教学设计与实施
    - 盲校信息技术教学设计
    - 盲校信息技术教学实施
  - 盲校信息技术教学策略与方法
    - 盲校信息技术教学策略
    - 盲校信息技术教学方法
  - 盲校信息技术教学评价与反馈
    - 盲校信息技术教学评价
    - 盲校信息技术教学反馈

▶第一节 盲校信息技术教学设计与实施

盲校信息技术课程是一门具有综合性、实践性、人文性和创新性等特点的课程，其目的是培养视障学生良好的信息素养，为其适应信息社会的学习、工作和生活打下必要的基础。所以在盲校信息技术教学设计与实施过程中，教师要多与生活实际相联系，充分利用视障学生的其他感官体验，运用多种教学方法补偿视觉缺陷，使视障学生初步具有获取信息、加工信息、管理信息、呈现与交流信息的能力。

一、盲校信息技术教学设计

盲校信息技术教学设计是教师为达成一定的教学目标，对教学活动进行的系统规划。它是在实施教学活动之前，形成教学活动方案的过程，主要解决“教什么”和“怎么教”的问题。盲校信息技术教学设计的流程主要包括分析教材、分析学情、确定教学目标、明确教学重难点、设计教学过程、进行教学总结与反思等方面。

（一）分析教材

分析教材即分析教学内容、理解教材的编写意图以及教材所承载的教育价值。对一节课的教材分析应该基于单元整体教材的理解，分析内容之间的逻辑顺序。对于视障学生来说，信息技术教学内容要紧密结合学生的发展特点，紧密联系生活实际，注重实用性。这样分析教材，认真思考每节课对于视障学生全面发展的作用，以便确定教学重点。

（二）分析学情

合理而有质量的教学设计一定是基于学生的。学情分析主要是对视障学生的当前状况进行分析，特别是有可能对学习过程产生较大影响的因素，如预备知识、学习方式、活动经验、能力水平等。教师要关注全盲与低视力两大类视障学生学习信息技术存在的困难，以便确定各自的教学难点。

（三）确定教学目标

在分析教材和分析学情的基础上，教师才可以确定教学目标。教学目标是教师希望通过教学所达到的理想状态，是信息技术教学活动的结果，其行为主体是学生。教师必须根据《盲校义务教育信息技术课程标准(2016 年版)》中的各项具体目标，结合本班学生的实际情况，从知识与技能、过程与方法、情感态度价值观方面进行科学合理的三维目标设计。有效的教学目标一定要陈述清楚行为主体在何种行为条件下，进行何种动作，达到怎样的结果。例如，视障学生(行为主体)借助读屏软件(行为条件)能准确打开记事本(行为动词)，能在记事本中输入已掌握的盲文点字(行为标准)。

（四）明确教学重难点

确定一节课的教学重难点，是一个好的教学设计的必要条件。教学重点是以信息技术学科为主体，具体阐明信息技术知识体系中占有重要地位且对学生学习起着重要作用的内容。教学难点是以视障学生为主体，具体指一些抽象的、远离学生生活实际的、难于理解和掌握的知识、技能与方法。

（五）设计教学过程

设计教学过程是确定师生在共同实施教学任务中的活动状态变换及其时间流程，具有一定的层次性和趣味性，围绕教学重点展开。各环节的教学活动要预设学生的可能想法，据此设计应对措施。一节信息技术课的教学流程主要有创设情境、学习新知或新技能、巩固练习、总结评价与课后作业等环节。信息技术课是实操类的课，教师可根据学习任务或活动任务的不同对教学流程做适当的变化。

（六）进行教学总结与反思

教师要根据盲校信息技术教学目标以及学生的课堂表现及反馈，对教学活动及其效果及时做出价值判断，总结有用的教学经验和学生良好的课堂表现，并及时将其反馈给学生或家长，增强学生学习信息技术的信心。教师对于教学过程中发现的问题，不论是学生的还是自身的，都要做好课后反思，找出问题产生的原因，及时解决问题，不断地改进教学设计，提高信息技术教学质量。

二、盲校信息技术教学实施

盲校信息技术教学设计仅仅是教师对课堂教学所规划的蓝图，要想发挥预期的效果，达到有效，甚至高效，还需要实施教学。

（一）创设趣味性情境，激发学生的学习兴趣

激发视障学生学习信息技术的兴趣是盲校信息技术课程的重要目标。有些学生生对于信息技术的学习兴趣比较高，如他们希望通过电脑来浏览网页等。但他们对于信息技术的理论知识和基本操作的学习兴趣则较低，如学习键盘知识。此时就需要教师创设一些有趣的游戏情境，借助游戏软件，让他们积极地参与游戏，在游戏中熟悉键盘。[①] 教师也可以创设一些对视障学生学习生活有意义的情境，让视障学生充分体会信息技术的工具性作用，培养其学习信息技术的兴趣，建立克服困难的信心。

（二）注重直观教学，发挥学生听觉与触觉的补偿功能

盲校的直观教学主要是指语言直观、动作直观和实物直观。语言直观是教师对实物进行形象描述，从而收到直观的效果。比如，学习 Word 软件中的“段落”对话框时，教师需要用精练准确的语言让学生了解对话框包含三个选项卡，可将不同的选项卡比喻为不同的“房间”，应用左右光标键实现“房间”的切换。教师可以将每个选项卡下的组合框比喻为不同的“家具”，可以应用 Tab 键结合上下光标键进行设置。这样学生就较为容易地在头脑中建构出“段落”对话框的布局。[②] 动作直观是教师用简洁或分步的方法让学生掌握信息技术的操作方法。如学习用 Ctrl＋Alt＋R 组合键启动读屏软件时，教师可细化操作，用左手按住 Ctrl 键和 Alt 键不松手，用右手按一次 R 键启动读屏软件。实物直观是利用学生的触觉通过实物来建立抽象概念。如学习电脑“桌面”的概念时，教师可用盲文打印出不同的图标名称“计算机”“回收站”和“控制面板”等，然后将这些盲文图标按照电脑“桌面”的排列方式粘贴在硬纸板上，让学生触摸理解。

（三）强调学用结合原则，提高学生解决问题的能力

信息技术教学应当结合学生的现实生活和学习实践以及当地的社会发展，适度设置真实性强的学习任务与活动，让学生感受和领悟信息文化，引导学生在动手操作、合作探究和解决问题的过程中把“学技术”与“用技术”融合在一起，达到既理解知识，

① 傅琴：《盲生信息技术教学有效性策略的研究》，载《新课程（上）》，2018(12)。
② 傅琴：《盲生信息技术教学有效性策略的研究》，载《新课程（上）》，2018(12)。

又掌握技能，并发展能力。

（四）指导学生形成正确的网络意识

信息技术的获得可以促进学生社交技能的发展。教师要引导学生对信息的真实性进行判断，养成良好的网络学习习惯，防止沉迷网络世界；要对网友做出客观中性的价值判断，如根据谈话者的声调变化判断对方的情绪变化等；要注意上网时间的合理性，防止视觉疲劳或听觉疲劳，鼓励学生参加体育锻炼。

▶第二节 盲校信息技术教学策略与方法

盲校信息技术教学策略和教学方法是教师和学生为了完成教学任务，实现教学目标所采用的方法和手段。教学策略是教学规律或原理的具体化，它比教学方法的外延要大，侧重于谋略，是方向性的指导。教学方法是教学策略的具体化，强调师生互动的方式和措施，最为具体，最具可操作性。

一、盲校信息技术教学策略

（一）安全性与习惯养成相结合

在盲校开展信息技术教学，教师要做好充分的备课准备。首先，教师上课前应把机房、计算机或所用设备准备好，整理好教学环境，排除不必要的障碍物。其次，教师要多考虑视障学生可能产生的错误操作，把正确的操作任务细化，循序渐进地进行。特别是对于与插电有关的操作任务，或与认识信息技术硬件有关的任务，教师要考虑安全事项，避免触电或弄伤手指。最后，教师要规划好操作顺序，从一开始就培养视障学生的良好习惯。

（二）分类教学与分层辅导相结合

对于盲校全盲学生和低视力学生来说，在进行教学时要以人为本，因材施教。低视力学生利用残余视力操作鼠标，需要放大镜工作或更大的字体，或对颜色有特别的要求，其余的操作基本和健全人的教法一致。全盲学生操作计算机时则需要教师或同伴手把手教学。有的视障学生还有其他障碍，如脑瘫、智力障碍或情绪障碍，所以教师要因人而异，设计好教学目标。在具体的学习任务中，视障学生的学习水平参差不齐，还需要教师分层辅导，或以个别教学的形式进行巡回辅导，甚至手把手地教学。教学方法的分层还包括提问的分层和作业的分层等。因此教师要关注视障学生的学习特点、个性发展需求等方面的差异，灵活设计与组织教学活动，最大限度地满足各类学生的需要。最终目的都是让视障学生获得学习信息技术的主动权，发展信息素养，为融入现代社会打下坚实的基础。

（三）发挥教师的主导作用，落实学生的主体地位

在信息技术教学过程中，教师既要发挥自己的主导作用，又要充分体现学生的主体地位，平等地对待每一名学生，鼓励他们的个性化发展。教师要充分了解学生的认知差异，努力寻找到教学与各类各层学生认知水平的结合点，由浅入深、循序渐进地实施教学。教师要结合信息技术的学科特点与分层教学的规律，融入个性化的教学风格，分层设定教学目标、选择教学内容、确定教学方式，让大多数学生都能进行操作和完成学习任务，力争让每名学生都能得到充分的发展，体验到成功的快乐。①

二、盲校信息技术教学方法

盲校信息技术教学方法是上述教学策略的具体化，强调可操作性。具体的信息技术教学方法，必须根据视障学生的一般认知规律、教材内容的特点以及本班学生的实际情况来选择，还要考虑教师自身的特点和素养条件。

（一）教练法

信息技术课具有很强的实践性与工具性，与运动技能的培养有类似的地方，可以采取提出任务—讲解示范—巩固练习—归纳交流的流程，让学生掌握所学内容，达成教学目标。教练法突出教师的讲授和示范，给学生充足的练习时间，也可以称为讲练

① 傅悦、付洁：《〈盲校义务教育实验教科书·信息技术（一年级）〉特色解析与教学思考》，载《现代特殊教育》，2019(13)。

法。教师可在介绍信息技术原理与知识体系方面多进行讲授，而在操作方法与技巧等方面让学生多进行练习。如果教师在讲解时注意调动学生学习的主动性、积极性和创造性，加入直观教具或可触摸式教具，使学生的思维活动与教师的讲解同步甚至超前，则是启发式的讲解，这是我们提倡的一种教法。

（二）任务驱动法

任务驱动法是教师将信息技术教学内容巧妙地隐含在任务活动中，教学以完成任务为中心。其基本特征是以任务为主线、教师为主导、学生为主体，学生通过完成任务来学习知识、获得技能、形成能力。[①] 教师要确保活动任务与学生的学习生活、校园生活和社会生活相关，可以跨学科设计综合性的活动任务。

（三）项目教学法

项目教学法也称为基于项目的学习，强调一个相对完整的工作过程，主要有设计项目和创造情境、选择主题和分组分工、分解问题和制订计划、收集整理信息和制作作品、汇报演示和交流成果、自评互评和总结反思等步骤。这种教学方法适合高年级学生，项目的完成时间具有弹性。其最大的优点是充分发挥学生的主动性与积极性，挖掘其潜能。

总之，教师要从教学实际出发，根据不同的教学目标、内容、对象和条件等，灵活、恰当地选用教学方法，并善于将各种方法有机地结合起来，还要与时俱进多探索新的教学模式与方法，如翻转课堂模式、线上线下混合学习模式等。

▶第三节 盲校信息技术教学评价与反馈

一、盲校信息技术教学评价

盲校信息技术教学评价主要是对视障学生学习过程和结果的评价，分为考核性评

① 甘洲：《视障信息技术教学中任务驱动教学法的应用》，载《现代特殊教育》，2014(Z1)。

价和过程性评价两种。盲校信息技术教学评价目的在于促进视障学生的全面发展。

（一）考核性评价

考核性评价指的是信息技术课中某一模块或某一章节教学结束后，由教师主导的对学生进行的结课性评价。其目的是了解学生对信息技术知识和操作技术的掌握情况，可以是笔试或机试，也可以是结课作业。教师可以给予分数、等级或评语。

（二）过程性评价

过程性评价是对学生信息技术课堂学习的参与度与实践度的评价。这种评价的主体多元，既可以教师参与，也可以学生自评，还可以同伴互评。评价项目与内容可以根据信息技术课的特点或教师需要解决的问题而灵活设置。表 11-1 是视障学生过程性评价表。

表 11-1　视障学生过程性评价表

评价项目	评价内容与分值	自评(他评)
学习态度(25 分)	专心听讲，认真学习，努力完成任务(15 分)	
	学习目的明确，及时总结和反思(10 分)	
技能掌握(25 分)	能够掌握课堂知识、技能(10 分)	
	熟练进行操作(10 分)	
	能主动地应用所学技能(5 分)	
探究意识(20 分)	能够发现问题，有效地解决问题(8 分)	
	能够独立思考，有独特见解(8 分)	
	能主动地探索掌握技能的扩展应用(4 分)	
合作意识(15 分)	积极和同学沟通交流(10 分)	
	尊重他人的观点，弥补自身的不足(5 分)	
情感态度(15 分)	对学科内容感兴趣(10 分)	
	能看到自己的进步与不足(5 分)	
合计		

信息技术教学评价结果可以是上面两种评价的结合，教师可以调节权重来给予学生成绩。如某学生的期末成绩＝自评分×30％＋他评分×30％＋考核性评价分×40％。

二、盲校信息技术教学反馈

盲校信息技术教学反馈是把评价结果反馈给视障学生的信息过程，主要是反馈视障学生信息技术学习达到的水平和存在的问题。

（一）反馈要客观具体

信息技术教学反馈主要以操作任务为主：结果型任务主要是反馈对与错，过程型任务主是反馈有效与无效。教师反馈时一定要具体明确。例如，使用 Word 制作电子小报时，有一位学生使用了浅黄的背景色和粉红的文字色，这样的配色方案不利于阅读者很好地了解小报内容。教师此时要做出正确的评价，指出这种配色方式是不合适的，文字和背景色必须有较大的反差，阅读者才能更好地阅读。[①]

（二）反馈形式要多样化

反馈形式可以是分数或等级、评语、描述性报告、成绩报告单等，可以是口头形式或书面形式，可以是直接或间接反馈。如家长会就是一种常见的口头形式反馈。微信、书信、评语等是书面形式反馈。教师要多观察学生的课堂表现，及时总结其进步的地方，共同商讨努力改进的方向，用鼓励性的语言帮助学生克服困难，培养学生学习信息技术的兴趣，促进其全面发展。

（三）反馈主体要多元化

掌握信息技术的目的之一是多使用信息技术，融入社会，所以学生的评价与反馈要根据任务情境，让参与人员给予客观、准确的反馈。如课堂中的任务评价，可以让同伴和教师反馈；家庭作业型的任务评价，可以让家长反馈；班级生活中的任务评价，可以让班主任反馈；其他学科中的任务评价，可以由相关学科教师反馈。这样信息技术的使用就能达到生活化，让学生获得更多的信息。

总之，教师一定要根据视障学生的实际情况，结合他们的心理特征“对症下药”，多给予肯定性的评价反馈，尽量减少否定性的评价反馈。

---

① 王蓓蓉：《翻转式学习在盲校信息技术教学中的应用》，载《现代特殊教育》，2016(5)。

单元小结

本单元从盲校信息技术教学设计与实施、策略与方法、评价与反馈这三个层面论述了盲校信息技术教学的实施过程。盲校信息技术教学设计与实施包括教材、学情、教学目标、教学重难点、教学过程、教学总结与反思等方面。本单元介绍了教练法、任务驱动法和项目教学法等常用的盲校信息技术教学方法。在盲校信息技术教学反馈的过程中，教师要坚持反馈客观具体、反馈形成多样化、反馈主体多元化。

讨论与探究

1. 盲校信息技术教学内容、教学方法有哪些?

2. 盲校信息技术教学实施有哪些要求?

3. 结合视障学生的身心发展特点谈谈对盲校信息技术教学策略的理解。

4. 以盲校信息技术课程“启动与关闭读屏软件”为例，选择恰当的教学方法，进行教学设计。

阅读资料拓展

黄建行、雷江华:《信息技术在特殊教育中的应用》，北京，北京大学出版社，2015。

教学设计案例

六个键位闯天下

第十二单元　盲校综合康复教学

单元导学

随着社会文明的发展、教育的进步，残疾人的教育和康复越来越受到重视。综合康复课程的开设与实施，能开发学生的潜能，补偿视觉缺陷，减轻或消除视力缺陷给学生造成的不良影响，帮助学生形成热爱生活、积极向上、诚信友善的人生观和价值观，促进学生机体功能的改善，提高学生的生活自理能力，增强学生的社会适应能力，使他们自尊、自信、自立、自强。综合康复课程内容主要分为认识初步、视觉康复、感知觉补偿、物理治疗、作业治疗和心理健康六个模块。本课程旨在丰富学生的认知经验，促进学生多重感官的运用和发展，改善学生的机体功能，让学生初步学会生活自理，习得恰当行为，减少后续学习和生活中的困难。

学习目标

1. 熟悉盲校义务教育综合康复课程目标与内容，形成对盲校综合康复学科的价值认同。

2. 结合盲校综合康复教学目标和内容进行教学设计与实施，掌握教学设计的要素，领会教学实施过程。

3. 掌握盲校综合康复教学方法，把握教学过程的要领。

盲校义务教育综合康复课程标准解读

单元思维导图

- 盲校综合康复教学
  - 盲校综合康复教学设计与实施
    - 盲校综合康复教学设计
    - 盲校综合康复教学实施
  - 盲校综合康复教学方法与运用
    - 讲授法
    - 练习法
    - 情境模拟法
    - 多重感官法
    - 演示法
    - 游戏法
  - 盲校综合康复教学评价与反馈
    - 盲校综合康复教学评价
    - 盲校综合康复教学反馈

▶第一节
盲校综合康复教学设计与实施

一、盲校综合康复教学设计

盲校综合康复教学设计的内容主要包括分析教学对象、确定教学目标、分解教学内容、明确教学重难点、梳理教学过程、进行教学总结与反思。

（一）分析教学对象

对教学对象的了解与分析是第一步，首先要做的就是收集学生的相关信息。例如，教师需要跟家长了解学生现阶段的发展状况及表现，必要时还可以与相关医生进行直接沟通。特别需要知道的是评估材料中反映出的学生已经实现的康复目标，下一阶段需要关注哪些维度，哪些方面需要加强何种内容的训练等信息。

（二）确定教学目标

教师、学生和家长要对康复活动的阶段性目标达成共识。首先设定学生学期康复主题(主要为综合康复六个模块里的若干维度)；其次就是确定单元主题，将学期康复主题分解为各个活动单位；最后是确定课时主题，并确定每课时的课程内容。因此，康复团队成员应该在各层次的康复活动目标上达成共识，分别制订学期康复计划、单元活动计划、课时康复活动内容。在描述教学目标时，教师应该用具体明确的语句描述，且表述目标要具有操作性，能付诸实施。

（三）分解教学内容

教学内容是教师在教学过程中传授给学生的知识与技能、传达的思想和观点、培养的行为和习惯的总和。在符合教学目标和视障学生实际需求的前提下，教学内容应尽可能细化。选择盲校综合康复教学内容时，教师需要根据对学生的具体评估，以学生某方面的康复需求程度，确定所需活动的频率和课程类型。盲校综合康复教学内容分成六大模块，每个模块包含着许多的主要教学内容。这就需要教师根据学生评估的实际需要来一一确定学期、单元、课时的教学内容，然后将每个课时的教学内容设计分解为具体的教学活动，进而达到预设的目标。

（四）明确教学重难点

教师要根据教学目标以及视障学生的身心发展规律和认知特点来明确教学的重点和难点。教学重点应该是教学活动的核心内容，不论是教学目标的确定、教学活动的组织、作业的练习等，都应该围绕教学重点来进行。教学难点是根据视障学生来确定的。不同的学生因为有不同的身体机能、不同的经验、不同的基础等，教学难点的确定相对不一样。因此在盲校综合康复教学过程中，教师应该认真研究，要设置合适的教学重难点，集体课上更要注意实行差异化教学，考虑到不同学生的需求。所以教学重难点需要进行设计分层。

（五）梳理教学过程

盲校综合康复教学往往是以康复活动计划的形式来进行的，但综合康复课程是盲校一门正式的选修课。集体课或小组课应符合上课的基本环节，如包含导入、新授、巩固练习、小结等主要环节，可以相对灵活，特别是一对一的个别化教学的实施。

盲校综合康复课堂的导入环节一般轻松有趣，目的在于活跃氛围，让学生以良好的状态开始新的学习，激发学生对新的学习的热情与兴趣。常见的导入方式有复习导入、歌曲导入、游戏导入等，这些导入方式应尽量避免学生视觉功能的使用，符合学生的学习特点。教师在讲授过程中，尽量使用语言直观、实物直观的方式，让学生充分利用多感官的方式参与学习，同时结合音频播放设备及有声软件的使用、情境问题的创设，让学生在情境中学习知识、技能及解决问题。例如，在“认识初步”这一模块中，在讲学会认识常见的粮食(大米、面粉)的内容时，教师应结合现实生活场景，出示实物，让学生看一看、闻一闻、摸一摸、说一说大米和面粉的特点，通过多感官的方式让学生感知事物，让学生在情境中体验如何给稻谷脱皮，如何制作面疙瘩等。在活动延伸环节，教师还可以让学生跟家人逛超市，了解其他种类的粮食，在家长的帮助下尝试使用电饭锅煮米饭；让学生充分利用多感官感知事物的特点，在具体的生活情境中进行体验式学习，从而增强学生参与课堂学习的积极性，也让他们学以致用。

案例

认识常见的粮食——大米

活动目标：让学生知道日常生活中的米，明确大米和稻谷的关系。

活动设置：教师出示大米，请学生感知和认识，让学生知道日常食用的米饭和粥就是用大米煮制而成的。教师再出示稻谷，让学生触摸，猜猜它是什么物品，并描述稻谷和大米的关系。教师告知学生稻谷脱皮后变成大米，并示范和指导学生动手将稻谷脱皮，体验稻谷变成大米的过程。在拓展延伸环节，教师可让学生在课堂上分享自己做米饭的经验或要求学生回家后在家长的帮助下尝试使用电饭锅煮米饭。

活动说明：在这个活动中，认识大米是生活中的一个真实情境。学生虽然食用过粮食加工过的食品，但是对原材料本身却缺乏了解。例如，他们难以将大米和米饭、大米和稻谷联系在一起。通过具体情境的设置，学生用多种感官去感知和认识事物，在真实的现实场景中去体验，深入地认识了解了大米，进而提高了生活能力，为今后的成长打下基础。

（六）进行教学总结与反思

总结与反思是教学过程中不可缺少的一个基本环节，也是让教师迅速成长的一种方式。教学反思必须有理论支撑，教师要以某种教育理念的眼光来反思自己的行为，根据教学目标和学生的课堂表现，对教学活动效果及时做出价值判断。一方面需要思考有无针对学生特点和教学内容确定有效的教学内容、教学策略；另一方面需要对教学过程中存在的问题进行分析，找出问题产生的原因，不断改进教学设计，以促进综合康复教学更有价值地开展。

二、盲校综合康复教学实施

盲校综合康复教学设计解决的是“做什么”的问题，盲校综合康复教学实施解决的就是“怎么做”的问题。[①] 教学设计是对课堂教学所做的计划和筹备，教学活动能否取

① 李海林：《教学设计与教学实施的区别与关联》，载《中学语文教学》，2008(8)。

得预期效果，还需要在课堂教学的实践中进行检验。

首先，在盲校综合康复教学实施前，教师需要了解“有什么可做”或“能做什么”。这一步需要专业的康复人员、教师进行评估，或与医疗康复机构进行合作，共同参与诊断，制订个别化康复训练计划。教师再根据课程标准、教师教学用书，结合学生的实际情况做好教学设计，在教学内容、教学方式、教学工具等方面做好充分的准备工作。

其次，在盲校综合康复教学实施过程中，教师还需要注意教学内容、教学形式等问题。第一，结合综合康复教学内容和教学形式的特点，把学生情感、态度、价值观的培养渗透于康复训练的全过程，激发学生参与康复训练的兴趣，引导学生积极地参与康复，不仅注重学生有形的康复成果，还要注重学生愉悦的康复体验。第二，根据学生的差异，对学生进行分层教学。教师根据学生自身的能力、身心特点、学习情况等各方面因素将他们分成上、中、下三层，开展梯度教学。第三，注重康复内容生活化，康复训练形式多样化。教师要多从学生的日常生活挖掘有康复价值的训练内容，开展贴近学生生活的训练活动，把康复内容扩展到学生的整个生活空间。第四，强调康复训练要多方协作，共同参与。教师在教学中要让学校其他教师、康复专业人员、家长等共同参与到学生的康复训练中。

最后，在盲校综合康复教学实施结束后，教师要做好总结与反思。教师要思考学生在学习中存在的问题，反思所有教学内容是不是都指向教学目标，教学方法和策略是否合适，教学实施过程中是否关注到所有学生，是否让学生都“卷入”课堂等内容，认真分析原因，最好与康复专业人员、家长组成的教研小组一起交流讨论，找出解决问题的最佳方案。

▶第二节

盲校综合康复教学方法与运用

教学方法是联系教师、学生和课程内容的桥梁与中介，是教学系统中具有活力的因素之一。[①] 它是教师达成教育目的的手段的体系，也是教师教学实践力的直观表现。根据视障学生“以耳代目”“以手代目”的特点，盲校综合康复教学中虽然六大康复模块会使用不同的教学方法，但使用较多的教学方法主要为讲授法、练习法、情境模拟法、多重感官法、演示法、游戏法，以激发学生的学习兴趣。

一、讲授法

讲授法是经常使用的一种教学方法，是教师通过口头语言向视障学生传授知识的方法。教师运用各种教学方法进行教学时，多会伴随使用讲授法。视障学生的听觉敏感、听觉记忆相对大部分普通人来说都有优势。运用讲授法时，教师可以充分利用语言的直观性与互动性，让学生在课堂中成长。

二、练习法

练习法是视障学生在教师的指导下，依靠自觉的控制和校正，反复地完成一定动作或活动方式，借以形成技能、技巧或行为习惯的教学方法。从生理机制上说，练习使学生在神经系统中形成一定的动力定型，以便顺利地、成功地完成某种活动任务。练习在作业治疗、视觉康复、语言康复等方面广泛使用。练习法对于巩固康复训练课上所学知识与技能，引导学生把知识应用于实际，发展学生的能力以及形成学生的道德品质等方面具有重要的作用。

三、情境模拟法

情境模拟法是指在教师的指导下，视障学生模拟某一真实生活情境或扮演某一角色，进行技能训练或调动学习积极性的一种典型的互动教学法。这种方法能让视障学生获得某些难以身临其境地去学习的知识，使其经历仿真性演习活动。教师要注意区分模拟情境与真实情境的不同，避免误导视障学生。

---

① [日]佐藤正夫：《教学原理》，钟启泉译，286 页，北京，教育科学出版社，2001。

四、多重感官法

多重感官法又称为感官并用法，是指在教学中教师引导视障学生运用听、触、嗅、味等多种感官去认识事物的多种属性，达到全面认识事物的目的，是盲校普遍采用的一种教学方法。例如，视障学生不能用眼睛看到汽车的大小、载重的多少及行驶速度的快慢，但教师可以引导他们运用自己的多种感官，通过触摸感知汽车的大小，通过聆听汽车行驶时发出的声响的不同特点来判断感知汽车的大小、载重的多少、行驶速度的快慢。

五、演示法

运用演示法时，教师不仅需要把直观教具展示给视障学生，让他们去感知，还要会较多使用动作演示。教师以自己的动作做示范，让视障学生触摸、模仿，帮助视障学生理解学习内容，形成正确的表象和概念。

六、游戏法

最好的学习动力莫过于学生对所学知识感兴趣，而最能激发学生学习兴趣的莫过于游戏。以游戏的形式进行教学，让学生在生动活泼的气氛中，在欢乐的活动中，甚至是在激烈的竞赛中不知不觉地掌握康复训练的内容。游戏常常应用于心理健康模块课堂教学的暖身环节。教师用音乐、肢体活动等多种形式开场，吸引学生的注意力，让学生专注于课堂，同时也为新课上进一步的探索做些准备。

| 思考 |

你还能想到哪些合适视障学生综合康复的教学方法？这些教学方法该怎样实施？

▶第三节 盲校综合康复教学评价与反馈

一、盲校综合康复教学评价

盲校综合康复教学评价应根据教学目标与学生的实际情况，整体设计评价内容，全面反映学生的学习经历和成长轨迹，提高学生的综合素质。评价内容包括对学生身心特征、发展水平、康复效果及存在问题的康复评估，还包括对学生在康复过程中的态度、情感、行为表现等的评价。具体要求如下。

一是注重初评、中评和后评相结合。初评主要评估学生的特殊需求和原有的发展水平，为制定康复训练方案提供依据；中评主要是对训练效果进行阶段性的评估，检查现有的训练计划是否需要做出相应的调整；后评主要考查学生康复训练目标的实现程度，以检验和改进训练方案，为后续的康复训练奠定基础。盲校综合康复教学评价是发展性的，贯穿于康复活动的全过程。

二是注重全面评估与专项评估相结合。由于视障学生之间存在个体差异，因此对学生既要进行全面的评估，也要根据学生现阶段最迫切的康复需求进行有针对性的评估。

三是注重评价内容的选择。盲校综合康复教学评价首先要注重学生在康复过程中知识和技能的习得，如眼病防治、辅具使用等。其次要注重学生的康复意识的培养、良好康复习惯的形成，以及观察、思考、表达能力的提高。最后要注重学生情感、态度、行为等方面的表现，如在康复过程中的情绪表现、意志力、信心、合作意识和交往能力等。

四是注重评价主体的多元性。教师根据具体情况，综合运用康复人员评价、教师评价、学生自我评价、学生互评、家长和社区人员参与评价的方式。专业人员运用专业的手段、方法对学生各方面的康复需求进行评估，教师、家长和社区人员也可以对学生实际生活中的康复情况进行评估。

总之，在盲校综合康复教学实施中，教师应充分发挥评价在反馈、诊断、激励、甄别、导向等方面的功能，采用多主体、开放性、发展性的评价。教师不应用一种标准尺度去评价所有学生，应从每一名学生的原有基础出发，进行纵向比较，关注学生的发展。

二、盲校综合康复教学反馈

盲校综合康复教学反馈是教与学的一种互动，既是教学过程的必要环节，也是实施教学活动和完成教学任务的基本方式与重要手段。[①] 教师在教学中如何给出有效的反馈，以及如何帮助视障学生正确面对和接受反馈，应该从他们的身心特点、需要出发，选择针对性强的方式，在反馈上要遵循针对性、激励性、适时性、多样性的原则。

首先，针对性是指教学反馈总体上主要围绕所要实现的教学目标和特定的教学内容与任务以及教与学方面的具体特点展开。它要求教师针对视障学生所要掌握的知识技能目标与任务、不同的教学情景和学习环节与进程，为其提供一些准确无误的学习结果方面的反馈信息。[②] 其次，激励性是指反馈可以作为一种诱因，对个体行为进行强化，激发教与学双方新的动机。例如，在教学活动中，教师对视障学生的进步、较好的行为表现等进行奖励，激发视障学生学习的积极性。再次，适时性是指教师要根据具体情况在适当的时候提供恰当的反馈信息。视障学生在达成学习目标、完成学习任务的过程中，如果能及时得到反馈，知道学习结果，就能激发学习的热情。最后，多样性是指教师的教学反馈无论从内容、形式、途径、方法上都应该具有多样性。例如，从教学反馈的信息获取的方法来看，它主要有观察法、测试法、访谈法、档案袋评价法等。教师要有效利用各种获取反馈信息的方法，从对方那里获取有助于改进教与学的方式和有益于取得最好教学成效的各种反馈信息。

良好有效的教学反馈能互惠教学双方，使视障学生能看到差距并改进学习；使教师能及时掌握学生学习效果的信息、调整教学计划、改进方法，从而提高教学质量。[③]

---

① 彭豪祥：《有效教学反馈的主要特征》，载《中国教育学刊》，2009(4)。
② 彭豪祥：《有效教学反馈的主要特征》，载《中国教育学刊》，2009(4)。
③ 徐茜、徐丽华：《国外形成性教学反馈的研究及启示》，载《当代教育科学》，2010(7)。

因此，教师要遵循教学反馈原则，达到盲校综合康复教与学和谐统一的效果，促进学生全面发展。

单元小结

本单元从盲校综合康复教学设计与实施、方法与运用、评价与反馈这三个层面论述了盲校综合康复教学过程。盲校综合康复教学设计与实施主要包括分析教学对象、确定教学目标、分解教学内容、明确教学重难点、梳理教学过程、进行教学总结与反思这六方面的内容。使用较多的主要为讲授法、练习法、情境模拟法、多重感官法、演示法、游戏法等教学方法。要遵循盲校综合康复教学评价与反馈原则，以此促进学生身体机能和心理健康发展。

讨论与探究

1. 盲校综合康复教学目标与内容、教学方法有哪些？
2. 根据盲校综合康复教师用书的内容，自选课文，设计一份教案。

阅读资料拓展

1. 钱志亮：《盲校课程与教学》，北京，北京师范大学出版社，2013。
2. 邓猛：《视觉障碍儿童的发展与教育》，北京，北京大学出版社，2011。

教学设计案例

让学生认识自我

模块三 聋校义务教育学科教学

第十三单元　聋校义务教育学科教学概述

单元导学

《第二期特殊教育提升计划(2017—2020 年)》明确指出：应当大力推进特殊教育课程教学改革，依据盲、聋和培智三类特殊教育学校义务教育阶段课程标准(2016 年版)，编写完成中小学各科教材。现在，统编版聋校义务教育实验教科书陆续投入使用。那么，新中国成立以来，聋校义务教育学科教学经历了怎样的改革历程才发展到现在？聋校义务教育学科教学将来怎样发展？聋校义务教育课程标准(2016 年版)对语文、数学、历史、沟通与交往等学科的内容做了怎样的界定？新的课程标准对这些学科的内容做了哪些修改？在学科教学活动中，我们要遵循哪些原则来提高学科教学的效率，以达到充分开发学生的潜能、提高学生学科知识水平的教学目的？

学习目标

1. 了解新中国成立以来我国聋校学科教学改革历程，掌握聋校学科发展的趋势。

2. 学习聋校义务教育各科课程标准(2016 年版)的主要内容，并紧密围绕学科内容组织教学活动。

3. 掌握聋校学科教学原则，并将其贯彻到学科教学活动中，充分开发学生的潜能。

单元思维导图

- 聋校义务教育学科教学概述
  - 聋校义务教育学科教学改革历程
    - 起步探索阶段（1949—1978年）
    - 快速发展阶段（1979—2001年）
    - 全面深化阶段（2002年至今）
  - 聋校义务教育学科设置
    - 聋校义务教育学科内容设置的依据
    - 聋校义务教育学科内容
  - 聋校学科教学原则
    - 聋校学科教学原则的确立依据
    - 聋校学科教学原则的内容

第一节 聋校义务教育学科教学改革历程

新中国成立以来，我国聋校教育先后经历了以 1956—1957 年聋校班级教学计划、1984 年教学计划、1993 年课程计划、2007 年课程实验方案和 2016 年课程标准为代表的课程变革。[①] 聋校义务教育学科教学经历了起步探索、快速发展、全面深化三个阶段。

一、起步探索阶段(1949—1978 年)

1953 年，《教育部关于盲哑学校方针、课程、学制、编制等问题给西安市文教局的复函》对教育方针、课程、学制等内容提出要求。其中强调："目前盲哑学校教育的方针，应该是整顿巩固、改进教学、创造经验、提高质量。盲哑小学除实施普通小学智育、体育、德育、美育的基础教育外，在有条件的地方还需要给予盲哑儿童职业技能的训练。"

1954 年 8 月，教育部召开了聋哑学校语文教学座谈会，明确聋哑学校教学改革的方向是口语法。为了将混乱无序、各自为政的课程变为国家统一管理的课程，教育部先后颁布了 3 个正式的教学计划，明确了聋校的教学科目、时间安排、内容重点和教学方法等。[②]

1956—1957 年，聋校班级教学计划的教育目标为：培养聋哑儿童具有一定的文化科学知识，掌握一定的职业劳动技能，并具有共产主义的道德品质，使他们成为积极的、自觉的社会主义的建设者和保卫者。聋哑学校所承担的基本任务是对聋哑儿童实施普通教育和职业劳动教育，使他们成为社会主义国家的积极的自觉的建设者和接班人。聋哑学生在受过十年学校教育以后，他们所掌握的文化科学知识和技能，基本上

---

① 申仁洪、熊欢：《我国聋校课程发展 70 年：1949—2019 年》，载《课程・教材・教法》，2020(6)。

② 顾定倩、朴永馨、刘艳虹：《中国特殊教育史资料选》下卷，1552～1560 页，1562～1595 页，北京，北京师范大学出版社，2010。

和普通小学毕业生所掌握的一致，并掌握一定的职业劳动技能，毕业后能顺利地参加到劳动生产战线上去。① 聋校班级教学计划中无论是手语班还是口语班，都设置了语文、数学、历史、地理、自然、体育、图画和劳动(手工劳动和职业技术或职业劳动)课程。这些课程都是普通小学所设置的基本科目。②

1957 年 4 月，《教育部关于办好盲童学校、聋哑学校的几点指示》发布，规定了盲童学校和聋哑学校的基本任务、入学年龄、班级人数和师资配备，首次明确了我国特殊教育的性质。③ 这份指示性文件是新中国成立初期对视障和听障儿童教育政策比较系统、正式的整体规划，具有重要意义。

1962 年 1 月，教育部编制出台了《全日制十年制聋哑学校教学计划(草稿)》。这份纲领性文件，由于种种原因并未正式颁发。尽管如此，该文件涵盖培养目标、时间安排、课程设置、教学计划实施等内容，为后来的特殊教育课程改革奠定了课程框架的雏形。④

在“文化大革命”期间，特殊教育事业处于几乎停顿的状态。各地聋校的学制由 10 年制调整为 8 年，但复杂的政治局势导致学制不稳定，教学计划由聋校自行安排。⑤

二、快速发展阶段(1979—2001 年)

1984 年 7 月颁布的《教育部初等教育司关于征求对聋哑学校教学计划意见的通知》明确提到“补偿聋哑学生的听觉缺陷”，通过律动课“锻炼他们的触觉、振动觉和残存听觉”。这是补偿性课程的重要体现。⑥

1984 年，教育部发布了《全日制聋哑学校教学计划(征求意见稿)》，明确了六(八)

---

① 黄志军、曾凡林、刘春玲：《新中国成立 70 年来我国特殊教育课程改革的回顾与前瞻》，载《中国特殊教育》，2019(12)。

② 申仁洪、熊欢：《我国聋校课程发展 70 年：1949—2019 年》，载《课程·教材·教法》，2020(6)。

③ 顾定倩、朴永馨、刘艳虹：《中国特殊教育史资料选》下卷，1552～1560 页，1562～1595 页，北京，北京师范大学出版社，2010。

④ 黄志军、曾凡林、刘春玲：《新中国成立 70 年来我国特殊教育课程改革的回顾与前瞻》，载《中国特殊教育》，2019(12)。

⑤ 转引自李彦群：《聋校义务教育课程设置的历程回顾和未来展望》，载《中国特殊教育》，2020(5)。

⑥ 黄志军、曾凡林、刘春玲：《新中国成立 70 年来我国特殊教育课程改革的回顾与前瞻》，载《中国特殊教育》，2019(12)。

年制聋哑学校的培养目标、学制、课程设置等，增设了思想品德课，分化了语文课，将自然课、职业劳动课分别改为常识课、职业技术课。该教学计划要求开设的课程主要包括思想品德、语文、数学、常识、体育、图画、职业技术等，其中八年制聋校教学计划中安排了一定比例的课外活动。① 该教学计划将聋校学科科目结构优化，使活动课程大量进入，使得课程的育人功能更加凸显，使学科课程和活动课程相互支撑、第一课堂和第二课堂协作育人的格局得到整体设计。②

1993 年 10 月，国家教育委员会颁布了《全日制聋校课程计划(试行)》。1996 年秋，全国聋校和盲校的聋生部开始使用人民教育出版社出版的新编全日制聋校教材。这次颁布的聋校课程计划将原有学制统一规定为九年，并且加强了德育工作，如在聋校中开设思想品德、思想政治课；完善了部分课程的设置，如取消聋校中的音乐课，增加一门律动课，在语文课中增加听话说话的教学内容。③ 这一阶段的课程计划保留了思想品德、语文、数学等学科课程。物理、化学、生物等学科课程则被整合为理科课程，分别在不同年级开设；传统的历史、地理、自然等学科课程以常识(自然常识和社会常识)加以整合。3～6 年级开设自然常识课，4～9 年级开设社会常识课，两门课程统一称为常识课。1～4 年级开设劳动课，5～9 年级开设劳动技术课，两者统一为劳技课。另外还开设个别矫正课，补偿生理和心理缺陷。课程整合与分段开设的模式，兼顾了课程领域的整合性、课程难度的阶梯性与适应性、学生发展的阶段性与连续性。

三、全面深化阶段(2002 年至今)

2007 年，教育部制定了《聋校义务教育课程设置实验方案》，采用了九年一贯制的课程设置。①语文、数学、体育、美工贯穿九年义务教育全程。②品德类课程既分段，又连贯，分别在 1～3 年级开设“品德与生活”，4～6 年级开设“品德与社会”，7～9 年级开设“思想品德”，旨在适应听障学生生活范围逐步扩大、经验不断丰富、社会融合能力逐步发展的需要。③从 4 年级开始，以“科学”课程统筹开设科学(4～6 年级)、生

---

① 李尚卫：《我国特殊教育发展战略的回顾与展望》，载《井冈山大学学报(社会科学版)》，2020(5)。
② 申仁洪、熊欢：《我国聋校课程发展 70 年：1949—2019 年》，载《课程·教材·教法》，2020(6)。
③ 申仁洪、熊欢：《我国聋校课程发展 70 年：1949—2019 年》，载《课程·教材·教法》，2020(6)。

物(7年级)、物理(8～9年级)、化学(9年级)课程，旨在使听障学生从生活经验出发，体验探究过程，学习科学方法，形成科学精神。④以劳动课程整合生活指导(1～3年级)、劳动技术(4～6年级)、职业技术(7～9年级)课程。综合实践课程则贯穿4～9年级，旨在通过生活实践、劳动实践和职业技术训练，帮助听障学生逐步形成生活自理能力、劳动能力和就业能力。《聋校义务教育课程设置实验方案》根据促进学生全面发展的要求，按照听障学生的身心发展规律，积极开发潜能，补偿缺陷，增设具有聋校教育特点的课程，注重发展听障学生的语言和交往能力。“沟通PH与交往”成为必修课，各校可根据听障学生的个体差异和不同的发展阶段，选择适合的教学内容和训练方式。同时要求注重培养听障学生积极主动的学习态度，使听障学生在学习过程中既获得基础知识和基本技能，又学会学习、学会生活、学会合作、学会生存，形成正确的价值观。[①]《聋校义务教育课程设置实验方案》在课程结构上形成了普通学科和特殊学科的互补，很好地实现了发展性、补偿性和功能性课程的整合。

2016年，教育部发布了聋校义务教育课程标准(2016年版)，这是新中国成立以来第一次为听障学生专门制定的一整套系统学习标准，是对我国多年来特殊教育发展和教育教学改革经验的集中总结，充分体现了党和国家对残疾儿童教育的高度重视。聋校特色课程“沟通与交往”重点解决听障学生的潜能开发和功能补偿问题，促进他们全面发展、更好地融入社会。[②]

为了全面提升我国特殊教育的整体质量，教育部等机构于2017年7月联合印发了《第二期特殊教育提升计划(2017—2020年)》，并且强调：“依据盲、聋和培智三类特殊教育学校义务教育阶段课程标准(2016年版)，编写完成中小学各科教材。”

2017年7月，习近平总书记在党的十九大报告中提出了“办好特殊教育”的指示，对我国的特殊教育事业提出了更高的要求和期待。我国聋校课程设置会越来越顺应时代的发展，越来越符合听障学生的心理、生理发展需要。

---

① 申仁洪、熊欢：《我国聋校课程发展70年：1949—2019年》，载《课程·教材·教法》，2020(6)。

② 黄志军、曾凡林、刘春玲：《新中国成立70年来我国特殊教育课程改革的回顾与前瞻》，载《中国特殊教育》，2019(12)。

▶第二节 聋校义务教育学科设置

一、聋校义务教育学科内容设置的依据

教育对象的特殊性要求特殊教育学科设置必须做出相应的更改，这是我国特殊教育课程改革的基点。《特殊教育提升计划(2014—2016年)》关于深化特殊教育课程教学改革的描述为："健全课程教材体系。根据国家义务教育课程标准，结合残疾学生特点和需求，制订盲、聋和培智三类特殊教育学校课程标准。""注重培养学生自尊、自信、自立、自强的精神，注重学生的潜能开发和功能补偿。增加必要的职业教育内容，强化生活技能和社会适应能力培养。"

2017年新修订的《残疾人教育条例》体现了"积极推进融合教育"的总体思路；同年，《第二期特殊教育提升计划(2017—2020年)》提出用"统筹推进，普特结合"基本原则来发展特殊教育。从特殊教育实践和国家政策方针中可以看到，融合教育理念正逐步落地实践，我国特殊教育正朝着融合教育的趋势发展。①

以上文件为聋校义务教育各学科内容设置提供了依据。因此，聋校义务教育学科内容既要符合听障学生的身心特点，又要能补偿听障学生的听力缺陷，还要有利于增强听障学生的社会适应性，使其更好地融入社会。

二、聋校义务教育学科内容

聋校学科设置最接近普通教育，但也有聋校特色学科，如律动课和沟通与交往课：通过律动课可以锻炼听障学生的触觉、振动觉和残存听觉，以补偿听障学生的听力缺陷；通过沟通与交往课可以将各种沟通方式方法与教学有机地联系起来，使听障学生初步学会手语、口语与书面语之间的转换。教育部颁布的聋校义务教育课程标准(2016

---

① 赵斌、秦铭欢：《新中国70年特殊教育发展：成就与趋势》，载《现代特殊教育》，2019(18)。

年版)共涉及 14 门课程，见表 13-1。

表 13-1　聋校义务教育课程

课程类型	普通课程												聋校特色课程	
科目	语文	数学	化学	物理	历史	生物	地理	美术	体育与健康	思想品德	品德与生活	品德与社会	沟通与交往	律动

注：思想品德、品德与生活、品德与社会三门学科课程名称已统一改为道德与法治，但因新课程标准未发布，只对旧有内容进行介绍。

（一）普通课程

普通课程是指聋校课程中与普通学校一样的课程，具有基础性、普及性的特征，有利于学生掌握基础知识，为融入社会做准备。

1. 语文

聋校义务教育语文课程旨在让学生学习汉语拼音；初步具有独立阅读的能力，学习多种阅读方法；能根据日常生活需要，运用常见的写作方式，表达自己的见闻、体验和想法，做到明确、具体、语句通顺；能选择比较适合的沟通方式，文明、主动地进行人际沟通和社会交往；学会使用常用的语文工具书。

2. 数学

聋校义务教育数学课程在各学段安排了四个部分的课程内容：“数与代数”“图形与几何”“统计与概率”“综合与实践”。

3. 化学

聋校义务教育化学课程内容包括五个一级主题：身边的化学物质、物质的化学变化、物质构成的奥秘、化学与社会发展、科学探究。

4. 物理

聋校义务教育物理课程内容由科学探究和科学内容两部分组成。科学探究包括提出问题、猜想与假设、设计实验与制订计划等部分；科学内容包括物质、运动和相互作用、能量三个部分。

5. 历史

聋校义务教育历史课程内容包括中国古代史、中国近代史、中国现代史、世界古代史、世界近代史以及世界现代史六个部分。

6. 生物学

聋校义务教育生物学课程内容包括科学探究，生物体的结构层次，生物与环境，生物圈中的绿色植物，生物圈中的人，动物的运动和行为，生物的生殖、发育与遗传，生物的多样性，生物技术以及健康地生活十个部分。

7. 地理

聋校义务教育地理课程内容包括地球与地图、世界地理、中国地理、乡土地理四个部分。

8. 美术

聋校义务教育美术课程内容包括“造型·表现”“设计·应用”“欣赏·评述”“综合·探索”四个学习领域。

9. 体育与健康

聋校义务教育体育与健康课程内容包括运动参与、运动技能、康复及身体健康、心理健康与社会适应四个方面。

10. 思想品德

聋校义务教育思想品德课程内容包括我的个人生活、我的家庭生活、我们的学校生活、我们的社会生活四个方面。

11. 品德与生活

聋校义务教育品德与生活课程内容包括我的个人生活、我的家庭生活、我们的学校生活、我们的社会生活四个方面。

12. 品德与社会

聋校义务教育品德与社会课程内容包括我的个人生活、我的家庭生活、我们的学校生活、我们的社会生活四个方面。

需要说明的是，思想品德、品德与生活、品德与社会三门学科名称已统一改为道德与法治，但因新课程标准未发布，只对旧有内容进行介绍。

（二）聋校特色课程

聋校特色课程是为了满足学生的身心发展需求、补偿缺陷而设置的课程。

1. 沟通与交往

聋校义务教育沟通与交往课程从学生在沟通与交往中的差异性出发，把课程内容按照聋人常用的沟通与交往方式分为口语、手语、笔谈、其他四个领域。

2. 律动

聋校义务教育律动课程内容包括舞蹈、韵律操、打击乐器演奏、情景游戏四个领域。

▶第三节 聋校学科教学原则

一、聋校学科教学原则的确立依据

确立聋校学科教学原则时，需要明确听障学生的特点。由于听不到或听不清声音，听障学生对外界事物的感知和认识受到一定程度的影响，因此听障学生有以下特点：在感觉方面，听障学生的视觉得到充分的发展，但言语发展处于停滞状态；在知觉方面，听障学生的知觉范围缩小且知觉信息加工不完整；在注意方面，听障学生的无意注意起主导作用，有意注意发展迟缓，注意分配困难，注意转移目的性弱；在记忆方面，听障学生以机械记忆为主，视觉记忆优于触动觉记忆；在思维方面，听障学生以具体形象思维为主，抽象思维发展缓慢，注重事物的外部差异，忽略事物的本质区别。

二、聋校学科教学原则的内容

基于听障学生的心理、生理特点，在聋校学科教学中，教师除了要遵循普通学校学科教育的基本原则外，还应遵循以下几点原则。

（一）因材施教原则

每名学生的身心发展条件不一样，个别化差异较大，教师应尊重差异，根据学生不同的接受能力和知识水平因材施教。因此在聋校学科教学中教师需要根据学生的实际情况分层次确定相应的教学目标、教学重难点、教学方法以及教学过程，布置相应难度的作业，并形成相应的评价机制，必要时还应制订个别化教育计划，尽力让每一名学生感受到获得知识的成就感，使学生的潜能得到最大程度的发挥。

（二）补偿教育原则

在聋校学科教学过程中，教师要尽量用听障学生的健全器官补偿听力缺陷，充分发挥学生的内在潜能。学生的视觉得到充分发展，视觉记忆优于其他记忆；学生的思维具体形象，抽象思维发展缓慢。教师应顺应学生的感知觉特点，充分运用直观教学，如自然手语、图片、视频、演示、情景表演等，扬长补短，以利于学生理解、掌握、记忆学科知识。

（三）学科知识系统化原则

学生的记忆以机械记忆为主，他们注重事物的外部差异，忽略事物的本质差别与联系，意义记忆不好。教师在聋校学科教学过程中应定期帮助学生梳理知识，建立“知识树”，让学生明白各单元知识之间的逻辑与联系，将所学知识系统化，让学生掌握的知识更加牢固，学得更加轻松快乐。

（四）充分发展语言原则

语言是思维的载体，是实现思维、巩固和传达思维成果即思想的工具；语言的发展在促进思维发展上有重要作用。学生的语言包括手语、口语和书面语，语言是学生学习各科知识的基础。学生因为听力障碍，语言发展迟缓，使得思维具体形象，抽象思维发展缓慢、水平低，分析时不全面、不深刻。发展学生的语言，促进他们的思维发展，是学生学好学科知识的必要条件。

（五）小步骤原则

苏联教育家维果茨基提出了最近发展区理论，他认为学生的发展有两种水平：一种是学生的现有水平，指独立活动时所能达到的解决问题的水平；另一种是学生可能的发展水平，也就是通过教学所获得的潜力。两者之间的差异就是最近发展区。教师应充分掌握学情，着眼于学生的最近发展区，为学生提供带有适当难度的内容，调动学生的积极性，发挥其潜能。由于学生的知觉范围缩小且知觉信息加工不完整，思维分析不全面、不深刻，制订学生教学计划时，教师应把超出学生最近发展区的教学目标分成多个小目标、小步骤，降低学生达成学习目标的难度。

（六）趣味性原则

学生的无意注意占主导地位，有意注意发展缓慢。一堂课是否充分激发学生的兴趣，调动学生的积极性，是影响这堂课教学效率的重要因素。教师要采取灵活多样的教学方法来实现学生的主体性发展，如采用游戏化教学、故事化教学、情景化教学、生活化教学以及演练聋人情景剧等。

单元小结 ……▸

本单元介绍了聋校义务教育学科教学改革历程，聋校义务教育语文、数学、历史、沟通与交往等学科设置，以及在学科教学过程中应坚持的因材施教、补偿教育、学科知识系统化、充分发展语言、小步骤以及趣味性六项原则。

讨论与探究 ……▸

1. 我国聋校义务教育学科将会朝着怎样的趋势发展？
2. 举例说说怎样将聋校学科教学原则运用到教学活动中？
3. 请谈谈您对所教学科课程标准的解读。

第十四单元　聋校语文教学

单元导学

语言文字是世界文化的重要载体，记录着世界文化发展中的重要信息，是人类文化中十分重要的组成部分。语言文字的运用分布在各个领域，为人类文明的发展做出了极大的贡献。而当今世界经济全球化趋势明显，现代技术迅猛发展，信息量逐日剧增，对中华优秀传统文化的传承、语言文字的使用、新信息的取纳，都提出了更高的要求。听障学生由于生理缺陷，对语言文字的理解和运用存在问题。聋校语文课程坚持以人为本的观念，把握听障学生的认知发展规律与学科教学规律，引导听障学生树立正确的价值观，增强其理解、沟通与表达能力。

学习目标

1. 熟悉聋校义务教育语文课程标准，形成对聋校语文课程的价值认同。

2. 能够根据聋校义务教育语文课程标准进行教学设计，掌握教学设计要素。

3. 掌握聋校语文教学法，把握教学过程中的各个环节。

聋校义务教育
语文课程标准解读

单元思维导图

- 聋校语文教学
  - 聋校语文教学设计与实施
    - 聋校语文教学设计
    - 聋校语文教学实施
  - 聋校语文教学方法与运用
    - 汉语拼音教学所采用的方法
    - 识字写字教学所采用的方法
    - 阅读教学所采用的方法
    - 写作教学所采用的方法
    - 语言交往教学所采用的方法
    - 综合性学习所采用的方法
  - 聋校语文教学评价与反馈
    - 聋校语文教学评价的要求
    - 聋校语文教学反馈

▶第一节 聋校语文教学设计与实施

由于存在听力缺陷，听障学生难以掌握语言文字中传递的知识和理解其深厚内涵，因此聋校语文教学中教师应注重个别化、生活化，体现实践性与互动性，引导听障学生在丰富多彩的课堂中体验语文学习的快乐。

一、聋校语文教学设计

聋校语文教学设计是创建教学系统的过程。它依据学习和教学的理论，分析教学需要，确定教学步骤、教学策略，应用教学资源，系统规划整个教学过程，从而实现教学效果的最优化。[①]

（一）分析教学对象

在教学设计前，教师应当按照个别化教育原则进行教学对象的分析。根据听力损失的程度，通常将听觉障碍分为聋和重听。由于个别差异较大，学生间的认知发展水平各不相同，因此在进行聋校语文教学时，教师应充分了解学生的听障程度、发展特点、学习特点、学习起点、学习风格、思想状态等。

| 案例 1 |

1. 一般特征

某年级有 4 名女生、8 名男生，年龄在 13～16 岁。

2. 残障程度

3 名学生佩戴助听器，其余均佩戴耳蜗。8 名学生能够在简单手语的辅助下理解教师表达的意思，其余学生都是重度听力残疾。

① ［美］R. M. 加涅、［美］W. W. 韦杰、［美］K. C. 戈勒斯等：《教学设计原理》，王小明、庞维国、陈保华等译，18 页，上海，华东师范大学出版社，2007。

3. 起点能力

(1)字词：前期已经掌握查字典的技能，基本能够做到通过自主查字典学习生僻字。

(2)造句：6名学生可以写简单的、成分完整的句子。6名学生可以写常见的句子，常存在句子成分不完整的情况。

(3)分析课文：基本能够做到在教师的指导下划分句子和段落。

(4)学习风格：普遍热衷模仿课文造句。在思考及回答问题时，大部分学生容易被其他同学的思想左右，少数学生能够独立思考、勇敢表达。

（二）确定教学目标

在撰写教学目标时，教师应当在内心有一条基准线。这是对学生经过学习后产生教学效果的描述，是教学活动的出发点和最终归宿。教师必须根据《聋校义务教育语文课程标准(2016年版)》中的各项具体目标以及《聋校义务教育课程设置实验方案》中课程设置的要求对教学目标进行科学合理的设计。

| 案例2 |

全日制聋校语文实验教材 i-ang 及其相关音节

课程标准要求：认识汉语拼音，基本掌握拼读方法，口形基本正确。读准每一个音节、字母，正确运用声调，学会拼音的书写。

教学目标：

1. 会拼读 i-ang 及其相关音节，能够匹配“枪”“两”的音节与配图，能够正确做出音节的口形，会打手指语。

2. 掌握 i-ang 的书写格式，会正确地抄写音节。

3. 能够区别 i-ang 和 i-an 的发音。

教学目标包括知识与技能、过程与方法、情感态度与价值观三个维度。教师可以通过三个维度了解一个问题，角度全面，各有侧重。

| 案例 3 |

1. 学会认 2 个字，学会发音口型并掌握手指语。

2. 能正确书写“水、火”，理解词义，会在生活中实际运用。

3. 观察图片，学会节约用水，初步了解消防安全的相关知识。

一个完整的教学目标应当具备行为主体、行为动词、行为条件、行为标准，表述时应当尽可能地完整、规范。

| 案例 4 |

1. 学会本课的生字、词语，能正确书写生字、组词。

2. 能够有表情地朗读课文，正确理解句子的意思、课文内容，写一篇 150 字以上的读后感。

3. 理解重点语句，启发想象，学会珍惜时间。

（三）分解教学内容

选择聋校语文教学内容时，教师要从教学目标出发，选择能够达成教学目标的教材资源，对学生学习的范围进行规定，以保障教学过程高效进行、教学目标顺利实现。

分解教学内容时，教师需要更加明晰在授课过程中学生所要掌握的知识、学会的技能和产生的思想，因此教师要注重教学内容的内涵和外延，充分理解教材的理念和思想，平衡知识的实践性与思想性，并适当加入自身的生活经验、教育教学经验，立足学生的学习特点与学情，创造性地进行设计。

（四）明确教学重难点

教师要明确学生需要的内容、课本重点的内容、需要特别区分或关注的内容，条分缕析地找出重点，将学生缺乏的、难以理解的、运用困难的、容易遗忘的知识作为教学难点。

教学重难点是针对教学对象来说的，在确定重难点之前教师要做好学情分析与设定目标，做到让学生“跳一跳摘桃子”，又能够让学生获得最大程度的成长。

（五）梳理教学过程

根据信息加工理论，加涅认为一个教学过程中应按照顺序出现九种教学事件：引起注意、告知学习者目标、激起对先决性的学习的回忆、呈现刺激材料、提供学习指导、引出行为表现、提供行为表现正确性的反馈、测量行为表现、促进保持和迁移。[①]

这九大教学事件为聋校语文教学提供了很好的模板参考。一般在聋校语文教学中，教学过程包括导入、主体、结尾、评估四个部分。[②]

导入阶段的目标是引起学生注意，激发学生兴趣，展示教学主题。在导入阶段，教师应着力将学生的注意力集中于本节课所要讲述的主题上，给予学生有效的、具体的信息，减少不必要的信息输入。导入阶段常常采用小活动吸引学生的注意力，有的教师直接出示学习目标、学习内容，通过设置疑问或任务的方式开启新的课堂教学活动。无论以何种方式进行导入，主题务必明确，简单有趣。

主体阶段是学生学习的主要阶段，主要任务是新授、练习、评价。在主体阶段，教师应根据不同的学习内容，采用不同的教学方法。在整体设计上，教师要注意循序渐进；在教与学的过程中，教师要注意采用启发式、生成性的教学。在设计教学活动的过程中，教师应注重个别化教学、分层教学。此外，教师还可采取复习旧知的方式测探学生的学习水平，通过前后比较的方式进行知识联结、举一反三，以便学生能够获得灵感。

结尾阶段的主要任务是进行总结与复习。教师带领学生复习今天学过的内容，简单回顾知识点，对学生的表现进行点评并布置作业。

评估阶段的目的是进行评估学习，进行作业批改，回忆教学过程，记录学生的表

---

① ［美］R. M. 加涅、［美］W. W. 韦杰、［美］K. C. 戈勒斯等：《教学设计原理》，王小明、庞维国、陈保华等译，18 页，上海，华东师范大学出版社，2007。

② 董振杨：《新课程背景下聋校语文教学设计的研究与实践》，硕士学位论文，华中师范大学，2009。

现和掌握的情况，以及找到学生学习、教师授课中应当改进的地方。

（六）进行教学总结与反思

总结与反思的过程是一名教师对整体授课情况的全面复盘。这一过程也是教学设计的基本内容，应当在教学设计文本中进行体现。在授课完成后，教师要根据学习目标反思达成情况，回忆学生的课堂表现以考查学生在课堂中的思想动态与学习情况，反思课堂中的状况和问题(包括自身及学生的问题)，找出课堂中自身及学生表现的亮点所在。课后反思能够帮助教师重新整合信息，制订下一次的教育教学计划。最后，对于难以解决的问题、普遍存在的困难，教师可通过教研活动、小组讨论、课题研究等形式进行应对。

二、聋校语文教学实施

聋校语文教学实施要立足于前期做好的教学设计，避免随意性与盲目性。

一是应注重教学过程中师生的互动性。教师应以学生为主体，倡导接受性学习与自主探究、分组合作的形式相结合，重视启发式、讨论式教学，以激发学生的学习兴趣，启迪智慧。

二是应努力体现综合性与实践性。教师要重视学生读书、写作、理解、语言沟通等的综合能力培养，改变机械、枯燥的作业方式，拓宽视野、走出课堂，开展综合性、实践性活动。

三是应重视情感、态度、价值观的启迪。语文课堂是丰富学生思想和文化的课堂，教师要注重对学生世界观、人生观、价值观的引导，让学生在学习知识的过程中丰富精神世界。

四是应注重依据学生的语言学习特点开展教学活动。教师应结合学生的学习特点、语言表达特点，从学生出发进行活动设计，充分利用多媒体、图片、情境帮助学生进行理解与学习。教师应注意采用双语教学，注意手语的完整性与规范性。

第二节 聋校语文教学方法与运用

聋校语文教学主要包括汉语拼音、识字写字、阅读、写作、语言交往、综合性学习。教授不同的学习内容需要不同的教学方法。

一、汉语拼音教学所采用的方法

汉语拼音是帮助学生识字的有效工具，也是学习发音、说话和掌握有声语言的工具。汉语拼音的学习内容包括音节构成、拼音书写、读写规则、手指语教学，教师可以根据不同学习内容采用以下教学方法。

情境展示法是以有趣的故事情境、相应的事物示音或示形，帮助学生学习字母，将拼音学习与学生生活建立联系，培养学生的观察能力，增强学习的趣味性的方法。

歌诀法是通过编写朗朗上口的儿歌，多次复现音节、巩固拼音，增加趣味性，同时能够积累语言、培养语感的方法。

游戏活动法是设计比一比谁更快、涂一涂颜色、做一做动作等拼音教学活动，提高学生，尤其是低年级段学生的学习兴趣，让学生在寓教于乐中学习和掌握拼音的方法。

二、识字写字教学所采用的方法

识字和写字是读书、写作的基础。教师在教学过程中应注意结合学生的学习经验、生活经验引导学生主动学习、主动识字，掌握书写的姿势、技能，养成良好习惯。

主题教学法是在单独识字中，为激发学生的兴趣，帮助学生形成知识体系，常常围绕一个主题、密切结合学生的生活创设情境，再进行生字教学的方法。如围绕“水果”主题，教师可以选择学生日常生活中常见的苹果、梨、葡萄、西瓜等图片，激发学生学习生字的兴趣。

字理识字法是在象形字、会意字的学习中，可以通过字理识字进行学习的方法。如二人从，三人众。双木林，三木森。

拆字法是在字义教学中，利用汉字的构字特点，帮助学生理解和扩充词汇的方法。如“清”字可以拆为偏旁三点水和青字，偏旁部首三点水表示这个字与水有关，“青”表示这个字的读音。

三、阅读教学所采用的方法

在阅读教学中，教师应加强对学生阅读的指导、引领和点拨，应注重培养学生感受、理解、欣赏和评价的能力，加强学生阅读技巧和阅读方法的指导，强化学生精读、略读和浏览的能力，通过朗读、默读和背诵来帮助学生培养语感、积累语言。

问题导读法是通过设置问题，引导学生带着问题浏览文本，培养学生独立思考、捕捉信息的能力，在思考和解答问题的过程中能够帮助学生深度思考、激活既有经验的方法。①

比较辨析法是将一篇或者多篇内容或形式上有一定联系的文本进行横向比较或纵向比较，从内容、主题、表达等多个角度进行同中求异、异中求同的辨析，以明确表达的内容，理解表达的中心，掌握表达的方法。

角色扮演法是通过组织学生对文本内容进行角色扮演或者戏剧表演，充分利用学生的视觉优势，让学生更直观地再现自己对文字的理解，鼓励学生发挥想象力，在与同学的交流分享中深化理解和感悟的方法。

四、写作教学所采用的方法

写作是认识世界、认识自我、创造性表述的过程，是对学生活用语文的更高要求。

---

① 高宇翔：《思维导图在聋校语文教学中的应用》，载《现代特殊教育》，2012(Z1)。

在教学中，教师应引导学生关注现实、热爱生活，让学生有物可言、有感可抒。

观察法是引导学生观察日常生活中的事物，掌握观察的方法，从而学会自上而下、由内而外地写作的方法。

模仿写作法是学生学习句式、行文存在一定的困难，且学生的语言学习常常从模仿出发时，可根据写作需求为学生提供句式的模板、写作的模板，从模仿他人写作的手法、技巧出发，逐步提升写作能力的方法。

体验法是利用体验促进学生身心发展的方法。例如，教师在春游等集体活动之后，可安排学生进行日常的写作训练；在亲身体验之后要求学生进行游后感、观后感等的写作。

五、语言交往教学所采用的方法

语言交往能力是学生表达与接收信息时进行互动的能力，是学生在语文学习中应当着重突出的能力。因此，聋校语文教学活动要采用灵活多样的形式，注重引导学生在具体的交往情境中使用学到的词句。

综合沟通法是以个别化诊断式教育为基础，在课堂教学中指导学生根据实际听力与口语水平采取口语、手指语、手势语、看口等多种方式进行沟通与交往的方法。教师应注意根据学生的情况采用分类教学、直观教学、体验式教学等不同的教学方法，让课堂具有层次感和实效性，让学生的学习充满趣味性。

真实情境教学法是针对学生的个别问题设计教学任务，让学生在自然、真实的情境下进行训练的方法。如教师利用对话设计活动，提高学生的表达与沟通能力，或把乘车问路、寻药求助、讲价购物、咨询求职等社会交际语言列为重点学习内容等。

六、综合性学习所采用的方法

语文是一门综合性学科，包括听说读写等各方面的知识学习，且在各学科、各领域中均有所运用。教师在授课过程中应当注重语文课程与其他课程相结合、课内知识与课外知识相结合。综合性学习还要注重学习的实践性，注重语文知识的活学活用。信息技术的发展也能够为学生沟通与交流提供渠道，支持和丰富语文的综合性学习。

综合性学习可以利用主题活动的方法，一月一主题。例如，教师围绕“元宵节”进行古诗词学习、名人名篇的学习、风俗文化的学习等，在此过程中能够让学生学习新的知识，练习写作能力，提高阅读水平，拓宽视野，并进行跨学科的学习。

▶第三节 聋校语文教学评价与反馈

聋校语文教学评价的根本目的是促进学习，改善教学，全面、公正、准确地反映学生的学习水平、学习状况和情感、态度、价值观的发展状况。[①]

一、聋校语文教学评价的要求

聋校语文教学评价要注意以下几方面。

一是评价目的着眼于发展性。在聋校语文教学评价中，教师应注意发挥评价的诊断、反馈和激励的功能，重在有效促进学生的发展。

二是评价内容体现全面性。教师要注重考查学生的语言学习、语言理解、语言运用能力，注意识字与写字、阅读、写作、语言交往和综合性学习五个方面的有机联系，注重全面性。

三是评价要求强调差异性。特殊教育的评价应突出个体间的差异性，提倡根据学生及学科的不同特点设置评价内容与方法。

四是评价方式注重多样化。评价方法因学生而异、因学科而异，教师应当将过程性评价与结果性评价有机结合，从质性评价和量化评价方面全面衡量学生的发展。在

① 马丽妃：《浅谈聋校语文教学中的评价》，载《现代特殊教育》，2007(2)。

聋校语文教学过程中，教师应注意加强对学生日常作业、作品、成就、奖励等过程性材料的收集，结合考试、操作、活动表现对学生进行全面、客观、准确的评价，并针对问题提出建议。

五是评价主体实现多元化。课程标准与课程设置方案强调构建多元化的课程评价体系，建立学校、家长和社会共同参与的评价制度。教师应指导学生学会进行自我评价和相互评价，促进学生主动学习、自我反思，也要起到对家长和社会评价的指导作用，构建起多元评价的制度。

二、聋校语文教学反馈

聋校语文教学反馈是指教师对学生语文学习所达到的水平、存在的问题、获得的成长进行反思与总结，是反思师生教与学过程中的信息输出与获取效果的重要过程。[①]所以在聋校语文教学中，教师应该立足于学生的学习特点、个别化教育计划、教学目标的选择、反馈方式与内容，注意普遍性与独特性相结合，体现针对性与灵活性，秉持育人为本、以生为本的原则进行反馈。

针对教学过程中普遍存在的共同问题，教师可通过班会、教研会进行集中讲评与探讨。针对教学过程中存在的个别问题，教师可采取单独谈话等方式进行反馈。例如，教师可以在作业本上针对学生的不同问题、不同表现进行过程性评价，可以在成长手册上针对学生本学期的表现进行总结性评价，也可以在班会、家长会上对学生的表现进行评价。

在反馈过程中，为了更加清晰、明白地表达，教师应采取灵活的反馈方式。首先，教师应建立班级正负向反馈机制，让学生从学习初期就明确教师反馈所代表的含义。同时，教师应注意将手语与口语相结合，将意义表达明确。例如，反馈语言用“你写的字更加端正、又好又快”代替“你今天写得真好”，做到具体问题具体反馈，而非盲目、模糊地进行反馈，帮助学生明白对或者错在哪里，便于日后改正。

---

① 戴会芹：《充分发挥有效评价在语文教学中的教育功能》，载《现代特殊教育》，2013(1)。

此外，教师应当遵循教学反馈的各项原则，使教学反馈能够对教学的整个过程起到协调、促进的作用。

单元小结

聋校语文课程是具有多重性与奠基性的基础性课程。本单元从教学设计与实施、教学方法与运用、教学评价与反馈几个方面详细阐述了聋校语文教学的过程。其中聋校语文教学目标分为总目标和各个学段的具体目标。学习内容主要包括汉语拼音、识字写字、阅读、写作、语言交往、综合性学习。聋校语文教学设计包括分析教学对象、确定教学目标、分解教学内容、明确教学重难点、梳理教学过程、进行教学总结与反思几个环节，提出了双语教学等实施要求。聋校语文教学方法包括情境展示法、歌诀法、游戏活动法、主题教学法等。实施聋校语文教学评价时，教师要做到发展性、全面性、差异性、多样化、多元化，在反馈时要对学生起到矫正与激励的作用，提高针对性与灵活性。

讨论与探究

1. 聋校语文教学目标与内容包括哪些？

2. 聋校语文教学评价应注意哪些方面？

3. 结合听障学生的身心发展特点说一说在字义教学中可以采取哪些方法。

4. 以聋校语文三年级“小壁虎借尾巴”一课为例，选择恰当的教学方法，设计一份教案。

阅读资料拓展

1. 汪飞雪：《听觉障碍学生教学法》，天津，天津教育出版社，2007。

2. 贺荟中：《听觉障碍儿童的发展与教育》，北京，北京大学出版社，2011。

教学设计案例

小壁虎借尾巴

第十五单元　聋校数学教学

单元导学

数学是研究数量关系和空间形式的科学，是自然与技术科学的基础，也是人类文化的重要组成部分。数学教育在发展学生的逻辑思维能力、语言表达能力、创新能力等方面有着不可替代的作用。但听觉障碍既严重影响听障学生的语言发展，又严重影响听障学生理解能力和抽象概括能力的形成，给他们的数学学习带来困难。因此，聋校数学教学要发挥听障学生的视觉认知优势，结合信息技术，通过动作思维和形象思维，因势利导地培养听障学生的数学素养。

学习目标

1. 熟悉聋校义务教育数学课程目标与内容。

2. 能够根据聋校义务教育数学课程目标与内容进行教学设计，掌握教学设计的主要流程，熟悉教学实施的原则。

3. 掌握聋校数学教学策略，能够熟练应用常用的教学方法。

4. 熟悉聋校数学教学评价的类别与反馈方法。

聋校义务教育
数学课程标准解读

单元思维导图

- 聋校数学教学
  - 聋校数学教学设计与实施
    - 聋校数学教学设计
    - 聋校数学教学实施
  - 聋校数学教学策略与方法
    - 聋校数学教学策略
    - 聋校数学教学方法
  - 聋校数学教学评价与反馈
    - 聋校数学教学评价
    - 聋校数学教学反馈

▶第一节
聋校数学教学设计与实施

听力障碍影响听障学生的语言发展和思维发展，使他们在理解能力和抽象概括能力发展方面存在困难。所以在聋校教学设计与实施过程中，教师要多与生活实际相联系，运用多种教学方法与手段，发挥听障学生的视觉认知优势，发展他们的动作思维、形象思维与抽象思维能力，因势利导地培养他们的数学素养。

一、聋校数学教学设计

聋校数学教学设计是在实施教学活动之前形成教学活动方案的过程，是教师对课程进行再开发的过程，是教师教学理念和教学智慧得以体现的过程。[①] 聋校数学教学设计的流程主要包括分析教材、分析学情、确定教学目标、明确教学重难点、设计教学过程几方面。

（一）分析教材

分析教材即分析教学内容，包括理解教材的编写意图、分析教学内容以及所承载的教育价值。[②] 教师应该基于单元整体教材的理解，体会一节课涉及的教学内容在整个单元中的地位和作用，对内容之间的逻辑顺序进行分析。教师还要注重知识的“生长点”与“延伸点”，处理好局部知识与整体知识的关系。教师不仅要考虑所教的内容，更要考虑内容背后体现的育人价值、知识和方法的应用价值、知识形成的思维价值、学习过程中情感态度和价值观形成的价值。这样教师能在比较宽的视野下看待数学教学，认真思考每节课对于学生全面发展的作用，确定教学重点。

（二）分析学情

合理的教学设计一定是基于学生的。学情分析主要是对学生的当前状况进行分析，

---

① 教育部基础教育课程教材发展中心：《小学数学教师专业能力必修》，95 页，重庆，西南师范大学出版社，2012。

② 张丹：《小学数学教学策略》，12 页，北京，北京师范大学出版社，2010。

特别是有可能对学习过程产生较大影响的因素，如预备知识、思维特征、活动经验、能力水平等。教师要关注学生学习数学内容的困难，以便确定教学难点。

| 案例 |

“勾股定理”第一课时的学情分析

知识技能基础：学生在先前的学习中已经掌握了直角三角形的有关性质，能够从角的层面刻画三角形的特征；学习了一些几何图形面积的计算方法(包括割补法)。

活动经验基础：学生参与过一些拼图、图案设计的动手操作活动，也利用直观的手段探索过图形的性质，因此对图形的探索、验证具备了一定的观察、归纳、探索和推理的能力。

（三）确定教学目标

教师在分析教材和学情的基础上，才可以确定教学目标。教学目标是教师希望通过数学教学活动所达到的理想状态，是数学教学活动的结果，其行为主体是学生。新课程规定的三维目标是知识与技能、过程与方法、情感态度价值观，与聋校数学课程标准中的知识技能、数学思考、问题解决、情感态度四维目标相一致，其中数学思考和问题解决目标对应于过程与方法目标。

教学目标的表述应包括四个要素，即行为条件、行为主体、行为动词、表现程度。① 有效的教学目标一定要陈述清楚行为主体在何种行为条件下，进行何种动作，达到怎样的结果。如“异分母分数加法”的教学目标可以表述为：给出两个不同分母的分数，其中一个分母能被另一个分母整除(行为条件)；学生(行为主体)能通分并求出两个分数的和(行为动词)；10 个题中 8 个题正确为合格(表现程度)。

（四）明确教学重难点

教师在上课前能确定一节课的教学重点与难点，是一个好的教学设计的必要条件，是实现教学目标的重要保证。教学重点是对数学学科而言的，是指数学知识体系和数学育人体系中占有重要地位且对学生学习起着重要作用的内容。教学难点是对学生来

---

① 顾继玲：《理解教材，研究学生：中学数学教学设计》，32～38 页，北京，北京师范大学出版社，2015。

说的，是指那些抽象的、远离学生生活实际的、过程过于复杂的、学生难以理解和掌握的知识、技能与方法。如“长方体的体积”一课的教学重点是运用长方体的体积公式解决实际问题，教学难点是理解长方体的体积公式推导过程。

（五）设计教学过程

设计聋校数学教学过程是设计师生在共同实施教学任务中的活动状态变换及其时间流程，应具有一定的逻辑性和层次性，围绕教学重点展开。各环节的教学活动要具有一定的开放性，要预设学生的可能想法，据此设计应对措施。① 一节数学课的教学流程主要有创设情境(导入)、激发思考(出示例题)、互动交流(解决问题)、强化巩固(练习)、总结与作业等环节。教师可根据概念课、命题课、练习课、复习课、讲评课等不同课型做适当的变化。

二、聋校数学教学实施

聋校数学教学实施应根据具体的教学内容，从听障学生的实际出发，创设有助于听障学生自主学习的问题情境，引导听障学生通过实践、思考、探索、交流等，获得数学的基础知识、基本技能、基本思想、基本活动经验，不断提高发现问题和提出问题的能力、分析问题和解决问题的能力。

（一）创设有意义的数学问题与情境

有效的聋校数学教学实施需要良好的情境导入和高质量的问题引导。在课堂教学中，教师可以设计与学生实际生活有联系的问题与情境，设计与公共常识或职业领域相关的问题与情境，设计与科学知识和现象相关的问题与情境，设计与数学自身发展相关的问题与情境，让情境多样化，让问题结构化。

创设有意义的数学问题与情境，就是给学生呈现刺激性数学信息，目的是引起学生学习数学的兴趣，启迪思维，激起好奇心、发现欲，让学生产生认知冲突，引发质疑猜想，唤醒强烈的问题意识，从而发现和提出数学问题，解决数学问题。

（二）面向全体与关注个体差异相统一

聋校数学教学活动应努力使全体学生达到教学目标的要求，同时要关注学生的个

① 张丹：《小学数学教学策略》，18页，北京，北京师范大学出版社，2010。

体差异，满足学生多样化的学习需要，促进每名学生在原有基础上得到发展。因此，在聋校数学教学实施中，教师既要面向全体，又要关注个体差异。教师在教学设计时要在教学目标、学习情境、教学过程的展开、巩固练习的安排等教学环节，根据本班学生的实际情况，尽可能地分层与分类，要有针对性地进行个别教学和指导，最大限度地满足每名学生的学习需求。

教师还应从学生的听力程度、语言能力、智能水平、学习态度和习惯等实际情况出发，引导学生与他人合作交流，鼓励他们相互帮助，形成合作学习方式。对于学习有困难的听障学生，教师要给予及时的关注与帮助，鼓励他们主动参与数学学习活动，耐心引导他们分析产生困难或错误的原因，及时肯定他们的点滴进步，增强他们学习数学的兴趣和信心。

（三）运用现代信息技术让教学手段多样化

聋校数学教学实施要与时俱进，要合理利用现代科学技术和网络化、数字化信息平台，创造性地使用教材，让自己的教学手段多样化。如教师使用计算器、教具、多媒体课件、动态几何画板、微视频，让学生理解数学知识，探索数学规律。应用信息技术创设限制最少的数学教学环境，有利于学生克服沟通交流障碍。在应用现代信息技术的同时，教师应注重课堂教学的板书设计，实现学生的思维与教学过程同步。

需要注意的是，应用现代信息技术和设备只能起到辅助学生学习的作用，不能完全替代原有的教学手段。不提倡用计算机上的模拟实验代替学生能够参与的实践活动，也不提倡利用计算机演示代替学生的直观想象和对数学规律的探索。

▶第二节 聋校数学教学策略与方法

一、聋校数学教学策略

聋校数学教学策略是听障学生学习数学的规律性、原则性、方向性的方法。因为听障学生的数学学习受其语言发展的制约，在理解能力和抽象概括能力方面有其特殊性，所以教师要综合考虑听障学生的缺陷补偿与潜能开发，依据数学教学任务和目标，灵活运用教学策略。

（一）数学教学和语言教学相结合

由于听障学生的听觉障碍，语言发展严重滞后，对思维发展造成不利影响，因此语言教育也应贯穿于聋校数学教学的始终。[①] 数学本身具有独特的语言体系，不仅需要一般的阅读方式来理解数学中的文字，而且需要特殊的阅读方式来理解数学中的数与符号。教师既要培养提高学生一般文字的阅读能力，又要帮助学生提高对数与符号的理解与表达能力。教师还要通过发展学生的数学语言能力，促进其数学思维能力发展，进而最大限度地开发其潜能。

在教学中，教师要通过概念教学，重视关键词与符号的讲述，逐渐丰富学生数学语言词汇。通过数学定理、公式、法则的学习，学生能掌握数学语言的句法结构。教师的教学语言要简练规范，具有条理性。同时，教师要注意创设问题情境，多为学生提供双向互动的语言实践机会，让学生多看、多听、多说、多写数学语句，多展示自己的思维过程，提高学生的语言表达与交流能力，从而克服数学语言的理解、表达和转换障碍。

（二）形象思维与抽象思维相结合

有些学生在思考过程中，常常在分析事物时缺乏条理性和全面性，在进行比较时难以确定两个事物中的可比因素，在推理时混淆事物特殊性和一般性的区别，在判断时忽略必要的根据。他们往往习惯并依赖于形象思维，在抽象思维的发展上经常出现一定程度的迟缓和障碍。因此，教师在教学过程中应该根据学生的实际情况和思维特点，通过动作思维促进其从形象思维向抽象思维发展。

教学时，教师应该通过设计一些合适的数学活动，提供具体形象的事物或直观的教具、学具，引导学生认真观察、积极思考，促进其形象思维的发展。同时，教师还应该善于借助手语、辅具等的支持，利用几何图形直观描述和分析问题，引导学生经

① 顾定倩：《聋校课程与教学》，63 页，北京，北京师范大学出版社，2011。

历从具体事物(情境)到数学符号(结论)的抽象过程，帮助学生更好地发展抽象思维，积累思维活动经验。

（三）生活化与数学化相统一

生活化强调的是教师教学时要创设贴近学生生活实际的情境，选择其喜爱的素材，使他们感到亲切、易学，以便他们了解数学在日常生活中的广泛应用。数学化强调的是从学生已有的知识基础和活动经验出发，让其经历将实际问题抽象为数学模型并进行解释与应用的过程。

教师在教学时要确保生活化恰到好处。因为数学问题有的来自生活，有的来自数学本身，不必事事都要联系生活实际，而要实现数学教学的生活化与数学化的统一。

（四）接受学习与自主学习相结合

接受学习和自主学习都是有效的数学学习方式，前者强调的是学生有意义、主动地接受学习，而不是被动地死记硬背；后者强调的是学生主动、自觉自愿地学习。教师不能把它们对立起来，非此即彼。

《聋校义务教育数学课程标准(2016 年版)》指出，听障学生的数学学习是一个富有个性差异的多样化的学习过程。认真听讲、积极思考、动手操作、自主探索、合作交流等都是听障学生数学学习的重要方式。教学时，教师应根据学生的数学认知水平和思维特征，结合教学内容，充分发挥教师的主导作用，处理好接受学习与自主学习的关系。教师通过富有启发性的讲解，借助有效的教学手段和教学辅具，组织学生观察、思考、操作、实验、猜测、验证等，启发他们积极思考，引导他们动手操作、合作交流，鼓励他们自主探索。

二、聋校数学教学方法

聋校数学教学方法是上述教学策略的具体化，强调可操作性。选择数学教学方法时必须依据听障学生的一般认知规律、教材内容的特点以及本班学生的实际情况，还要考虑教师自身的特点和素养条件。

（一）讲授法

教师通过语言系统向学生传授知识的方法称为讲授法。这是课堂教学最基本的教学方法。这种教学方法的特点是教师系统地、有根据地讲解新的数学知识，描述事实，说明问题，解析概念和规律，论证原理等，有利于学生清楚地获得系统的数学知识，学到分析推理方法。

运用讲授法时，如果把学生单纯地当成知识容器，教师只顾一味讲解，而不顾学生理解，那就成了灌输式讲解，应当反对这种教法。如果教师在讲解时注意调动学生学习的主动性、积极性和创造性，使学生的思维活动与教师的讲解同步，则是启发式的讲解，这是我们提倡的教法。

（二）直观形象法

在聋校数学教学中，教师引导学生运用真实事物或标本、模型、图片以及动画课件等载体学习数学知识的教学方法称为直观形象法。这种教学方法是非常适合各学段学生学习数学的方法，特别强调直观形象事物的选择和开发。如学习“圆锥的体积等于与它等底等高的圆柱的体积的三分之一”时，教师需要为学生准备好相关的教具，通过倒水实践让学生理解并掌握知识。

教学时，教师要将直观教具放在学生面前合理的距离内，让学生既动手，又动脑，还动口，充分发挥多重感观的优势，实现数学知识的内化。

（三）情境教学法

情境教学法是教师通过学生喜闻乐见的方式，创设生动活泼的学习情境，把数学知识或思想寓于情境之中，激发学生的学习动机，从而使学生在强烈的学习动机的驱使下探索问题、获取知识、发展能力的方法。教师要联系教材内容，编出富有趣味的故事，或制作多媒体课件，或设计游戏活动，或进行实验探究，使学生产生身临其境的感觉，有效地调动学生数学学习的积极性，提高教学效果。

教学时，教师要明确选择情境教学法的目的是促进数学教学，而不是为了情境而创设情境。若情境设计不当，可能会造成学习主题不明，影响教学目标的达成。

（四）讨论法

讨论法是学生在教师的指导下，就某个问题进行适当讨论，以获得知识的一种教学方法。这种教学方法可以发挥学生的主体作用，活跃学生的思想和课堂氛围，培养学生的合作交流习惯，有利于学生在分析、比较各种意见中提高思维能力、语言表达能力，也有利于教师及时了解学生的反馈信息。

教学时，教师要注意讨论时间的控制与问题的逻辑顺序。这对教师的课堂组织能力有较高的要求。

（五）板演示范法

板演示范法是聋校数学教学中教师或学生在黑板(纸板)上演示做数学题，以便学生理解并巩固所学数学知识的教学方法。尤其是在教学计算过程、解方程(组)、解不等式(组)、几何证明等数学内容时，教师利用板演示范法既能展示解题的思路与法则的应用，又能规范书写格式与解题步骤。

教学时，教师要注意应用各种颜色的字体或符号，强调重要的数学知识点。这对教师的粉笔字、硬笔字、简笔画基本功和板书设计提出了较高的要求。

（六）练习巩固法

练习巩固法是教师根据数学教学目标的要求与学生的实际掌握情况，安排学生完成适当、适量的习题或作业，以便巩固知识、形成技能的教学方法。

教学时，教师要围绕目标精选习题，加强变式练习，反对题海战术与背诵习题的做法。

总之，任何教学方法必须为教师自己所掌握，才能发挥作用。在聋校数学教学实践中，教师要实现一节数学课所预设的教学目标，不能只应用某一种教学方法，而应把它们综合起来加以应用。即教学有法，但无定法，贵在得法，重在有效。

▶第三节

聋校数学教学评价与反馈

聋校数学教学评价是对教学活动及其效果的价值判断，聋校数学教学反馈是把教学产生的结果或评价结果反馈给施教者与学习者的过程。只有做好聋校数学评价与反馈工作，教师和学生才能及时了解教与学的现实状况，反思教与学的问题，为教与学提供改进方向，保证教学向预定目标稳步前进。

一、聋校数学教学评价

聋校数学教学评价是根据数学教学目标的要求，通过系统地收集有关信息，对数学教学活动的社会价值进行判断的过程。① 聋校数学教学评价既有对学生“学”的评价，又有对教师“教”的评价。其主要目的是全面了解学生数学学习的过程和结果，激励学生学习数学和改进教师的数学教学。

本节主要介绍对听障学生数学学习的评价。聋校数学教学评价应以数学课程目标和内容为依据，体现数学课程的基本理念，针对每个学段听障学生的学习特点，结合个别化教学计划，全面评价听障学生在知识技能、数学思考、问题解决和情感态度方面的表现。

（一）数学学业成绩评价

数学学业成绩评价是以测量的结果为依据，确定学生当前的数学学业水平的评价。这种评价具有复杂性，是通过编制测试题测试学生，试图让学生把内在的知识与技能、过程与方法外显为可以测量的解答过程，从而推断出其知识、思想与方法的形成过程。② 如数学测试、单元测验、期中或期末考试以及中考或高考等都属于数学学业成绩评价。

数学学业成绩评价的目的是让学生认识自我，反思学习过程与方法，明确后续学习的方向，培养积极向上的学习态度。同时，它还旨在让教师全面了解学情，及时反馈教学成效，不断提高教学质量。这类评价主要以笔试为主，还可以采取开卷与闭卷的形式。下面介绍编制数学试题时教师应当注意的事项。

对于学生基础知识和基本技能达成情况的评价，教师必须准确把握数学课程标准的要求。例如，对于有关数学知识的考查，如果内容标准的要求是“了解”，并不要求

---

① 葛玉飞：《聋校数学课堂教学论》，206 页，香港，中国文化出版社，2009。

② 教育部基础教育课程教材发展中心：《小学数学教师专业能力必修》，151 页，重庆，西南师范大学出版社，2012。

应用这个知识解决其他问题，教师在设计测试题目时应符合这个要求。

在设计试题时，教师应该关注并且使试题体现数学课程标准中提出的十个核心词：数感、符号意识、空间观念、几何直观、数据分析观念、运算能力、推理能力、模型思想，以及应用意识和创新意识，尽量体现数学课程理念。教师要注重考查学生对数学本质的理解，能否在具体情境中合理应用，淡化特殊的解题技巧，不出偏题、怪题。

教师要根据评价目的合理设计试题类型，有效发挥各种类型题目的功能。例如，为考查探究能力，教师可以设计探索规律的问题；为考查解决问题的能力，教师可以设计具有实际背景的问题；为考查创造能力，教师可以设计开放性问题；为考查解题过程的严谨性，教师可以设计改错性问题。

（二）数学表现性评价

数学表现性评价是指教师对学生在接受数学学习任务时所表现出来的成就进行的评价。数学表现性评价是形成性评价的一种，它将评价过程与日常数学教学自然地融为一体。[①] 这种评价的主体可以是多元的，既可以是教师或家长，又可以是同学或学生本人。数学表现性评价包括日常表现评价、课堂观察、作业评语、错题订正、数学实践活动、数学日记等。

下面以课堂观察为例，说明数学表现性评价的使用。数学课堂观察表主要用于记录学生在数学课堂中的表现，以便综合了解学生的数学学习表现以及变化情况，如表 15-1 所示。观察表中的项目可以根据实际需要自行调整，用于随时记录学生在数学课堂教学中的表现。教师可以每天有计划地记录几名学生的表现，保证每学期对每名学生有 3～5 次的记录；还可以每天根据实际情况记录某些学生的特殊表现，如提出或回答问题表现出色的学生、在某方面表现突出的学生、在某方面需要改进的学生。经过一段时间的积累，教师对于学生平时数学学习的表现就会有一个较为清晰具体的了解。

① 教育部基础教育课程教材发展中心：《小学数学教师专业能力必修》，155 页，重庆，西南师范大学出版社，2012。

表 15-1　数学课堂观察表

上课时间：＿＿＿＿＿＿　　内容：＿＿＿＿＿＿

项目	生 1	生 2	生 3
课堂参与			
提出或回答问题			
合作与交流			
课堂练习			
知识技能的掌握			
独立思考			
其他			

说明：记录时可以用 3 表示优，用 2 表示良，用 1 表示一般，等等。

总之，评价伴随数学教学的全过程，评价方法与方式要根据评价目的和内容灵活选择与应用。教师要采用多样化的评价方式，如差异性评价、延迟性评价等，不仅要关注学生的学习结果，更要关注其在学习过程中的发展和变化。其目的是发挥评价的激励作用，促进学生的全面发展。

二、聋校数学教学反馈

聋校数学教学反馈是把评价结果反馈给学生与教师的过程，既要反馈学生数学学习达到的水平和存在的问题，又要反馈教师教学中取得的成绩或存在的不足。其目的是适时调整和改进数学教与学的内容与方法。

本节主要介绍对听障学生数学学习的反馈。因此，聋校数学教学反馈是对听障学生所完成的数学任务给予反馈信息的过程。结果型任务反映的主要是对与错，过程型任务反映的主是有效与无效。反馈形式要多样化，可以是分数或等级、评语、描述性报告、成绩报告单等，可以是口头形式或书面形式，也可以是直接或间接反馈。如家长会就是一种常见的口头形式反馈，微信、书信、评语等是书面形式反馈。聋校数学教学反馈要具体明确，不要把反馈等同于表扬或批评，不要把反馈定位成指导。①

① 王凯：《反馈何以有效：对当前课堂教学评价的新思考》，载《教育科学》，2011(3)。

（一）试卷讲评课

教师不能只向学生反馈测试的成绩，还应当对数学成绩进行统计分析，对学生出现的错误进行有效归因与专题讲评，要让学生获得积极的情感体验。试卷讲评课是聋校数学教学反馈的一种主要形式，目的是点评测试中所反映出的优点和存在的问题，反思学习现状，改进学习方法，提升学力水平。试卷讲评课反馈的内容有测试成绩点评、典型错题讲解、学法指导、错题订正与反思、针对性练习等。

（二）错题反馈课

教师经常安排练习题，利用批改作业的形式进行教学反馈。当学生的作业出现具有代表性、共同性的错误时，教师有必要安排错题反馈课。首先，教师要结合教学内容与进度，把学生的错题进行详细的归类整理，明确类型，形成模板。反馈内容可包括原题、错误的解答、错误的原因分析、正确的解答方法或思路等。其次，教师要向学生传授错题整理的方法，授人以渔。最后，教师安排学生进行有针对性的练习。

总之，在聋校数学教学反馈中，教师一定要根据听障学生的实际情况，结合他们的心理特征“对症下药”，多给予肯定性评价反馈，尽量减少否定性评价反馈。

单元小结

本单元从聋校数学教学设计与实施、策略与方法、评价与反馈这三个层面论述了聋校数学教学过程。其中聋校数学教学目标主要是培养听障学生的数学素养。聋校数学教学内容包括数与代数、图形与几何、统计与概率、综合与实践四个领域，并根据学段逐步加深，螺旋上升。聋校数学教学设计的内容包括教材、学情、教学目标、教学重难点、教学过程等方面。聋校数学教学方法包括讲授法、直观形象法、情境教学法、讨论法、板演示范法以及练习巩固法等主要教学方法。在进行聋校数学教学评价的过程中，教师要遵循评价类型多样、方式灵活等原则；在进行聋校数学教学反馈时，教师要遵循灵活性、针对性等反馈原则。

讨论与探究

1. 聋校义务教育数学课程目标包括哪些方面？

2. 聋校义务教育数学课程内容包括哪些方面？

3. 聋校数学教学方法有哪些？

4. 聋校数学教学实施中有哪些注意事项？

5. 结合听障学生的身心发展特点谈谈对聋校数学教学策略的理解。

6. 以聋校数学教材二年级下册“角的初步认识”为例，选择恰当的教学方法，设计一份教案。

阅读资料拓展

1. 教育部基础教育课程教材发展中心：《小学数学教师专业能力必修》，重庆，西南师范大学出版社，2012。

2. 葛玉飞：《聋校数学课堂教学论》，香港，中国文化出版社，2009。

3. 田寅生、徐梅娟：《浅谈聋校数学教学设计的理念变化与实施策略》，载《现代特殊教育》，2020(17)。

4. 张丹：《小学数学教学策略》，北京，北京师范大学出版社，2010。

5. 顾继玲：《理解教材，研究学生：中学数学教学设计》，北京，北京师范大学出版社，2015。

教学设计案例

两位数进位加法

第十六单元　聋校历史教学

单元导学

当今世界正在发生巨大的变化，中国正在发生广而深的变革。在聋校历史课程学习中，听障学生通过了解和认识人类社会的发展历程，能更好地认识中国和当今世界；能学会从历史的角度观察和思考社会与人生，逐步树立正确的世界观、人生观和价值观，提高综合素质，得到全面发展。历史学习可以提高听障学生的人文素养，对听障学生的全面发展和终身发展有重要的意义。因此，我们要充分认识聋校历史教学的重要性，也要充分认识到听障学生学习历史的特殊性。教师要聋校根据《聋校义务教育历史课程标准(2016 年版)》以及听障学生的认知特点和学习心理，传授聋校历史教学内容，提升聋校历史教学水平。

学习目标

1. 熟悉聋校义务教育历史课程目标与内容，认识聋校历史教学的价值。

2. 能够根据聋校义务教育历史课程目标与内容进行教学设计与实施，并掌握教学设计的要素，领会教学实施过程。

3. 掌握聋校历史教学方法，把握教学过程的要领。

聋校义务教育
历史课程标准解读

单元思维导图

- 聋校历史教学
  - 聋校历史教学设计与实施
    - 聋校历史教学设计
    - 聋校历史教学实施
  - 聋校历史教学方法与运用
    - 讲述法
    - 讲解法
    - 谈话法
    - 演示法
    - 史料研习法
    - 阅读法
  - 聋校历史教学评价与反馈
    - 聋校历史教学评价
    - 聋校历史教学反馈

▶第一节 聋校历史教学设计与实施

一、聋校历史教学设计

聋校历史教学设计指以获得最佳的历史教学效果为目的，在研读历史课程标准，整合历史教学内容的基础上，根据学生的历史学习特点拟定历史教学目标、分析历史课堂教学问题、设计历史教学过程和历史教学评价以形成教学方案，并对方案进行修正的过程。聋校历史教学设计主要包括分析教学内容、分析学情、设计教学目标、设计教学过程。

（一）分析教学内容

历史教材的知识结构是由几个单元构成的历史纵向线索。历史教材目录呈现了全书的知识结构，使得内容线索清晰。了解每一课在纵向线索中的位置，对纵向线索的理解是每一课设计到位的前提。聋校历史教材以单元为专题的组织形式，由一个单元构成一个专题。在专题教学中，教师要明确教学目标，厘清线索，编排形式，整合内容，使课时教学设计能够保证专题的基本线索一致，形成整体—局部、宏观—微观、专题—课时的关系，才不会使学生产生片面的认识。分析教学内容时，教师需要将课程标准中对一节课的相关规定和教材的内容进行对照分析，确定教学的基本线索和知识逻辑，构建起课堂教学的知识体系。特别要注意删减一些超出学生理解能力的内容。教师要依据不同的知识结构来设计教学，可以把具有共性的内容放在一起讲，然后再讲具有个性的内容；分析教材重点时应该找到因果的整合性和因果的内在联系，形成完整的历史叙述；对专题类型结构的内容进行教学设计时可以把多个内容设计成一个有内在联系的整体。

（二）分析学情

学情分析也称为历史学习者分析，是指教师通过观察、访谈、调查、测验等方法对学习者的智力因素、非智力因素等方面的已有状态、潜在状态和差异状态的诊断和评估。[①] 学情分析可以从宏观和微观两个方面进行。宏观的学情分析是对学生历史学习现状的整体分析，可以根据特殊教育心理学理论以及特殊教育教师的经验，以问卷调查、访谈等形式来分析，侧重了解全体学生具有的共性学习现状；微观的学情分析，即某一节课的学情分析，需要在了解宏观学情的基础上，通过同样的方式来分析，侧重于对特定班级授课对象在某个历史内容上的已有知识基础和学习兴趣方面的分析。听障学生的学习进度一般落后于普通学校学生 2～3 年，学习深度明显浅于普通学校学生；部分聋校义务教育阶段使用普通学校教材，听障学生对知识的掌握程度远远不如同龄健听学生掌握得牢固，对知识的理解也达不到健听学生的深度；听障学生的学习习惯和学习方法也不如同龄的健听学生；有些听障学生表现出学习没有计划，不爱复习，采用单一“背”的学习方法，看重学习结果，不重视学习过程。[②] 有些听障学生的课外阅读量少，阅读水平低。历史学科目前不作为高考考查科目，当然不排除个别听障学生对历史有浓厚兴趣，因此对听障学生的非认知因素分析显得尤为重要。

（三）设计教学目标

聋校历史课程内容标准规定了通过具体历史内容的学习要实现的标准，比课程标准要具体一些。在进行教学设计时，教师要理解聋校历史课程标准中课时—单元—板块的关系。教师需要根据聋校历史课程标准、学情以及自己对内容标准所涉及的历史知识的理解来设计教学目标。聋校历史课程标准强调在陈述目标时要把行为主体(学生)省略，而历史教学目标应该以学生的学习结果为基础。教师要充分理解并用具体、明确的动词来表述学生的学习行为，才能够对学生的学习水平做出准确的判断。适用于普通教育的教学参考用书和互联网上的教学资源极为丰富，但有些历史教学目标没有根据聋校相关实际设定，难以保证教学评价的一致性。设计教学目标时，教师需要从三维目标的各个维度对课堂教学目标进行分条、规范的表述，既要处理好课程标准对课时内容的基本设定，又要考虑学生的认知特点和可用的教学资源；充分挖掘相关

① 薛伟强、范红军、陈志刚：《中学历史课程与教学概论》，92、101 页，北京，北京师范大学出版社，2019。

② 李慧聆、周文彬：《聋生心理健康教育的理论与实践》，121 页，长春，东北师范大学出版社，2011。

史实所隐含的情感、态度、价值观的内容，与学生的能力培养和方法训练结合起来，细致考虑实现教学目标的情境、条件、手段和程度，保证可操作、可评价。

（四）设计教学过程

历史教学过程设计是对一节完整历史课的教学活动及其意图的设计。根据教学内容，教师可以把教学过程分为几大部分，把教学活动、媒体列出来并说明设计意图。一节历史课一般要实现多个教学目标，需要把几个教学事件合并在一起；也可以将几个教学目标涉及的教学事件合并。合并教学事件使得教学设计优化，是教学过程的重新整合，并不是减少教学事件。教师可以按目标或学习内容把多个教学事件组合在一起，可以将学生的认知过程作为主线，也可以将学习内容本身的逻辑顺序作为主线。

| 案例 |

在人教版聋校历史教材九年级“古代两河流域”一课的教学中，教师引导学生阅读古代两河地域地图，思考：两河流域在什么地方？两河指的是哪两条河？两河流域的地理环境怎样？这个教学事件同时实现知识目标“知道两河流域的地理位置”和方法目标“初步学习根据图例观察地图，提取历史信息”。如果我们去细化这个教学事件，可以分为：历史地图分析的回忆—呈现材料—提供学习指导—引出学生的行为表现—提供反馈事件。

二、聋校历史教学实施

当前历史教学实施转向了以学生为中心，历史思维能力培养占据主导地位，授受式教学模式的教学结构演变成整理史实、问题探究和思维拓展三个核心教学环节。而活动式教学模式的核心思想是学生对教学活动的积极主动、全面参与，历史研究性的学习活动是其在历史教学领域的成功运用。[①] 王雄主张历史教学要培养学生的思维能力；把教学内容按三类教学目标进行分类，形成以“问题解决”为中心、以“观念的理解

① 薛伟强、范红军、陈志刚：《中学历史课程与教学概论》，121页，北京，北京师范大学出版社，2019。

与应用”为中心和以“方法的掌握与应用”为中心的三类不同的教学模式。[①] 历史教学实施是对教学设计的检验，教学技能决定了教学设计的实施效果。薛伟强在《中学历史新课程教学技能训练》一书中指出，历史教师除了应该具备一般的教学语言和讲授、过渡、提问、结课这几种教学实施技能外，还必须掌握史料选取和运用、历史教学情境创设、历史学习方法指导等特殊技能。[②]

在聋校历史教学实施中，手语的局限性凸显，学生对历史概念中较抽象概括部分的表达显得力不从心。受聋人文化的价值取向影响，有些学生缺少学习历史学科的兴趣。虽然形象具体的手语便于学生记忆，但有些学生认为把历史知识记住了就是学好了历史，缺少记忆方法，学习自我效能感低。有些初中学生仍偏向于接受学习，缺少创造性和批判性学习。《聋校义务教育历史课程标准(2016 年版)》强调“注重对基本史实进行必要的讲述”。因此，历史知识仍是聋校义务教育历史教学的基础，教师可以精要高效地传递系统知识。教师的教授活动根据教学内容和目标需要，可以分为讲读、讲解、讲评、提问、倾听、引导、反馈等形式；学生的学习活动包括听(看)讲、阅读、思考、记录、练习等接受式活动，还可以包括谈话、讨论、问题探究、史料研习、参观、访问调查等参与式活动。

在聋校历史教学实施中，教师要注意一些历史概念、地理名称、人名的表现方式，特别是手语工具书中缺少的词汇，在造词时尊重学生的意见。有些学生学习的自主性较弱，依赖性较强，教师在聋校历史教学实施中应加强对学习方法的指导，如让学生学习归类记忆法，学习如何在教材中找关键词句，学习绘制知识结构图等。在活动式教学当中，教师应注意对学生活动的监控，活动结束后要进行及时的总结，明确学习内容，对学生活动的评估要以肯定为主。例如，学生在调查研究及报告写作等方面存在不足，教师在教学实施时要充分考虑学生的发展水平。

聋校义务教育历史学科通史的涵盖范围比较广泛，时间跨度也比较大。在教学实施中，有些学生容易将诸多历史人物、事件和现象混淆，难以梳理历史的发展脉络，

① 王雄：《王雄的中学历史教学主张》，106～112 页，北京，中国轻工业出版社，2015。

② 薛伟强：《中学历史新课程教学技能训练》，6～7 页，北京，北京师范大学出版社，2020。

不利于整体把握历史。有些学生自我中心的特征比较明显，难以体会历史人物的动机、价值观、信仰和心态。聋校历史课一般安排每周两节，课时总量较少。历史学科目前不作为残疾人的单招单考学科，所以学生对知识的准确性掌握不必过分强调，而学生思维能力的培养却不能忽视。认识和把握历史的本质必须通过抽象和逻辑思维来完成，而初中学生处于形象思维为主的阶段，培养其历史思维能力有较大的困难。教师在教学实施中注重课时—单元—板块间的过渡，在纵向、横向上整合历史知识，注意比较方法的使用，用图示的方式直观地呈现，多引导学生理解历史阶段特征，整体上把握历史；注重学生因果思维能力的培养，逐渐提高学生的抽象思维水平。

▶第二节 聋校历史教学方法与运用

《聋校义务教育历史课程标准(2016 年版)》对教学实施的建议是“提倡教学方式、方法和手段的多样化”。根据教学目标、教学内容的特点，考虑到听障学生的身心特征，在现有的教学条件下，教师要将讲述、讲解、演示等与听障学生的观察、史料研习、讨论、问题探究等结合起来，注重现代信息技术与历史教学的整合。教师通过生动形象的手语和口语，可以使听障学生形成历史表象和概念，并以此为基础理解历史现象，进而把握历史规律，从而在思想上受到感染和教育。具体的教学方法如下。

一、讲述法

在聋校历史教学中，讲述法是指教师通过双语向学生传递历史信息，完整具体地说明其发生发展过程，在讲述中激发学生的兴趣，唤起他们的激情和想象，保证他们清楚地了解具体的历史状况的教学方法。讲述法适用于史实性知识的学习，包括历史事件的背景、经过和结果等。在聋校历史教学实践中，叙述法和描述法两种方法要经常交替使用。叙述时手语要简洁、完整，描述时注意表情、肢体动作与手形的配合。

另外，为了勾勒历史的全貌和发展顺序，对非重点内容要使用概述法讲授，概述法也适用于教学内容之间的过渡与衔接。

二、讲解法

讲解法指教师运用语言对某些历史事实进行分析，科学论证以达到揭示事物本质及规律的目的的教学方法。讲解法适用于讲授知识性强、情节少、情感因素少的内容，如分析经济制度、条约等。[①] 在聋校历史教学实践中，教师在对史实的基本讲述的基础上，要注重说明历史事件的因果关系，深入讲解历史事件的性质及影响等一些规律性的历史知识。教师通过讲解帮助学生形成历史概念，理解历史知识，认识历史发展的规律，引导他们进行逻辑思考，切实提高他们分析问题和解决问题的能力。比如，教师在首次接触某历史概念和专有名词时给学生做一些必要的释义和说明；在对历史事件、历史现象的各个方面进行具体分析的基础上进行综合，使学生形成对历史事件、历史现象的总体认识；通过比较和类比让学生认识多个有关联的历史事件、现象的异同及其关系，对比各种历史事物，找出它们的本质特点和共同特征。

三、谈话法

谈话法是教师根据学生已有的知识经验，设计一系列相关联的问题，通过师生间的谈话引导、启发学生思考，帮助学生理解和掌握新知识的教学方法。运用它的前提是全体或部分学生对此问题已有了某些了解。教师利用检测性谈话法可以在讲新课之前帮助学生温习旧知识，依据新、旧知识之间的内在逻辑关系，通过一系列问题引出新课题；在讲授新课时，教师可以围绕某个教学重点组织一系列问题进行启发性谈话，使问题答案紧紧相扣，使新知识逐步呈现，让学生逐步接受新知识；为了帮助学生消化、巩固已学的新知识，或者在新课中对有关旧知识做必要复习时，教师可以运用巩固性谈话法和检测性谈话法帮助学生系统总结和复习学过的知识，检查学生掌握知识的情况，了解学生学习方面存在的问题。由于听障学生的记忆呈现“记得慢，忘得快”

---

① 郑林：《中学历史教学论》，114页，北京，高等教育出版社，2020。

的特点，教师在教学中要注意复习导入，设计浅层问题指导学生预习自学，注重问题的系统性，并使用练习性和概括性谈话法进行结课。

四、演示法

听障学生在学习中的视觉优势明显，直观的演示教学能帮助听障学生理解较为复杂、难以想象的历史事件和历史现象。教师在教学中通过各种方式，借助历史实物、复制的模拟历史文物以及历史图片，向听障学生展示并加以说明和解释，使他们通过观察获取知识。历史地图在创造和再现历史情境方面特别有效，作为以图形的方式反映历史现象的空间位置和地理环境的工具，为学生提供了理解历史知识的空间形象。而包括历史年表、历史比较表和历史统计表等在内的历史图表，能够把复杂的历史现象或概念简单化、条理化、形象化，利于学生理解。在信息技术发达的当下，历史题材的视频资源容易获得。其中纪实类的历史题材视频资源在聋校历史教学中发挥着重要的辅助作用，如都江堰水利工程动画。

五、史料研习法

在聋校历史教学中，教师要运用史料阐释历史，让学生以史料研习为基础进行探究活动，帮助他们了解历史研究成果是怎样形成的。教师利用史料研习法使历史教学的过程成为一种对历史事实的认识过程，也可提供历史情境让学生进行历史思维训练。教师要提供与所学教材中的知识直接关联、类型多样化、观点多面化的史料，用于佐证教材中的观点，加深学生对历史知识的理解。对于文字性材料，教师要设置探究性问题，引导学生思考、理解、运用，培养其综合能力；引导学生挖掘表格性材料中枯燥数据的深层内涵，加深对教材的理解，以提升学生的综合素质。如了解抗日战争中中国各方面的损失数据，认识战争的残酷性和破坏性，激发学生热爱和平的情感。

六、阅读法

历史学科内容博大精深，学生在学习时仅依靠教师在历史课堂上的讲解是远远不够的。学生可以在课外活动时间根据自己的兴趣，自由选择阅读内容，拓展历史知识。教师可以精选推荐视频号、微信公众号等上的电子资料作为学生的阅读材料，让他们了解与历史相关的作品和著作。教师可以提供展示阅读成果的机会，督促、检查学生的课外活动实践，加深他们对所学历史内容的理解。

▶第三节 聋校历史教学评价与反馈

对听障学生的历史学习进行评价是聋校历史教学实施的重要环节。教师要将历史教学评价结果及时反馈给听障学生，注重对评价结果的解释，多肯定他们的进步。

一、聋校历史教学评价

聋校历史教学评价应以《聋校义务教育历史课程标准(2016 年版)》为依据，注重教学目标和评价的一致性，运用科学、可行和多样的评价方式。在聋校历史教学实践中，教师要从以下方面进行评价。

第一，在教学活动开始前，教师以导学案的方式设计一系列的问题，借助导学案的完成情况对学生的学习准备程度做出评价，以此为基础来选择教学策略和设计教学评价。导学案关注学生学习新课时的预备知识和技能情况。当学生已经具备一定历史知识和技能且没有获得预期的成果时，教师则按计划进行新课学习。当多数学生的课外阅读内容和量不足以支持其顺利进入历史课程学习时，教师需要对预备知识做补充。

第二，安排在历史课堂小结后的课堂练习，主要是知识与能力方面的评价。教师在课时结束环节设计简单的小测验，检查学生对历史知识、事件和现象的掌握情况，及时对他们进行指导，帮助他们达到预期的学习目标。如果通过课堂练习发现学生对教学内容未掌握，还要进入诊断性评价环节，更深入地探查学生未掌握学习内容的原因，帮助他们改进学习。课堂练习可以设计为客观性试题和主观性试题两类，通常有单选题和材料解析题。

案例

以人教版聋校历史教材九年级上册第三课“古代印度”的教学为例，课堂练习题为：古代印度有一户人家，有自己的住房，在城市开了一家店，同时销售自己手工制作的衣服。你认为这户人家所属的等级是(　　)。

A. 婆罗门　　B. 刹帝利　　C. 吠舍　　D. 首陀罗

此题对应的内容标准是“知道种姓制度和佛教的创立，了解古代的印度社会”，教学目标为“知道印度种姓制度”。此例中听障学生要读懂题干，获取“销售”“手工制作的衣服”等有效信息，联系已学知识“印度种姓制度将印度人分为四个等级，农民、牧民、手工业者、商人属于第三等级吠舍”，进行推论：这户人家的成员可能是手工业者、商人，属于吠舍级。

第三，传统的纸笔测试不能用于考查复杂的学习成果，需要用表现性评价来考查。如用表现性评价考查收集、整理史料的能力。表现性评价需要系统的设计才能发挥更有效的作用。这要求教师根据评价指标设计相应的评价量表，利用量表对学生进行施测，做出对学生学习成效的判断。评价量表中评价指标的陈述要意义明确且简洁。实践中为了便于统计，教师要将文字描述转述为数字形式。评价量表可以由教师施测，也可以让听障学生自评或互评。表 16-1 为收集历史资料的评价量表。

表 16-1　收集历史资料的评价量表

评价指标	非常符合	基本符合	不符合
1. 与本课、本单元的学习内容相关	3	2	1
2. 资料形式多样(图片、照片、网页、著作等)	3	2	1
3. 资料上准确地标注了出处、来源	3	2	1
4. 按一定的逻辑关系进行了归类整理	3	2	1
5. 说明了资料与主题的关系	3	2	1
总体评价(平均分)	3(优秀)	2(合格)	1(需努力)
评语： 评价人(签名)：			

第四，过程性评价可用于评价学生的学习动机、学习过程和学习结果。《聋校义务教育历史课程标准(2016年版)》指出："评价要注重对聋生学习过程的整体评价。"过程性评价是对学生的学习动机、学习过程和学习结果三位一体所进行的评价，主要以"过程与方法""情感态度与价值观"的目标达成为主。[①] 对于学习自我效能感低、对教师依赖性强的学生来说，把学习过程与评价过程结合在一起，及时反馈评价结果，促使他们反思、调整学习过程，改进学习方法，可以提高他们的学习效率和达成学习目标。在聋校历史教学过程中，教师要有目的地观察学生的行为表现，全面评价他们历史学习的成效。相关学科教师也可以评价学生关于历史认识的迁移情况。

第五，总结性评价用于检验学生的学习是否达到了历史教学目标的要求，是对学生所取得的成绩做出的全面鉴定。总结性评价一般在学期末实施，采用考试法。教师要根据聋校历史教学目标的要求，按照学生的学习内容自行设计和编制测验试卷。因历史知识面广，一张试卷难以包含所有需要考核的知识点和能力，测验只是知识与能力的抽样。在聋校历史试卷的编制过程中，教师要设计恰当的测验题目。题目类型常以单项选择题、填空题、连线题、判断题(是非题)、改错题等客观题为主。综合考查理解、分析、概括及书面语表达能力的主观性题目，如名词解释、材料解析题等要少而精，否则易影响聋校历史测验目的的达成。

二、聋校历史教学评价反馈

在聋校历史教学实践中，教师要分析处理利用各种评价手段所获得的信息，并向学生解释学业评价结果。反馈与解释评价结果的，教师要更多地肯定学生，重视学生在知识掌握、能力发展、方法运用、问题解决及表述等方面能力的提高，关注学生学习过程中的合作讨论、情感态度等方面的变化。历史教师要加强与其他学科教师的交流，将其他学科教师对相关知识能力迁移的评价反馈给学生，激发学生学习历史的内在动力。对评价结果的反馈要及时、明确，以帮助学生对学习过程进行反思，积累学习历史的方法，增强他们学好历史的信心。

---

① 薛伟强、范红军、陈志刚：《中学历史课程与教学概论》，317页，北京，北京师范大学出版社，2019。

单元小结

聋校历史课程是义务教育阶段听障学生必修的基础性课程，但是由于听障学生的历史基础知识、学习方式有所不同，因此有效地开展历史教学是关键。本单元从聋校历史教学设计与实施、方法与运用、评价与反馈这三个层面论述了聋校历史教学过程。其中聋校历史教学目标包括总目标和具体目标。聋校历史教学设计环节包括分析教学内容、分析学情、设计教学目标、设计教学过程这四方面内容，教学实施需要注意活动式教学模式中教学语言、学生活动指导和历史思维能力的培养。掌握聋校历史教学方法以及评价与反馈原则，有利于历史教学活动的开展。

讨论与探究

1. 聋校历史课程目标与内容包括哪些方面？

2. 聋校历史教学方法有哪些？

3. 结合听障学生的身心特点谈谈史料研习法在教学实施中的运用。

4. 以人教版聋校历史教材八年级上册《经济与社会生活的变化》为例，选择恰当的教学方法，设计一份适用于听障学生的教案。

阅读资料拓展

1. 薛伟强：《中学历史新课程教学技能训练》，北京，北京师范大学出版社，2020。

2. 郑林：《中学历史教学论》，北京，高等教育出版社，2020。

教学设计案例

古代埃及

第十七单元　聋校沟通与交往教学

单元导学

听力损失导致学生的语言发展滞后、语言交往环境缺失，严重影响他们沟通与交往能力的发展。聋校沟通与交往课程对于发展学生的语言，减少学生因听觉损伤造成的沟通交往障碍，提高学生的沟通交往能力，促进他们适应社会生活具有重要意义。全面深刻地认识聋校沟通与交往课程的性质，掌握课程目标和内容是组织开展教学活动的基础。教师应充分理解、掌握《聋校义务教育沟通与交往课程标准(2016年版)》中的相关内容，从学生的身心特点出发，创设情境，采用恰当的教学策略和方法组织教学，提高聋校沟通与交往教学质量，以满足学生的全面发展、融入社会的需要。

学习目标

1. 掌握聋校义务教育沟通与交往课程目标，熟悉各学段的教学目标与内容。

2. 掌握聋校沟通与交往教学设计的流程，能根据教学目标和内容进行教学设计。

3. 了解聋校沟通与交往教学方法，把握教学过程的要领。

4. 了解聋校沟通与交往教学评价与反馈的原则。

聋校义务教育沟通与交往课程标准解读

单元思维导图

- 聋校沟通与交往教学
  - 聋校沟通与交往教学设计与实施
    - 聋校沟通与交往教学设计
    - 聋校沟通与交往教学实施
  - 聋校沟通与交往教学方法与运用
    - 情境教学法
    - 互动交流法
    - 表演演示法
    - 设问启示法
    - 双语教学法
  - 聋校沟通与交往教学评价与反馈
    - 聋校沟通与交往教学评价
    - 聋校沟通与交往教学反馈

▶第一节
聋校沟通与交往教学设计与实施

听觉损伤导致听障学生的语言发展迟缓，进而影响听障学生沟通与交往能力的发展。教师要根据听障学生的特点、课程标准、教学内容设定适合听障学生的教学目标，选择恰当的教学方法，组织实施教学。

一、聋校沟通与交往教学设计

聋校沟通与交往教学设计同聋校的其他课程，甚至普通学校课程的教学设计步骤是相同的，都包含分析教学对象、分析教学内容、确定教学目标、明确教学重难点、梳理教学过程、进行教学总结与反思等步骤。聋校沟通与交往教学设计的特点在于关注听障学生的差异性和沟通交往能力的发展性，注重教学活动的开放性和学习过程的实践性，引导听障学生掌握、尊重多种沟通方式，实现沟通交往能力的发展。

（一）分析教学对象

充分分析教学对象是教学设计的起点，是确定教学目标的基础，是整个教学设计中最重要的环节。对听障学生进行分析可以从以下几个方面入手。

1. 听力状况

听力水平直接决定了听障学生日常交流中使用的主要沟通方式，决定了其口语方面发展的目标。例如，一名任何助听设备都没有佩戴的一年级学生，他(她)的主要交流语言是手语。教他(她)对某类声音进行“辨识、理解”和使用口语对话等教学目标很难达成。如果是一名佩戴了电子耳蜗的学生，教师就需要根据他(她)的情况确定口语方面的相关目标。

2. 语言能力

语言能力包括使用口语、手语、笔谈等开展沟通与交往的语言运用能力。语言能力与教学目标密切相关。例如，同样是没有佩戴助听器和听力损失程度在 110 分贝以上的一年级学生：A 出生在聋人父母家庭，入学时就能使用手语与父母进行日常沟通；B 出生在听人父母家庭，入学时只能通过比画与父母进行简单交流。在进行教学设计时，教师将教学目标都定位在学段目标中“能看懂、理解常用手语词句”显然是不适合的。

3. 心理状况

外向型的学生在沟通交往中更积极主动，哪怕听力状况不佳，语言能力不强，但在沟通交往时也表现得非常积极。内向型的学生即使能使用口语、手语与教师单独交流，但在课堂上不积极，害怕在人多的时候表达自己的想法。不同性格类型的学生沟通交往的目标是不同的，教师选用的教学方法也应是不同的。

4. 学生层次

在班级集体教学中，进行沟通与交往教学设计时，教师还要对班级学生进行分层，综合考虑其听力状况、语言能力、心理状况等多种因素，根据教学的需要将其分成不同的层次，以便设定分层目标进行分层教学。

分析教学对象时，教师还可以围绕知识掌握情况、能力发展状况、已学内容的掌握情况、将要开展的教学活动等维度进行分析。总体来说，在开展任何教学活动之前，教师都要对教学对象的情况了然于心。

（二）分析教学内容

教学内容是学生应掌握的知识、技能，应该获得的思想、观点以及行为习惯的总和，是落实教学目标的载体。教材是教学内容的主体，但教学内容不限于教材。分析教学内容有助于教学目标的达成，做到有的放矢。分析教学内容包括研读教材、把握教材、挖掘教材、拓展教材几个主要方面。

1. 研读教材

研读教材就是从整体上分析聋校沟通与交往教材的编排原则、体例结构、编排形式、内容选择的特点以及学段教学内容之间的联系等。同时，研读教材配套的教师用书可以达到事半功倍的效果。

2. 把握教材

把握教材是在研读教材的基础上将编排原则、体例结构等内化于心，对每一本教材的主题、单元主题下的交往话题、话题情景、练习活动设计的目的等了然于心。

3. 挖掘教材

教师要教得好，要使学生从中获益，需要善于运用教材。聋校沟通与交往课程是一门具有实践性的课程，对应的教材以主题单元的方式呈现教学内容、设计体验性活动。教师在使用沟通与交往教材的过程中，不要拘泥于教材提供的情景，不应将学生局限在教材安排的"听一听""演一演"等活动中，要根据学生的情况融会贯通，要使用教材来教，而不是教教材。

4. 拓展教材

聋校沟通与交往课"在合理安排基本课程内容的基础上，给学生和教师留有开发、选择的空间，也为聋生留出选择和拓展的空间，以满足不同聋生学习和发展的需要"。[①] 教师要根据学生的生活实践引导学生发展沟通交往能力，要突破教教材、在课堂教、在学校教的思维，调动家长、社会的力量，充分利用各类教学资源，开展真实的体验活动，让学生在真实的交往情境中提升沟通与交往能力。

（三）确定教学目标

教学目标是教学设计的"灵魂"，所有的教学方法和策略都是围绕教学目标选择的。但不得不说，确定聋校沟通与交往教学目标是非常不容易的——要考虑教学对象的复杂性、教学内容的灵活性和开放性等。但设定聋校沟通与交往教学目标也是有章可循的。首先，研读聋校沟通与交往课程标准，把握"口语""手语""笔谈""其他"四个方面在两个学段的目标和教学内容。其次，详细分析教学对象的特点，从上文"分析教学对象"中提及的维度以及教师可能想到的纬度来分析学生。再次，根据学生的特点、学段目标、教学内容来确定课时教学目标。最后，从"知识与技能目标""过程与方法目标""情感态度价值观目标"三个方面对教学目标进行分层分条描述。

（四）明确教学重难点

聋校沟通与交往教学重点应以已形成的沟通与交往能力、掌握的沟通与交往技巧与要发展的能力和技巧之间的落差为依据；教学难点是原有认知结构、沟通与交往能

① 李泽慧：《〈聋校义务教育沟通与交往课程标准〉解读》，载《现代特殊教育》，2017(7)。

力、与人进行沟通交往的态度在同化或顺应新的发展目标过程中出现的困难点。

教学重点可以通过教学内容来确定。如在聋校沟通与交往教材一年级上册第一课“你好”的教学中，教师可以引导学生在学校门口、教学楼、教室等不同场景，面对教师、同学等不同的交流对象，使用多种沟通方式打招呼、告别。教学难点可以通过教学对象的情况来确定。如对于一个能使用口语交流但性格内向的学生，教学难点就是“主动打招呼”；对于一个手语流利但没有开口说话习惯的学生，教学难点就是“了解口语在沟通中的意义，在使用手语交流时能配合一定的口语或者口形”。如果是一群在学校沟通无障碍，但不愿走出校门的学生，教学难点就是走出校门，面对健听人做到“勇于沟通”。

确定聋校沟通与交往教学重难点是教师需要“蹲下身，看学生”的过程，是教师需要终身琢磨的问题。

（五）梳理教学过程

聋校沟通与交往教学过程主要包含学习准备、导入、情境示范、模仿练习、迁移练习、课堂总结、作业布置几个环节。

1. 学习准备

较之聋校其他学科教学，聋校沟通与交往教学的学习准备环节有较大不同，主要围绕在课堂上顺利开展沟通交往活动进行，包括：教师对学生助听设备、沟通辅具进行检查；引导学生进行声带放松，组织呼吸训练、唇齿训练、听音训练、看唇练习等活动，为开展口语教学做准备；组织手指操训练、手指游戏等，为开展手语教学做准备；提醒学生准备纸笔、准备多媒体等为开展笔谈教学做准备。

2. 导入

导入是吸引注意、引导进入主题的主要环节。聋校沟通与交往教学常用的导入方式包括情境导入、谈话导入、游戏导入、故事导入、图片导入等。导入环节旨在充分利用学生通过视觉学习的特点，激发学生的学习兴趣。极少用到音乐导入的方式，除非学生整体听力损失程度较轻，或者教学内容主要围绕口语展开。

3. 情境示范

情境示范主要是引导学生进入话题情境，通过观摩话题中沟通双方在特定情境中的语言，学习如何进行交流。如在聋校沟通与交往教材一年级下册“借东西”一课的教学中，教师可以通过借东西的情境示范，引导学生重点学习在向他人借东西时应该如何表达，习得借东西时的礼仪。

4. 模仿练习

模仿练习是要求学生在同样的情境下模仿沟通交往的范例，通过模仿掌握句式、表达方式、礼貌礼仪等。如在“借东西”一课的教学中，教师引导学生通过模仿练习掌握重点语句“我可以借你的剪刀吗？”“你有涂改液吗？”，为进行迁移练习奠定基础。

5. 迁移练习

迁移练习是提高学生语言运用能力的重要环节，也是检验学习效果的必备环节。聋校沟通与交往教学中的迁移练习是在相同的主题下，通过重构情境、交换沟通对象、提高沟通难度等展开的。

6. 课堂总结

课堂总结能帮助学生回顾课堂活动内容，加深印象。

7. 作业布置

聋校沟通与交往教学中的课后作业一定是围绕沟通交往实际布置的，可以引导学生运用学习到的知识、方法、技巧拓展沟通交流对象，采用多种沟通方式与课堂之外的人进行沟通交流。

（六）进行教学总结与反思

进行教学总结与反思是帮助教师提升教学技能的有效途径。聋校沟通与交往教学总结与反思可以围绕教学目标、教学重难点、教学策略和方法、教学过程、师生互动、生生互动、教学效果等几个方面展开。

二、聋校沟通与交往教学实施

教学设计是组织教学活动的“指向标”和“导航图”，教师要围绕教学设计展开教学活动。《聋校义务教育沟通与交往课程标准(2016 年版)》的第三部分提出了课程实施建议，给教师开展教学活动提供了依据。

（一）选择适宜的教学模式

聋校沟通与交往教学实施前，教师要根据学生的特点选择适宜的教学模式。常用的教学模式包括集体教学模式与个别教学模式、学科教学模式与学科融合模式、学校教学模式与融合教学模式、情境模拟模式与社会实践模式。

1. 集体教学模式与个别教学模式

集体教学模式可以是整建制班级教学模式，也可以是打破整建制的分层走班制以及个别化教学模式。个别教学模式是教师根据学生个体的沟通交往能力基础以及沟通与交往能力发展目标开展的一对一教学。个别教学模式是对集体教学模式的有力补充。

2. 学科教学模式与学科融合模式

学科教学模式指沟通与交往教学活动单独开展的教学模式；学科融合模式是指打破学科限制，将沟通与交往、语文、数学、美术、综合实践活动融为一体的教学模式。沟通与交往课程是一门具有开放性、综合性、实践性的课程，这为学科融合提供了可能。

3. 学校教学模式与融合教学模式

学生在学校中的沟通交往对象主要包括同学和教师，固定的情景有利于学生掌握沟通交往技能。融合教学模式可以是普通学校与聋校的融合，可以是学校与家庭的融合，也可以是学校与社会的融合。融合教学模式可以提高学生与校外人群沟通的意识，在真实的交往情境中提高沟通与交往能力。

4. 情境模拟模式与社会实践模式

情境模拟模式为开展社会实践提供了沟通交往的语言样本。实施沟通与交往教学时，教师要坚持生活化、实践性的原则，引导学生将情境模拟中掌握的知识技能迁移到虚拟的情境中，发展沟通与交往能力，为未来进入社会做准备。社会实践模式是将学生置身于真实的社会活动中，通过实践活动培养学生的沟通与交往能力，让学生在实践活动中运用课堂中习得的沟通与交往技巧，灵活运用语言开展沟通与交往活动。

（二）教学实施前的准备

教师在教学实施前还应该对学生在教学活动中的反应进行预设，对可能出现的问题提出相应的应对措施。经验丰富的教师和初任教师最大的区别在于：初任教师在教学实施过程中往往容易根据教学设计“走流程”；经验丰富的教师往往会主动根据课堂上学生出现的各种“意外”改变教学策略和方法，并做出最恰当的调整。这跟教师实施前的预设是分不开的。

（三）教学实施中的注意事项

在教学实施过程中，教师要充分调动自身和学生沟通交往的热情，创造轻松愉快的沟通氛围，时刻关注在沟通交往过程中学生的反应，并做出恰当的应对，鼓励学生创造性地使用语言。切记：课堂不是教师一个人的“表演”，而是一群学生的“演出”。

（四）教学实施后的总结

在教学活动结束后，教师要及时进行总结和反思。教师对教学活动中出现的亮点不妨给自己点个赞；对做得不满意的环节不妨写下来，想一想是什么原因造成的，可以怎么改进。如果整堂课上学生都表现得不积极，不主动参与活动，其原因可能是教学对象、教学内容分析不充分。是教学目标定高了，还是使用的教学方法没有激发学生沟通交往的兴趣？是在模拟示范环节学生没有掌握交流的语言，还是已经掌握，只是不愿意表达造成的？教师可以将自己的总结和反思都一一记录下来。

▶第二节 聋校沟通与交往教学方法与运用

聋校沟通与交往教学方法的选择既要面向学生全体，又要面向学生个体，根据听力损失和言语康复程度的不同，因材施教；既要尊重学生的语言发展规律，又要尊重学生的心理发展特点；既要关注沟通与交往知识技能的获得，又要关注中华民族优秀礼仪文化和传统的吸收，为学生的终身发展奠基。聋校沟通与交往教学方法包括情境教学法、互动交流法、表演演示法、设问启示法、双语教学法等。

一、情境教学法

《聋校义务教育沟通与交往课程标准(2016 年版)》强调：“在沟通交往的具体情境中，锻炼和提高聋生的语用能力，丰富聋生的交往素养。”情境教学法是聋校沟通与交往教学的方法之一。将学生置于特定的沟通与交往环境中，可以激发学生沟通与交往的兴趣，让他们在情境中掌握沟通交往使用的语言，提高沟通交往能力，学习交往礼仪，以应对真实场景中沟通交往的困境。

二、互动交流法

聋校沟通与交往教学不同于语文教学强调语言的习得，也不同于康复教学注重缺陷的补偿。聋校沟通与交往教学以互动性为特征，强调对语言的运用，重视学生沟通交往能力和交往素养的提升。教师利用互动交流法“可以形成和谐的师生互动、生生互动、学习个体与教学中介的互动，强化人与环境的交互影响，以产生教学共振，达到提高教学效果的目的”。[①]

三、表演演示法

表演演示法是深受学生喜欢的教学方法之一。在聋校沟通与交往教学中，教师通过表演能激发学生学习的兴趣，充分调动学生的多种感官参与到主题交流活动中，提高学生语言运用的兴趣。教师利用表演演示法能为学生参与情境学习提供语言运用范本，充分发挥学生自我激励、相互激励的作用，通过观摩使学生在创设的情境中进行学习和运用。

四、设问启示法

教师利用设问启示法能通过设置问题提供沟通的可能性，在“问—答”的过程中激发学生的沟通欲望，促进语言交往的产生。设问启发可以是教师提问、学生回答，也

① 张旭东：《聋校“沟通与交往”〈学会待客〉课例分析》，载《现代特殊教育》，2017(7)。

可以由教师创设问题，由生生、师生进行讨论。设问启示法可以用于调动学生运用学习到的知识，习得沟通交往技巧，围绕话题综合运用语言，在真实的情景中提高沟通交往素养。

五、双语教学法

双语教学法是学生通过手语习得汉语(口语、书面语)，最终达到成为双语平衡者，即既能融入聋人社会也能融入听人社会的目的的教学方法。双语教学的语言发展目标同沟通与交往教学内容的四个方面是一致的，两种语言的使用有利于学生掌握多种沟通方式。聋听教师合作有利于激发学生沟通与交往的兴趣，聋听教师交流互动是学生模仿的范本，有利于学生沟通与交往能力的培养。

▶第三节 聋校沟通与交往教学评价与反馈

《深化新时代教育评价改革总体方案》指出："坚持科学有效，改进结果评价，强化过程评价，探索增值评价，健全综合评价……坚持统筹兼顾，针对不同主体和不同学段、不同类型教育特点，分类设计……"聋校沟通与交往教学评价应努力构建有利于该学科教学和听障学生沟通交往能力提高的科学评价方略，有效促进该学科教学的实施。[①]

一、聋校沟通与交往教学评价

《聋校义务教育沟通与交往课程标准(2016 年版)》对沟通与交往课程评价进行了详细的描述，指出教师在教学评价过程中应遵循"发挥评价的多种功能、运用多种评价方式、注重评价主体的多元性与互动性、突出评价的整体性和综合性"的原则。

---

① 陈建军：《聋校沟通与交往课程有效实施策略》，载《南京特教学院学报》，2010(3)。

教师在进行教学评价时，应以促进学生沟通与交往能力的发展为出发点：坚持过程性评价与结果性评价相结合，根据沟通与交往课程的特点和学生的身心情况、能力基础进行发展性评价；坚持书面评价与非书面评价相结合，将学生置身于具体的沟通交往情境中，以真实发生的沟通交往活动为基础进行诊断性评价；坚持教师评价与沟通交往对象(家长、校外其他人群)评价相结合，重视沟通交往对象在与学生沟通时的反馈信息，从多种维度形成学生的个别化评价结果。表 17-1 为学习目标达成评价表。

表 17-1　学习目标达成评价表

姓名：　　　　　　　　班级：

练习内容	完成情况	家长评价	教师评价
1. 孩子看着课程表，从周一到周五中任意选择一天，和爸爸或妈妈说一说当天的课程表内容	1. 主动进行沟通交往		
	2. 练习内容表达完整		
	3. 用手语或口语进行沟通时注重基本注意事项和礼仪(沟通时的语言速度和清晰度、表情、身体姿态，打手语时手的位置和幅度、口动配合、看口能力，认真、耐心看或听，不随意打断等)		
2. 孩子和爸爸或妈妈进行对话练习 爸爸或妈妈：你今天上了什么课 孩子：我今天上午上了……课，下午上了……课 (A 层次需达到：语文/数学/……老师今天外出开会，换成了××课)	1. 主动进行沟通交往		
	2. 练习内容表达完整		
	3. 用手语或口语进行沟通时注重基本注意事项和礼仪(沟通时的语言速度和清晰度、表情、身体姿态，打手语时手的位置和幅度、口动配合、看口能力，认真、耐心看或听，不随意打断等)		

二、聋校沟通与交往教学反馈

聋校沟通与交往教学反馈是指教师将学生沟通与交往的知识、技能、技巧、礼貌礼仪的习得效果等反映给学生、家长以及其他沟通交往对象。面向学生的沟通与交往教学反馈既是对学生进行的评价，也是新的沟通交往情境的开启。因此，在对学生进行反馈时，教师要确保及时、明确、具体，要符合学生的心理、生理特点，要以学生主要使用的沟通交往语言为沟通手段，要以鼓励为主，激发学生沟通交往的兴趣。

面向家长的教学反馈，要立足于学生的沟通交往能力基础，从教学目标、教学内容等方面给予全面反馈，既要反映存在的不足，也要强调沟通交往能力获得的发展，以争取家长的支持，共同推动学生沟通交往能力的发展。

面向教学同伴的反馈，要充分分析教学目标与教学效果的差距，寻找原因并提供解决办法，以获得同伴支持，改进教学方法，提升教学质量。

单元小结

沟通与交往课程是国家规定的聋校义务教育阶段的必修课，是具有聋校教育特点的课程之一，在聋校义务教育阶段占有重要地位。本单元从聋校沟通与交往教学设计与实施、方法与运用、评价与反馈这三个方面论述了聋校沟通与交往教学过程。其中，聋校沟通与交往教学目标包括总目标和具体目标。总目标从“知识与技能”“过程与方法”“情感、态度、价值观”三个维度目标进行了阐述。具体目标从沟通与交往学科两个学段的“口语”“手语”“笔谈”“其他”四个方面进行了详细描述。聋校沟通与交往教学设计部分从教学对象、教学内容、教学目标、教学重难点、教学过程、教学总结与反思这几个方面依次阐述，帮助教师在教学前进行教学设计，在教学中有效开展教学活动，通过反思促进教学技能的发展。在聋校沟通与交往教学评价与反馈部分，重点提醒教师要做好多种评价方式的结合，在面对不同反馈对象时应把握注意事项，以形成教育教学合力，提高教学效果。

讨论与探究

1. 聋校义务教育沟通与交往课程目标与内容包括哪些方面？

2. 聋校沟通与交往教学方法有哪些？

3. 聋校沟通与交往学科同聋校其他学科的根本区别是什么？与语文学科有哪些联系？

4. 请以聋校沟通与交往教材一年级下册“多彩的课余活动”一课的教学为例，设计一份适用于分层教学的教案。

阅读资料拓展

1. [丹]Wendy Lewis：《双语聋教育在丹麦》，吴安安、刘润楠译，北京，华夏出版社，2005。

2. 教育部：《聋校义务教育课程设置实验方案》，2007-02-02。

教学设计案例

上学真快乐

模块四
培智学校义务教育学科教学

第十八单元　培智学校义务教育学科教学概述

单元导学

2016 年，教育部颁布了培智学校义务教育课程标准(2016 年版)。统编版培智学校义务教育实验教科书在陆续编撰中，目前部分年级段的教科书与教师用书已投入使用。培智学校学科在遵循学科性质与特点的基础上，以智障学生的生活为中心。教师通过教学与训练，帮助智障学生获得生活所需的基本技能，促进其全面发展，为其适应生活、融入社会打下基础。本单元通过梳理培智学校学科教学改革历程、分析培智学校义务教育学科设置、讨论培智学校学科教学原则，以期能对培智学校学科和教学法有一定的理解，促进教师的专业发展。

学习目标

1. 了解我国培智学校义务教育学科教学改革历程。
2. 熟知培智学校义务教育学科设置，对培智教育体系有整体把握与理解。
3. 掌握培智学校学科教学原则，并能够将其运用于教学实践过程中。

单元思维导图

- 培智学校义务教育学科教学概述
  - 培智学校义务教育学科教学改革历程
    - 萌芽起步阶段（1987—1993年）
    - 逐步探索阶段（1994—2006年）
    - 快速发展阶段（2007—2015年）
    - 深化提升阶段（2016年至今）
  - 培智学校义务教育学科设置
    - 培智学校义务教育学科设置的依据与原则
    - 培智学校义务教育学科内容
  - 培智学校学科教学原则
    - 培智学校学科教学原则的确立依据
    - 培智学校学科教学原则的内容

▶第一节
培智学校义务教育学科教学改革历程

我国培智教育起步于20世纪80年代初期，虽然起步较晚，但培智学校学科教学很快受到教育界的关注。自1987年开始，国家先后出台了《全日制弱智学校(班)教学计划(征求意见稿)》《中度智力残疾学生教育训练纲要(试行)》，为培智学校教学发展提供最初的参考。进入21世纪，党和国家更加重视特殊教育。教育部于2003年正式开启了培智学校学科教学改革工作；2007年2月，教育部颁发《培智学校义务教育课程设置实验方案》，培智学校义务教育课程标准研制工作正式启动。经多年时间，培智学校义务教育课程标准(2016年版)正式出台。培智学校义务教育课程标准涵盖了10门学科，为培智学校学科教学工作指明了方向。随着课程标准的出台，各层级教育部门与基层学校的学科教学实践与研究能够有章可循，能够基于课程标准展开一系列教学创新与实践，大力提升了培智教育的质量。本节回溯几十年来我国培智学校学科教学改革历程，以几个重要教学依据文本的出台为时间节点，将改革历程划分为萌芽起步、逐步探索、快速发展、深化提升四个阶段，以期厘清培智学校义务教育学科发展脉络，如表18-1所示。

表18-1　培智学校义务教育学科教学改革历程的四个阶段①

阶段	教学依据	学生情况	课程类型	教材
萌芽起步(1987—1993年)	《全日制弱智学校(班)教学计划(征求意见稿)》	轻度为主	分学科教学	以人教版全日制培智学校教科书为主
逐步探索(1994—2006年)	《中度智力残疾学生教育训练纲要(试行)》	从轻度向中、重度转移	出现领域教学	人教版全日制培智学校教科书与校本教材并用

① 朱志勇：《〈培智学校义务教育课程标准(2016年版)〉制定的基本依据及地位作用》，载《现代特殊教育》，2019(17)。

续表

阶段	教学依据	学生情况	课程类型	教材
快速发展 (2007—2015 年)	《培智学校义务教育课程设置实验方案》	中、重度为主	领域教学、综合课程教学、分科教学并存	以校本教材为主
深化提升 (2016 年至今)	培智学校义务教育课程标准(2016 年版)	中、重度为主	分科教学与基于学科的小综合课程教学并存	教育部审定版培智学校义务教育实验教科书

一、萌芽起步阶段(1987—1993 年)

1986 年,《中华人民共和国义务教育法》(简称《义务教育法》)出台,其中明确规定:“地方各级人民政府为盲、聋哑和弱智的儿童、少年举办特殊教育学校(班)。”此后,特殊教育学校的教育对象不再只局限于视障学生和听障学生,开始招收大量智障学生。[①] 但我国当时智障儿童教育发展时间尚短,在教育教学理论与实践各个方面都缺乏经验。为提高培智教育质量,国家教育委员会于 1987 年颁布了《全日制弱智学校(班)教学计划(征求意见稿)》(简称《教学计划》)。

《教学计划》依据国家教育方针要义,结合智障儿童的身心特点与培智教育实践经验,对培智教育的培养目标与任务、学制及入学年龄、招生对象及办法、教学组织形式、时间安排、课程设置等多方面的内容进行了阐述,以供培智学校教学参考。在招生对象方面,《教学计划》明确指出:“弱智学校(班)应以招收轻度智力残疾儿童为主,有条件的也可招收少量中度智力残疾儿童进行试验。”可以得知,当时培智教育对象主要以轻度智障儿童为主。在教材使用方面,《教学计划》颁布后,国家教育委员会组织编写了人教版全日制培智学校教科书供培智学校使用。学校可自愿选择相应教材展开教学。在课程设置方面,该计划将培养目标依托于七门课程当中,即常识课、语文课、数学课、音乐课、美工课、体育课和劳动技能课,具体课程安排见表 18-2。从表 18-2 中可以看出,语文、数学这两门文化基础知识课所占的课时总比例为 49.9%,而其余

① 赵斌、秦铭欢:《新中国 70 年特殊教育发展:成就与趋势》,载《现代特殊教育》,2019(18)。

五门课程所占的课时总比例为 50.1%。从课时分配中就可以发现当时培智课程教学的问题，即重文化知识培养，忽视生活自理、社会适应能力和劳动技能的培养。[①]

表 18-2 《全日制弱智学校(班)教学计划(征求意见稿)》的课程安排

科目	一年级	二年级	三年级	四年级	五年级	六年级	七年级	八年级	九年级	总课时数	占总课时数百分比(%)
常识	1	1	2	2	3	3	3	3	3	735	8.8
语文	8	8	8	9	9	9	8	8	8	2625	31.2
数学	5	5	5	5	5	5	5	5	5	1575	18.7
音乐	3	3	3	3	2	2	1	1	1	665	7.9
美工	3	3	3	2	2	2	1	1	1	630	7.5
体育	3	3	3	3	2	2	2	2	2	770	9.2
劳动技能	2	2	2	2	4	4	8	8	8	1400	16.7

二、逐步探索阶段(1994—2006 年)

自融合教育原则提出以来，我国积极展开实践探索，形成了具有中国特色的随班就读安置模式。轻度智障儿童开始向普通学校过渡，培智学校招收对象逐渐从轻度智障儿童转向中、重度智障儿童。这使得原先针对轻度智障儿童的课程不再适用。为提高培智学校等其他智障儿童教育康复机构的成效，国家教育委员会针对中度智障儿童的特点与教育需要，于 1994 年 10 月颁布了《中度智力残疾学生教育训练纲要(试行)》(简称《教育训练纲要》)，供培智学校及其他教育康复机构针对中度智障儿童教育训练使用。各教育机构积极展开实践，逐步探索，取得了一定的成就。

《教育训练纲要》指出，中度智障儿童是儿童少年的一部分，应当通过适合的教育使其德、智、体诸方面得到全面发展，最大限度地补偿缺陷，为其将来进入社会参加力所能及的劳动、成为社会平等的公民打下基础。该纲要确定了中度智障教育的原则，包括共性和个性统一、应用性、实践活动性与补偿四个原则。在教育训练内容方面，《教育训练纲要》将中度智障儿童的教育训练内容划分为三个领域：生活适应、活动训

① 王辉：《培智学校现行培养目标和课程问题的探析》，载《中国特殊教育》，2003(2)。

练、实用语算。每个领域中细分出了不同的子领域，每个子领域下针对不同学段学生有不同的教学训练内容，如表 18-3 所示。可以看出，学科教学从之前的分学科教学转向分领域教学，开始强调课程的生活化原则。在教育教学过程中，教师应根据学生的特点，实行综合化教学，使教学活动增加趣味性与直观性，循序渐进，且强调将教学与实际生活相结合。同时培智学校还应利用周围环境、与家长协同合作。对于周课时数、每节课时间并未像《教学计划》做详细规定，而由各学校据实际情况而定。在培智学校教材使用方面，这一阶段采用的是人教版全日制培智学校教科书与校本教材并用模式，相比上一阶段，更加注重地方特色与校本课程开发。

表 18-3 《中度智力残疾学生教育训练纲要(试行)》的教育训练领域

领域	生活适应	活动训练	实用语算
子领域 (按照低、中、高年级三个学段设定不同的教学与训练目的)	个人卫生 着装 进餐 排泄 睡眠 安全 家庭生活 劳动生活 社会生活 职业生活	感知环境 身体活动 音乐与律动 美工	语言听说能力训练 阅读能力训练 书写能力训练 常用字词范围 数前概念的认识 数的认识 计算 日常生活中的数学

三、快速发展阶段(2007—2015 年)

我国新一轮基础教育课程改革正式启动后，特殊教育也逐渐开始了课程改革。2007 年 2 月，教育部颁发了三类特殊教育学校课程设置实验方案，吹响了特殊教育学校课程改革的号角。培智学校课程改革隶属其中，是艰难而有意义的创举。《培智学校义务教育课程设置实验方案》(简称《实验方案》)对培智学校的学科建设、课程开发、教学教法创新等各个方面都起到了理论与实践指南的纲领性作用。各培智学校在此阶段基于《实验方案》展开实践与创新，教学成效得以快速提升。

《实验方案》指出，应根据《中华人民共和国义务教育法》《国务院关于基础教育改革与发展的决定》和《基础教育课程改革纲要(试行)》的要求构建符合素质教育要求的新的特殊教育课程体系，设置符合特殊教育规律与特点、遵循智障儿童身心发展规律、适应和谐社会的培智学校课程。在培智学校招收对象方面，主要是以中、重度智障学生为主，很大部分轻度智障学生进入普通学校随班就读。《实验方案》确立了培智教育课程设置原则，包括一般性与选择性相结合、分科课程与综合课程相结合、生活适应与潜能开发相结合、教育与康复相结合、传承借鉴与发展创新相结合、规定性与自主性相结合。在课程设置方面，这一阶段是领域教学、综合课程教学、分科教学并存，首次提出了一般性课程与选择性课程并存的模式。《实验方案》提出，一般性课程体现了对学生素质的最基本要求，着眼于学生适应生活、适应社会的基本需求，约占课程比例的70%～80%；选择性课程着眼于学生个别化发展需要，注重学生的潜能开发、缺陷补偿(身心康复)，强调给学生提供高质量的相关服务，体现学生发展差异的弹性要求，约占课程比例的20%～30%。两类课程的比例可根据实际情况进行适当调整，表18-4为培智学校课程计划与设置比例。在教材方面，主要以校本教材为主。

表18-4　培智学校课程计划与设置比例

课程		一般性课程							选择性课程				
		生活语文	生活数学	生活适应	劳动技能	唱游与律动	绘画与手工	运动与保健	信息技术	康复训练	第二语言	艺术休闲	校本课程
低年级	节数	3～4	2	3～4	1	3～4	3～4	3～4	6～9				
	比例(%)	10～12	6～7	11～13	3～4	10～12	10～12	10～12	20～30				
中年级	节数	3～4	2～3	2～3	2	3～4	3～4	3～4	6～9				
	比例(%)	10～12	8～9	7～8	5～6	10～12	10～12	10～12	20～30				
高年级	节数	4～5	4～5	1	3～4	2	2	2～3	6～10				
	比例(%)	13～15	13～15	3～4	8～9	6～7	6～7	11～13	20～30				

四、深化提升阶段(2016年至今)

特殊教育的发展越来越重视特殊教育学校的课程与教学改革，其中课程标准的制定是推动特殊教育学校课程与教学改革的重要途径。[①]《特殊教育提升计划(2014—2016年)》明确提出"深化特殊教育课程教学改革","制订盲、聋和培智三类特殊教育学校课程标准","加强特殊教育教材建设"。自2007年正式启动培智教育课程标准研制工作以来,学者们历经多年的辛勤耕耘,于2016年12月出台了培智学校义务教育课程标准(2016年版),揭开了我国培智学校教育的新篇章。该课程标准发布以来,培智学校教育有章可循、有据可依,教学改革得以深化发展。在教学内容方面,目前采用的是分科教学与基于学科的小综合课程教学并存的形式,以节假日、当地特色为单元主题。各学科依托于主题,综合开课、全息育人。在教材使用方面,各培智学校使用教育部审定版培智学校义务教育实验教科书。

▶第二节 培智学校义务教育学科设置

据教育部教育统计数据,截至2020年,我国仅专门的培智学校已有568所,其中包含培智班级6293个,还有部分综合型特殊教育学校包含培智教育并未统计。可见,我国培智学校义务教育的规模较大,由于智障学生的特殊性,培智教育也有一定的独特性。教育部于2016年出台的培智学校义务教育各科课程标准(2016年版),对学科教学内容、课程设置、教学目标等做了详细说明,使得培智学校义务教育开展有章可循。

一、培智学校义务教育学科设置的依据与原则

培智学校义务教育学科设置既包括与普通学校相通的基础性课程,也增设了具有针对性的专门课程,以适应智障儿童的特殊教育需求。

(一)培智学校义务教育学科设置的依据

特殊教育是社会主义事业与国民基础教育的重要组成部分。在某种程度上,一个

① 谢正立、邓猛:《新课标背景下培智学校课程本位评估的几点思考》,载《现代特殊教育》,2017(9)。

国家的特殊教育水平，代表了这个国家的文明程度，更代表了这个国家的整体教育实力。每一个儿童都应当享有平等的受教育权利。在党和国家的支持下，我国特殊儿童的入学率已有显著提升，但整体质量还有待提升。《特殊教育提升计划(2014—2016年)》关于深化特殊教育课程教学改革的描述为："健全课程教材体系。根据国家义务教育课程标准，结合残疾学生特点和需求，制订盲、聋和培智三类特殊教育学校课程标准。注重培养学生自尊、自信、自立、自强的精神，注重学生的潜能开发和功能补偿。增加必要的职业教育内容，强化生活技能和社会适应能力培养。"在《培智学校义务教育课程设置实验方案》的基础之上，完成了学科设置与课程标准制定。

（二）培智学校义务教育学科设置的原则

培智学校义务教育学科设置坚持以习近平新时代中国特色社会主义思想为指导，全面贯彻党的教育方针，落实立德树人根本任务，弘扬社会主义核心价值观。在此基础上，以提高学生的社会适应能力为出发点，尊重学生的个体差异，关注学生的生活实际，从智障学生的身心发展特点出发，确定培智学校的课程与教学目标，并以缺陷补偿为基础，帮助其适应生活、适应社会。[①] 在进行思想教育、文化教育的同时，注重充分利用适当支持策略与现代辅助技术满足学生的特殊教育需求，加强缺陷补偿以及潜能开发。此外，学科设置上更加注重生活化、社会化原则，通过课程学习以引导学生适应生活、融入社会。

二、培智学校义务教育学科内容

根据培智学校义务教育各科课程标准(2016 年版)，培智学校开设了一般性课程和选择性课程两类。其中一般性课程包括 7 门(分别是生活语文、生活数学、生活适应、劳动技能、唱游与律动、绘画与手工、运动与保健)，选择性课程包括 4 门(分别是信息技术、康复训练、艺术休闲以及校本课程)。也就是通常所说的"7＋3＋1"的课程结构，如表 18-5 所示。一般性课程和选择性课程在培智学校义务教育学科课程体系当中都不可或缺。在此对培智学校课程内容做简要介绍，详细内容可参照课程标准。

① 邓猛、雷江华：《培智学校课程改革与社会适应目标探析》，载《中国特殊教育》，2006(8)。

表 18-5　培智学校义务教育课程

课程类型	一般性课程							选择性课程			
科目	生活语文	生活数学	生活适应	劳动技能	唱游与律动	绘画与手工	运动与保健	信息技术	康复训练	艺术休闲	校本课程

（一）一般性课程

一般性课程是指具有通识性、实用性、普及性等的基础性课程，能够使学生掌握与生活密切相关的知识、学会生活中所需要具备的技能，帮助其适应生活、融入社会。

1. 生活语文

培智学校义务教育生活语文课程内容包括倾听与说话、识字与写字、阅读、写话与习作、综合性学习五方面。

2. 生活数学

培智学校义务教育生活数学课程内容包括常见的量、数与运算、图形与几何、统计、综合与实践五方面。

3. 生活适应

培智学校义务教育生活适应课程内容包括个人生活、家庭生活、学校生活、社区生活、国家与世界五方面。

4. 劳动技能

培智学校义务教育劳动技能课程内容包括自我服务劳动、家务劳动、公益劳动、简单生产劳动技能四方面。

5. 唱游与律动

培智学校义务教育唱游与律动课程内容包括感受与欣赏、演唱、音乐游戏、律动四方面。

6. 绘画与手工

培智学校义务教育绘画与手工课程内容包括造型・表现、设计・应用、欣赏・评述、综合・探索四方面。

7. 运动与保健

培智学校义务教育运动与保健课程内容包括运动参与、运动技能、身体健康、心理健康四方面。

（二）选择性课程

选择性课程是指为满足学生的个别化需求、进行潜能开发的课程，能够满足不同学生的需求，进而提升学生的生活质量。

1. 信息技术

培智学校义务教育信息技术课程内容包括身边的信息技术、计算机的应用、计算机网络的应用三方面。

2. 康复训练

培智学校义务教育康复训练课程内容包括动作训练、感知觉训练、沟通与交往训练、情绪与行为训练四方面。

3. 艺术休闲

培智学校义务教育艺术休闲课程内容包括休闲认知、休闲选择、休闲技能、休闲伦理四方面。

4. 校本课程

校本课程要求各培智学校依据当地特色、校园文化、学生情况等确定课程内容。

第三节 培智学校学科教学原则

《教育大辞典》指出，教学原则是指导教学工作的基本准则，是在总结教学实践经验的基础上根据一定的教育目的和对教育过程规律的认识而制定的。[①] 培智学校学科教学原则与普通学校其实有很多的相通之处。但由于智障学生的特殊性，培智学校有特殊的教学原则需要遵循。

① 顾明远：《教育大辞典》增订合编本，722页，上海，上海教育出版社，1998。

一、培智学校学科教学原则的确立依据

无论是培智教育还是普通教育都隶属于教育的范畴，教育的本质特点是育人。所以培智学校学科教学原则确立的首要依据是与普通教育原则相契合，如科学性与思想性相统一原则、直观性原则、理论与实践相结合原则、因材施教原则等。这些都是普通教育与特殊教育所需共同遵循的准则。另外，培智学校学科教学原则的确立还应基于智障儿童的身心发展特点及其特殊需要。参照《残疾人残疾分类和分级》，智力残疾是指智力显著低于一般人水平，并伴有适应行为的障碍。此类残疾是由于神经系统结构、功能障碍与个体活动和参与受到限制，需要环境提供全面、广泛、有限和间歇的支持。智力残疾包括在智力发育期间(18 岁之前)，由于各种有害因素导致的精神发育不全或智力迟滞；或者智力发育成熟以后，由于各种有害因素导致智力损害或智力明显衰退。培智学校的教育对象除了智障儿童之外，还有脑瘫、孤独症谱系障碍儿童等。他们普遍存在语言、动作、思维、沟通等方面的障碍，严重影响其学业水平、社会交往能力等的发展。[①] 培智学校学科教学原则是依据先进的教育思想与规律，遵循培智学校学生的身心发展特点而确定的。

二、培智学校学科教学原则的内容

培智学校学科教学不仅具有普通教育的科学性等原则，同时还应满足智障儿童的身心发展特点与个别化需要，应当注意以下几点原则。

（一）生活化原则

智障学生的抽象思维能力较弱，且社会适应能力发展困难，生活化原则正是基于其特殊需要所提出的。生活化原则在培智学校教育中体现为：以学生的生活需要为本选择课程内容，取材于生活；打破各学科间相互隔离的框架，以学生的身心发展特点为依据，开设综合型课程；灵活使用情境教学法等以适应生活化教学，为其融入社会

---

① 马红英、徐银秀：《培智学校语文课程与教学》，3 页，上海，华东师范大学出版社，2016。

打基础。[1] 我国培智学校教育自 20 世纪 80 年代发展以来，一直强调始终坚持生活导向，无论是教材编制，还是教学内容与教学资源选取，都要贴近学生的生活实际。在培智学校教学过程中，教师应当基于智障学生的身心发展特点，以生活情景为学习载体，将抽象的知识生活化、具体化，促进其所学知识与技能的迁移，从而降低学习难度，激发其学习兴趣，使其能够将所学内容与生活实际、现实社会有效融合，为其融入社会提供必要保证。[2] 例如，人教版培智学校义务教育生活适应教科书一年级下册第二单元中，在完成了“常见的水果”“常见的蔬菜”的教学后，教师可模拟“逛超市”这一情景(有条件的情况下，可前往就近的超市)，让学生将所学到的内容转换到生活实际当中，体验在生活中认识、选购水果、蔬菜的过程，既能够巩固所学知识，也能够提高学习的趣味性。

（二）小步子原则

由于智障学生的注意力容易分散、记忆力较弱等问题，在教学过程中教师不能急于求成，应当遵循小步子原则。培智学校义务教育课程标准(2016 年版)也多次提到“小步子，多循环”的教育模式，以此合理分配学习重难点，减缓坡度，尽可能帮助学生最大限度地理解、掌握教学内容。小步子原则是指将每节课的教学内容分为若干片段，将各个片段按照由易到难、由简到繁、逐渐增加难度的顺序予以教学与练习，符合学生的注意与记忆特点，便于学生理解知识，提高课堂效率，逐步完成教学目的。[3] 此外，小步子原则不仅是指将每节课的内容碎片化，还要注意将每个课时的内容加以联系。例如，在课堂导入时，教师常常会以旧课时所学知识为本，以上堂课所学内容为基础展开教学，既能加强巩固已学知识，又能为本堂课的内容“搭梯子”，循序渐进。“多循环”可以作为小步子原则的补充，通过反复练习、巩固，弥补学生记忆差、遗忘快的特点，帮助学生掌握知识，获得螺旋式上升的发展。

---

① 吴春艳、肖非：《从“生活化的课程”走向“有意义的生活”——试论智障教育课程的价值取向》，载《中国特殊教育》，2014(12)。

② 吴春艳：《论培智学校教学生活化》，载《中国特殊教育》，2012(3)。

③ 王园、于文文、李海斌：《“小步子”教学原则在培智学校教学中的运用——以生活数学中“常见的量”为例》，载《现代职业教育》，2020(22)。

（三）差异性原则

培智学校中学生的异质性较大，不同的学生具有其独特的教育需求，差异性原则就是基于这一特点而提出的。教师在教学目标设定、教学内容设置、学科课程评价等各方面都要充分尊重和关注学生的个体差异，体现出因材施教理念。差异性原则在教学组织形式上可以表现为集体教学、小组教学与个别辅导。教师根据学生的障碍类型与程度，合理选择教学形式，科学使用同伴互助法、个别化教学法等教学方法，开展针对性教学。当然，在课堂教学中，教师要注意差异性原则运用的程度，处理好集体教学与个别化指导之间的关系，注重共性与个性相结合，不要偏离重心。一节高质量的课绝不是将大量时间放在一名学生的身上，而是需要兼顾所有学生、适应所有学生的需求。总之，差异性原则在培智学校学科教学中运用广泛。一方面教师需要统合全体学生共同的教学目标与教学需求，将集体教学的作用发挥到最大化；另一方面教师要尽可能地关注到每名学生的个别化需求与发展，通过分层教学、个别指导以满足学生的个别化教育需求。

单元小结

培智教育是我国特殊教育体系中的重要组成部分，发展至今有了较大的成就与改善。目前大部分轻度、中度智障学生都能够到普通学校随班就读，在培智学校就读的学生障碍类型越来越多、程度越来越重，对于培智学校学科教学的要求也随之增加。本单元对我国培智学校义务教育学科教学进行了总体阐述。本单元回溯了我国培智学校义务教育学科教学改革历程，即萌芽起步、逐步探索、快速发展、深化提升四个阶段，并对这四个阶段的具体内容与特点展开了讨论。我国培智学校义务教育学科内容分为一般性课程内容和选择性课程内容两方面。在教学过程中，教师要遵循生活化、小步子和差异性教学原则。

讨论与探究

1. 回顾我国培智学校义务教育学科教学改革历程，谈谈各个阶段的特点与不足。

2. 研读培智学校义务教育课程标准(2016 年版)，结合本单元学习的内容，尝试提炼各科课程标准的总体特点。

3. 结合教育见习、实习等实践经验，谈谈除了本单元所提及的教学原则外，还有哪些培智学校学科教学原则，并进行分享与交流。

阅读资料拓展 ……►

刘春玲、马红英：《智力障碍儿童的发展与教育》，北京，北京大学出版社，2011。

第十九单元　培智学校生活语文教学

单元导学

培智学校(或班级)的学生残疾程度差异大，如何用新课标和新教材满足班级所有学生的特殊需求呢？在本单元我们将基于对培智学校生活语文课程标准的解读，重点从生活语文教学设计与实施、教学方法与运用、教学评价与反馈三个方面进行详细阐述。

学习目标

1. 深入了解培智学校义务教育生活语文课程目标与内容，构建生活语文教学脉络框架。

2. 能够根据培智学校义务教育生活语文课程目标与内容，按照教学设计的各要素开展生活语文教学设计。

3. 掌握培智学校生活语文教学方法，能对教学对象进行适当的教学评价。

培智学校义务教育
生活语文课程标准解读

单元思维导图

- 培智学校生活语文教学
  - 培智学校生活语文教学设计与实施
    - 培智学校生活语文教学设计
    - 培智学校生活语文教学实施
  - 培智学校生活语文教学方法与运用
    - 集体差异教学法
    - 结构化教学法
    - 游戏活动法
    - 教育支持法
  - 培智学校生活语文教学评价与反馈
    - 生活语文单元评价与反馈
    - 生活语文目标领域评价与反馈
    - 描述性分析评价与反馈

▶第一节 培智学校生活语文教学设计与实施

培智班级的学生个体差异较大，在国家课程目标和内容的基础上，如何让生活语文教学适合每一个特殊学生，其关键在于教学设计与实施。

一、培智学校生活语文教学设计

培智学校生活语文教学设计是指教师以现代教学理论为基础，依据教学对象的特点和教师自己的教学观念、经验、风格，运用系统的观点与方法，分析教学中的问题和需要，确定教学目标，建立解决问题的步骤，合理组合和安排各种教学要素，为优化教学效果而制定实施方案的系统的计划过程。[①] 培智学校生活语文教学设计要遵循科学性、系统性、程序性、操作性等原则。

培智学校生活语文教学设计具体包括如下几方面。

（一）分析教学对象

在培智班级就读的儿童有智障儿童、脑瘫儿童、孤独症谱系障碍儿童等，他们的能力和差异较大。因此，分析教学对象是进行教学设计的基础。生活语文教学是学生个别化教育支持计划(Individualized Education Support Program，IESP)的一部分，对学生出生史、发育史、受教育情况、医学康复等方面的相关信息安排在 IESP 制订之前进行了解。在此仅讨论培智学校生活语文教学对学生的能力分析。对于已经有教育基础的学生，教师可以根据《培智学校义务教育生活语文课程标准(2016 年版)》从倾听与说话、识字与写字、阅读、写话与习作、综合性学习五个领域对学生进行学情分析，利于自己进行培智学校生活语文教学。

（二）确定教学目标

1. 通过评估确定学生五大学习领域的教学目标

教师按照课程标准低、中、高段对学生五个学习领域(倾听与说话、识字与写字、

① 王本陆：《课程与教学论》第 3 版，272 页，北京，高等教育出版社，2017。

阅读、写话与习作、综合性学习)的目标进行分解，采用分解后的三级目标对学生进行评估。学生不能达到的评分目标则为该领域的教学目标。

2. 整合五大领域的教学目标与教学内容，形成具体教学目标

在前一阶段评估的基础上，教师在倾听与说话、识字与写字、阅读、写话与习作、综合性学习五大领域形成了个性化教学目标。结合培智学校生活语文教材，在每一节课的教学中，教师应将个性化教学目标与本课的内容进行整合，以形成具体的教学目标。要特别注意的是，前期应对每名学生评量一次。若班级学生的人数较多，则个别化目标数量太多，不利于教师开展集体教学。教师应把能力相近、目标相近的学生划分到一个层次，将班级学生划分为两层、三层甚至四层，对个别有特殊需求的学生则另行关注。

如下以培智学校生活语文教科书一年级上册第一单元第一课“老师与同学”的教学为例，本课的教学内容为图片和词语“老师”“同学”。表 19-1 为一年级生活语文具体教学目标示例。

表 19-1　一年级生活语文具体教学目标示例

学习领域	学习领域二级目标	学习领域三级目标	具体教学目标
1. 倾听与说话	1.2 能听懂常用的词语，并做出适当回应	1.2.3 能听懂常用的词语，大部分能做出适当回应	能听词语找到“老师”“同学”的图片
	1.5 能模仿运用生活中的常用语言	1.5.3 能模仿生活常用的字词(如跟读、跟说)	能跟读词语“老师”“同学”
2. 识字与写字	2.3 认读生活中常用汉字 10～50 个	2.3.2 能认读生活中常用汉字 10 个以下	尝试认读词语“老师”“同学”
	2.6 能用铅笔描写或抄写生活中常用汉字	2.6.2 能用铅笔描绘各种条线	能描点连直线
3. 阅读	3.3 能从图片中找出熟悉的人、物和生活情景	3.3.2 能从图片中找出生活中熟悉的人和物	能在整图中找出本班老师和同学
4. 综合性学习	4.3 能参加班级、学校活动	4.3.2 不大声喧哗、不下座位、听从指令	能听从指令“起立”“坐下”等，不下座位

（三）促使教学内容生活化

生活化是培智学校生活语文教学的一大重要特征。从生活语文教材内容的布局上

看，一共有5个单元，分别是学校生活、个人生活、家庭生活、自然与社会、国家与世界；教材内容选材密切贴近生活，层次递进。教师应在现有教材的基础上使教学内容进一步生活化、生本化，将教材内容与学生的个人生活、生活环境等紧密融合在一起。表19-2为教学内容调整示例。

表19-2　教学内容调整示例

课　题	培智学校生活语文教材内容	调整后的教学内容
爸爸　妈妈	图：田贝贝一家三口 文：爸爸、妈妈、我、三口人	图：田贝贝一家三口 每名学生的家庭合照 文：爸爸、妈妈、我、三口人(四口人)
大人　小孩	图：田贝贝和爸爸放风筝 文：大人、小孩	图：田贝贝和爸爸放风筝 学生与家人活动照片数张 学生与老师活动照片数张 文：大人、小孩
我的房间	图片：房间图、床图 文：房间、床	图：房间图、床图 学生的房间图、学生的床图 文：房间、床

（四）明确教学重难点

在培智学校生活语文教学中，教学重点是本节课学生需要着重掌握的知识或技能，教学难点是学生在学习过程中容易出错的地方或难以掌握的知识或技能。由于培智班级学生的能力与水平差异大，重难点可能存在一定的差异。如对某名学生来说认读是重点，对一名无口语的学生来说倾听是重点。因此，教师在进行教学设计时既要关注教学内容本身的重难点，也要兼顾不同学生的不同需求设置教学的重难点。

（五）设计教学过程

教学过程是教学活动的实施步骤和流程，培智学校生活语文教学过程主要包括复习导入、讲授新课、练习巩固、归纳总结、作业布置几个环节。

第一，复习导入。复习导入环节要求采用简洁明了的形式帮助学生回顾上一节课学习的内容，为本节课的学习打下基础。若是新课教学，教师则可以采用灵活多样的形式，激发学生的学习兴趣和求知欲望。

第二，讲授新课。教师根据教学内容，选择多种教学策略，明确、具体地讲授本节课的知识要领或技能，做到重点突出，难点突破。

第三，练习巩固。教师根据不同能力与水平的学生开展有针对性的训练，有广度、有深度，层层递进，帮助学生巩固所学知识。

第四，归纳总结。教师简明扼要地总结本节课的知识或技能要领。

第五，作业布置。教师根据学生的能力和水平布置个性化的作业。

教学过程的步骤为一般流程，教师可以根据自己的教学理念、教学内容、教学对象等要素适当地进行调整。其核心是满足班级每一名学生的教育需求，促进学生的成长。

（六）进行教学反思

在教师专业发展中，反思是教师着眼于自己的教学活动过程，对自己的行为、决策以及由此所产生的结果进行审视和分析的过程。[①] 培智学校生活语文教学结束后，教师可以从多个角度进行反思，如教学目标的达成度、教学策略的有效性、巩固与拓展的程度、教学评价等方面；也可以从教学的优势与不足两个维度进行反思，要特别注意反思课堂教学是否满足了每一名特殊学生的教育需求。

二、培智学校生活语文教学实施

培智学校生活语文教学实施是教师按照拟定的教学设计方案开展教学活动的过程，主要包括上课、作业批改、课后辅导、学业评定等内容。

一是上课。教师上课时要以教学设计为基础，但计划不如变化，课堂教学的实际情况和事前的预设往往存在一定的差距。因此，教师在教学过程中要根据课堂教学的实际情况进行及时调整，以符合学生发展的需求。

二是作业批改。教师应根据班级学生的特点布置适当且适合的作业，确保形式丰富多样，符合学生的能力和特点，如说一说、找一找等。书面作业批改由教师完成，采用学生能看懂的标识进行批注和评价。

三是课后辅导。在个别化教育支持计划下，对有特殊需求的学生，教师要取得家长

① 王本陆：《课程与教学论》第3版，285页，北京，高等教育出版社，2017。

的支持和配合，将语文教学内容与生活相结合进行运用和巩固，达到家校共育的目的。

四是学业评定。对培智学生的学业评定形式可以多种多样，如找一找、说一说、画一画等，注意客观性、全面性、发展性。

| 拓展阅读 |

有效教学的要素①

有时课程计划很完善，但一运用到教学情境中发现效果没有如预期的好。这牵涉到教师的沟通表达和对学习气氛、行为管理、教学时间以及不同教学形态的掌握与运用等。

教学前 →	教学 →	教学后
教学前评量	营造支持与鼓励的心理环境	评量学生的学习成效
评量学生需求	运用有效的行为管理策略	评鉴课程与教学成效
评量环境需求	保持弹性和随机应变的态度实施课程	
设定教育目标	使用清晰明确的语言	
拟订个别化教育计划	吸引学生的注意	
发展和调整课程	激发学生的动机与提升参与度	
设计课程目标	有效管理教学视觉	
发展和组织课程	掌握不同教学形态的实施原则	
拟定教学模式与策略		
选择或设计教具		
安排教学时间		
规划教学地点及情景		
确定教学人员		
拟定评量方式与内容		

① 钮文英：《启智教育课程与教学设计》，289页，台北，心理出版社，2012。

▶第二节
培智学校生活语文教学方法与运用

“教学有法，教无定法”，教学方法的运用与教师的理念与特长、学生的能力与兴趣、环境的条件与支持等各方面息息相关。语文学科是义务教育阶段的一门重要科目，教师在多年的实践中积累了许多教学策略与经验，值得培智教育借鉴与学习。常用的一些教学策略和方法教师均可以不同程度地采用，如讲授法、谈话法、讨论法、练习法、游戏法、演示法等。如下就培智学校生活语文教学中一些重要方法做详细介绍，以便教师将自己的教学理念融入课堂教学，磨炼出自己的教育教学风格和特色。

一、集体差异教学法

（一）集体差异教学法的界定

差异教学是针对每一位学习者的特殊需求，在课程、教材、教学及评量上，实施个别化教学，促使每位学习者获得良好的学习成效。[①] 差异教学的要点主要包括如下几个方面。[②]

①设定个别化的学习目标。

②调整课程的内容来配合学生的认知程度。

③提供不同的途径来学习，符合学生不同的学习喜好。

④改变课堂作业的时间分配，以顾及学生不同的学习速度。

⑤调整教材。

⑥鼓励学生用不同的形式或不同的媒体学习。

⑦对学生弹性分组。

---

① 洪清一：《特殊需求学童之课程与教学：融合教育、多元文化特殊教育》，227 页，台北，五南图书出版股份有限公司，2019。

② 洪清一：《特殊需求学童之课程与教学：融合教育、多元文化特殊教育》，229～230 页，台北，五南图书出版股份有限公司，2019。

⑧改变辅导和协助个别学生的数量。

集体差异教学法是指在集体教学环境下，在个别化教育支持计划的基础上，针对每一名特殊学生的能力与水平，在教学目标、教学内容、教学活动等方面进行调整，最大限度地满足每一名特殊学生的教育需求的教学方法。集体差异教学是个别化教育在集体教学中的落实。

（二）集体差异教学法的运用

集体差异教学的核心是在集体教学环境下针对学生的特点开展适性教育。因学生的发展千差万别，在教学中，教师可不拘泥于一定的模式，只要是满足学生需求的方法都可以综合运用。以下就培智学校生活语文课堂中集体差异教学的几个角度进行探讨。

第一，教学内容差异化。教师根据学生的能力、内容的难度等，将教学内容进行增加或减少。

第二，教学活动差异化。教师采用不同活动对学生进行教育训练或在同一活动中改变方式让所有学生都能参与并学有所获。表 19-3 为教学活动差异化示例。

表 19-3　教学活动差异化示例

<table>
<tr><th>学生</th><th>学生能力状况</th><th>活动设计</th><th>备注</th></tr>
<tr><td>航航</td><td>认知能力好，能用简单的语言进行生活对话</td><td>学生选择一个水果藏在身后；学生一次描述一个特征（如颜色、大小、味道等）；教师猜水果的名称</td><td rowspan="2">在第二轮，教师带着学生玩，航航和洋洋组队玩</td></tr>
<tr><td>洋洋</td><td>认知能力较好，能认真倾听，并用简单的语言回答问题</td><td>教师选择一个水果藏在身后；教师一次描述一个特征；学生猜水果的名称</td></tr>
<tr><td>遥遥</td><td>能认识生活中常见的水果，无口语表达能力</td><td>遥遥选择一个水果藏在身后；教师猜水果的名字；遥遥用点头和摇头回答</td><td></td></tr>
</table>

第三，学习资源差异化。教师根据学生的水平和需求，提供不同资源帮助学生完成学习任务，如提供视频、图片、文字、实物、教具等。比如，对认知能力较好的学生，教师为其提供文字、简笔画；对能力较弱的学生为其提供实物和图片。

第四，教学支持差异化。教师针对不同学生提供的教学支持应有所差别，如口头提示、图片提示、动作辅助等。表 19-4 为教学支持差异化示例。

表 19-4 教学支持差异化示例

学生	学生能力状况	教学事件	支持策略
洋洋	唐氏综合征，认知能力较好，能听懂日常生活用语	写作业时拿航航的橡皮擦	语言提示：把橡皮擦还给航航
雨雨	孤独症，认知能力较弱，能看懂常用图片	上课离开座位	语言＋图片提示：坐下
帆帆	孤独症，认知能力弱，听不懂教师的指令	上课离开座位	语言＋身体辅助：坐下

第五，练习活动差异化。教师根据教学目标，设置有针对性的练习活动，帮助学生巩固与练习所学内容。如航航完成 3 组文字和图片的连线配对；洋洋完成 2 组文字和图片的连线配对；雨雨在 2 张图片中选出目标图片。

二、结构化教学法

（一）结构化教学法的界定

结构化教学法是根据孤独症人士学习及行为的特征而发展起来的，源自美国北卡罗来纳大学，用于治疗、训练和教育孤独症儿童及有相关沟通障碍的儿童。[①] 从目前培智学校的生源来看，在培智班级就读的有智力障碍、孤独症、脑瘫等各类儿童，多数儿童存在一定的沟通障碍。结构化教学法不仅对孤独症儿童有效，对有沟通障碍的智力障碍、脑瘫等儿童同样有效。

结构化教学法就是有组织、有系统地安排学习环境、材料及程序，让儿童学会学习，并改善情绪与行为问题，建立良好的日常常规，体验独立优质的生活的教学方法。[②] 结构化教学法的五个重要元素分别是视觉安排、常规、环境安排、程序时间表、个人工作系统。

① 协康会：《孤独症儿童训练指南（全新版）：教学策略》，20 页，广州，广东海燕电子音像出版社，2016。
② 协康会：《孤独症儿童训练指南（全新版）：教学策略》，21 页，广州，广东海燕电子音像出版社，2016。

（二）结构化教学法的运用

由于智障学生不具有孤独症谱系障碍学生的刻板思维特点，因此，教师在培智学校生活语文教学中可对结构化教学法进行调整和灵活运用。其目的在于通过结构化教学法解决学生的沟通障碍问题，提高教育教学的效果。培智学校生活语文教学中结构化教学法的运用示例如表 19-5 所示。

表 19-5　培智学校生活语文教学中结构化教学法的运用示例

教学流程	结构化运用点
教师在教室黑板一角贴上生活语文课堂常规图卡，如坐好、举手等	环境安排
教师出示今天上课的主要环节流程卡(课前互动游戏、新授教学、巩固与拓展等)，并出示学生的照片与准备好的星星图；教师讲述要求：学生完成每一个环节的任务以后，可以在自己的照片旁边贴上一颗星星	常规—程序时间表
教师出示学生、教师、植树、动物的照片数张，在篮子内侧贴上生字“人”，在篮子里放一张同学的照片作为示范；请学生在众多照片中找出“人”的照片，放到篮子里	视觉安排—视觉指示

三、游戏活动法

游戏活动法是指教师根据教学内容设计游戏活动让学生进行体验或练习的方法。学生对游戏活动的情趣浓厚，参与积极性高。所以游戏活动能充分调动学生的学习积极性，提高教育教学的效果。

| 案例 |

活动 1：看电视

在复习环节，教师问：同学们想不想看电视呀？之后教师拿出一个大箱子(大箱子的正面和侧面各有两个正方形的大洞)，请学生看看“电视屏幕”上播放了什么。教师在“电视屏幕”那里播放词卡和图卡，学生说出指定的内容。

活动 2：魔术变变变

教师准备一个魔术棒和一个大的盒子，将盒子的背后挖空，可以用手放进小道具(床、桌子、衣柜、凳子、书、灯等)，用方巾将盒子盖住。学生一边挥动魔术棒，一边念咒语“巴拉巴拉变”。学生念咒语的时候，教师悄悄在盒子里放入一个物品。教师请学生观察“房间里有什么”，并用句式说一说，如“房间里有床”。

四、教育支持法

教育支持法是指根据个别特殊学生的需求，教师为其提供个性化的支持服务，以帮助学生克服障碍、提高学习效率的方法。班级中每名智障学生所存在的障碍往往有所区别，如情绪与行为障碍、言语障碍、动作发育障碍等。这些障碍同样影响着培智学校生活语文教学的效果。因此，教师将教育支持渗透到课堂教学中，能帮助学生有效改善障碍程度对学科学习所产生的负面影响，如为有握笔困难的学生准备握笔器；为无口语学生准备辅助沟通设备等，从而促进学生的全面发展。

如下持辅助沟通运用于培智学校生活语文教学的个案为例进行具体阐述。

第一，判定个案学生的沟通需求。需求的判定是辅助沟通系统干预的基础。该个案学生曾经在语文课堂中尝试使用语音沟通板，但因手部无力，按压发声效果不佳。在语文课堂教学中，个案学生主要存在两个方面的问题。一是课堂行为问题。经过行为观察和功能分析，学生不知道如何表达上厕所，上课扔学习用具主要是逃避学习任务和获得关注。二是无口语表达能力。学生的语文学习效果不佳。辅助沟通运用的领域为语文课堂，主要目的是判定学生学习的需求，包括课堂行为表达和语文学习，呈现的形式为图卡和大动作。表 19-6 为个案学生沟通需求判定表。

表 19-6　个案学生沟通需求判定表[①]

<table>
<tr><td>表现领域</td><td>活动</td><td>表现</td><td>情境</td><td>先前使用沟通辅具历史</td></tr>
<tr><td>语文课堂</td><td>学习需求</td><td>课堂行为
语文学习</td><td>学校</td><td>使用语音沟通板，因手部无力，按压发声效果不佳</td></tr>
<tr><td colspan="2">干预目标</td><td colspan="3">指示说明</td></tr>
<tr><td colspan="2">使用图片、动作进行沟通，达到较好的沟通效果</td><td colspan="3">1. 确认个案学生角色和表现领域
2. 确认个案学生有表现困难的特定工作
3. 确认实施活动的情境
4. 个案学生如何应用沟通辅具，分析其效果</td></tr>
</table>

第二，评估个案学生的技能。个案学生技能评估主要包括肢体功能评估、感官能力评估、与辅助沟通相关的认知能力评估和语言能力评估。在肢体功能方面，个案学生能够独立缓慢行走，肌肉松弛无力，身体最容易控制的部分是手。在感官能力方面，个案学生的视觉、听觉、触觉功能正常。在与辅助沟通相关的认知能力方面，个案学生能认识常见生活物品；能认识实物、彩色照片、表示动作的简笔画；能对生活中常见物品进行配对；能用符号回答简单问题；不具备符号提问的能力和识字能力。在语言能力方面，个案学生能听懂简单的口语，看不懂书面语，口语只能发“啊”的音，不具备书面语表达的能力。

第三，选择适当的沟通方式。因家庭条件及学校现有设备设施情况，不具备选择高科技辅具的经济条件，教师故选择低成本的沟通板作为辅具；根据个案学生的运动能力，教师为个案学生设计简单的肢体大动作，使其将肢体动作和沟通板相结合进行运用。

第四，制作沟通板和设计辅助动作。根据个案学生技能评估结果，教师制作了大(长 10 厘米)、中(长 7.5 厘米)、小(长 5 厘米)三种实物卡片对个案学生进行指认和拿捏的测试。个案学生能正确指认，但是小卡片个案学生拿捏不住，中卡片和大卡片拿捏得很好，故选择了中卡片作为沟通卡片。根据个案学生的手部力量，教师用 1 厘米、2 厘米、3 厘米宽度的字母贴对个案学生进行测试。3 厘米的字母贴个案学生撕不下

① 陈强、徐云：《辅助沟通系统及实用技术》，49 页，北京，科学出版社，2011。

来；2 厘米的字母贴个案学生要使用双手，且多次使劲才能撕下来；1 厘米的字母贴个案学生比较轻松就撕下来，故采用 1 厘米的字母贴制作沟通板。最后，教师根据教学内容收集、整理了需要的图片，并制作成需要的图卡。教师还制作了可以粘贴 6 张图卡的沟通版面(卡片长宽各为 7.5 厘米)，并对卡片进行塑封处理，采用 1 厘米宽度的字母贴进行卡片的粘贴和更换。教师根据需要设计两种形式的图卡：一种使用字母贴，另一种使用双面卡片。根据个案学生的动作发育情况和表达需求，教师针对课堂常见行为设计相应的动作，以便个案学生可以通过肢体动作和教师进行沟通。表 19-7 为个案学生辅助动作及说明示例。

表 19-7　个案学生辅助动作及说明示例

动作名称	动作说明	动作的功能
上厕所	用手指指裤子或者教室外面	上厕所
举手	将手往上举，使手指高于眼睛的位置	获得教师的关注；想参与课堂活动，如到黑板上认读，请教师教写字
用手指地上	用手指地上的某物品	某物品掉了，请教师帮忙捡起来
粘贴图片	从众多图片中选出符合要求的内容	辨识物品，用图片回答问题

第五，运用辅助沟通。以人教版培智学校义务教育实验教材生活语文二年级下册为教学内容，因个案学生不具备口语表达能力和书写能力，语文教学目标的重点设定在听、表达、识字三个方面。其中“表达”不采用口语，通过图卡等形式进行呈现。如下介绍部分实践操作。

①将实物和图片进行配对。实物和图片配对是指给出实物和对应的图片，让个案学生进行配对练习。例如，教师用杯子和苹果的实物及图片进行示范，先将杯子和苹果的实物放在桌上，拿着杯子的图片，说“这是杯子”，再把图片放到杯子的前面；接着拿着苹果的图片，说“这是苹果”，再把图片放到苹果的前面。当个案学生明白游戏的规则以后，在教师的帮助下练习图卡配对。当个案学生能够进行两组物品配对以后，教师逐渐增加物品的数量进行训练。

②进行听句子训练。经过一段时间的训练，个案学生已经积累了一定的词汇量，

具有一定的听觉记忆力，开始进入听句子训练。主要方法是听句子，指出和句子意思相符合的图片。教师准备两张个案学生的生活照片(内容分别为睡觉和吃饭)，描述图片内容："在床上睡觉"，请个案学生指出对应的图片。当个案学生能够顺利进行简单的句式练习以后，教师对其进行较为复杂的句式训练，并逐渐缩小干扰图片与正确图片之间的差距。

③用图片回答简单的问题。经过前期的训练，个案学生已经具备一定的词汇量，能够认识常见的物品。此阶段要教个案学生使用词语来回答问题，进行"说"的初步练习。教师准备苹果、饼干的图片，问："你想吃什么?"个案学生用手指图片，回答正确以后教师将对应的实物奖励给个案学生。教师出示毛巾、床、盆子的图片，问："你在哪里睡觉?"个案学生指出床的图片。

▶第三节 培智学校生活语文教学评价与反馈

一、生活语文单元评价与反馈

生活语文教材的每一个单元有一个"我的收获"栏目，从我会听、我会读、我会说、我会认、我会连或我会写、家长寄语六个维度进行评价，六个维度会根据单元教学目标和内容会有一些小的调整。有能力的学生可以进行自我评价；若学生能力不足或评价不准确可以由教师指导，科学、客观地对本单元的学习内容进行评定。

二、生活语文目标领域评价与反馈

在教学目标设定阶段，教师按照《培智学校义务教育生活语文课程标准(2016 年版)》中低、中、高三个年级段的不同要求，从倾听与说话、识字与写字、阅读、写话与习作、综合性学习五个领域对目标进行了分级，并以此为依据确定了个别化教育目标。在评价阶段，教师以此为依据再次对学生进行评价，以检核教学目标的达成度。当对每个领域进行了分值评定后，教师汇总分数，画出学生得分侧面图，就能十分客观地评定学生的进步与成长。若教学目标未达成，教师则需要进行反思与调整，找出问题产生的原因，为下一次教学目标的设定打下基础。

三、描述性分析评价与反馈

评价学生的进步与成长时，除了采用等级评定、量化评定以外，教师还可以根据学生的具体表现，用描述性的语言进行评定。这种方式往往是家长比较喜欢的。通过描述，他们能够从具体的事件中切身感受到孩子所取得的进步。

| 案例 |

生活语文老师：虽然遥遥是一名没有言语能力的脑瘫儿童，自从采用了沟通板，遥遥总是特别愿意上语文课，学会了举手、发声、卡片交换等沟通方式。当她想上厕所的时候，就拿出上厕所的卡片，并“啊——啊”地叫老师。在语文课上，她完全能根据老师的要求完成任务，在学会指认简单的物品以后，还学会使用沟通板回答简单的问题，学习进步非常明显。

单元小结

生活语文课程作为培智学校义务教育阶段的一般性课程，具有工具性、人文性和生活性相统一的特点。本单元从培智学校生活语文教学设计与实施、方法与运用、评价与反馈三个方面进行了详细论述。其中培智学校生活语文教学目标包括总目标和具体目标。在教学设计与实施方面，本单元从教学对象、教学目标、教学内容、教学重难点、教学过程、教学反思几方面探讨了如何开展教学设计；从上课、作业批改、课后辅导、学业评定几方面探讨了如何开展教学实施。在教学方法与运用方面，本单元详细论述了集体差异教学法、结构化教学法、游戏活动法、教育支持法在生活语文教学中的运用。在教学评价与反馈方面，从生活语文单元评价与反馈、生活语文目标领域评价与反馈、描述性分析评价与反馈探讨了如何对智障学生进行生活语文教学评定。

讨论与探究

1. 培智学校生活语文课程目标和内容是什么？

2. 培智学校生活语文教学方法有哪些？除本单元论述的方法外，还有哪些方法适用于学生，请用具体案例进行分析。

3. 请选择生活语文教材中的一篇课文，撰写一篇适合培智班级开展集体教学的教案。

阅读资料拓展

1. 邢同渊、徐翠锋：《智力障碍儿童学科教学》，北京，中国轻工业出版社，2017。

2. 洪清一：《特殊需求学童之课程与教学》，台北，五南图书出版股份有限公司，2019。

3. 钮文英：《启智教育课程与教学设计》，台北，心理出版社，2012。

教学设计案例

学校

第二十单元　培智学校生活数学教学

单元导学

数学知识的运用在我们的生活中是必不可少的。智障学生虽然智力发展受限、生活经验不足，但知识的储备与学习是其融入社会的基础。培智学校生活数学从学生的实际需求出发，结合数学知识进行系统教学，让智障学生能够获取数学知识，形成正确的人生观、价值观，为更好地适应社会生活做准备。教师应根据《培智学校义务教育生活数学课程标准(2016 年版)》中数学学习的相关内容以及智障学生的认知特点、语言学习规律和身心发展特点，结合教学资源，合理选择教学方法，传授教学内容，提升培智学校生活数学教学质量。

学习目标

1. 熟悉培智学校义务教育生活数学课程目标与内容，形成对培智学校生活数学学科的价值认同。

2. 能够根据培智学校义务教育生活数学课程目标与内容进行合理的教学设计与实施。

3. 了解培智学校生活数学教学方法，掌握教学过程的要领。

培智学校义务教育生活数学课程标准解读

单元思维导图

- 培智学校生活数学教学
  - 培智学校生活数学教学设计与实施
    - 培智学校生活数学教学设计
    - 培智学校生活数学教学实施
  - 培智学校生活数学教学方法与运用
    - 情境法
    - 实物法
    - 游戏法
  - 培智学校生活数学教学评价与反馈
    - 培智学校生活数学教学评价
    - 培智学校生活数学教学反馈

▶第一节 培智学校生活数学教学设计与实施

学生由于自身的思维能力发展欠缺，理解能力不强，其在数学知识的学习、理解、运用上显得更为困难。在新课程标准的指导下，培智学校数学教学设计与实施应以学生为主体，充分调动学生学习的积极性，以实践操作为本，以生活运用为主旨，落实生活数学的教学理念。

一、培智学校生活数学教学设计

所谓培智学校生活数学教学设计，是指根据课程标准的要求和教学对象的身心特点、教育需求等情况，为达到一定的教学目的，根据现代的教育心理学、教学论、教学媒体论等相关理论与技术，将教学的诸要素合理有序安排，确定合适的教学方案的设想和计划。它一般包括分析学情、分析教材、确定教学目标、分解教学内容、明确教学重难点、梳理教学过程、进行教学反思几个环节。

（一）分析学情

在培智学校生活数学教学中，学情分析是指对教学对象的现有能力、最近发展区的了解与分析，主要包括分析学生的知识起点、学习风格、学习能力等。由于智障学生的个别差异大，培智学校生活数学教学必须建立在学生的认知发展水平和已有的知识经验基础之上，从而增强教学设计的针对性和预见性，使教学设计符合学生的实际需求。

（二）分析教材

在培智学校生活数学教学中，教材分析是结合课程标准、教学大纲、教科书要求及学生的实际情况，以课题为单位，对教学内容、教学作用等进行的具体设计和安排。教材分析包括以下三个部分：①分析教材的作用，即根据教材所处的地位、前后内容的联系，确定其在学科教学中的作用。②介绍教材的地位，即在整体把握教材知识体系和编写意图的前提下，通过分析教材内容特点确定其在学科教学中的地位。③分析教材内容，即分析教材的知识结构体系、主要内容、重难点及目标等。

（三）确定教学目标

在培智学校生活数学教学中，教学目标是通过教学后对学生应该表现出来的可见行为进行具体明确的表述。[①] 教学目标是教育目的、培养目标、课程目标的具体化，也是教师完成教学任务所要达到的要求和标准。[②] 新课程标准中将培智学校生活数学教学目标分为四个维度：知识技能、数学思考、问题解决和情感态度。在确定教学目标时，教师一方面需参考课程标准中对此学习内容的目标要求；另一方面也需结合学生的实际情况，根据学生的个体差异进行分层目标的设定。

（四）分解教学内容

为了实现既定的教学目标，我们需要将教学内容进行合理的分解组合，以确保学生能够在参与课堂活动后获得数学知识、技能等。选择培智学校生活数学教学内容时，教师需以规定学习的内容为基础，注重实用性，注重联系学生的发展特点和生活实际，以保证达到教学最优化的效果。教师还要熟悉、分析教材，理解教材编写的原则和依据，充分了解教材内容的选择、表现形式以及编排的特点，灵活、有创造性地使用教材。

（五）明确教学重难点

教师可依据本课的教学内容及目标、培智学校生活数学课程标准要求和班级学生的认知水平确定本节课的教学重难点。在培智学校生活数学中，教学重点是指课堂教学中需要应对的主要矛盾，是教学的重心所在；教学难点是指在教学中遇到的离学生生活实际太远、学生难以理解和掌握的知识、技能与方法。教学重难点是就教育对象的实际情况而言的，同一教学内容的重难点不是一成不变的。所以教师在确定教学重难点前需要认真研究，充分了解学生的知识起点，才能在教学过程中有效引导学生。

---

① 杨九民、梁林梅：《教学系统设计理论与实践》，83 页，北京，北京大学出版社，2008。

② 蒋新文：《论培智学校生活数学学科课堂教学目标的设计》，2019 年第四届特殊教育华山论剑暨中国心理卫生协会残疾人心理卫生分会特殊教育专业委员会 2019 年年会论文，太原，2019。

（六）梳理教学过程

培智学校生活数学教学过程包含导入、讲授、练习与运用等主要环节。培智学校生活数学课堂的导入方式一般轻松有趣，要能够激发学生的学习兴趣，营造快乐轻松学习的氛围。教师在讲授的过程中要让学生对学习数学充满期待与热情，愿意去感知数学知识，达到运用与发展的目的。常见的导入方式有视频导入、设疑导入、情境导入、复习导入、问答导入等。这些导入方式都利用了多感官相结合的形式，符合学生的特点。教师在讲授的过程中，要注意教学材料呈现方式的选择，避免使用图片等资料，可以充分利用现代科技信息技术，将教辅材料转化为图文结合的形式，同时结合精美课件以及音频播放设备的使用、问题情境的创设、游戏活动等，提高学生学习数学的热情，以及数学学习的能力。在学生练习与运用数学知识的过程中，教师要创设合适的情境，让学生进行各种形式的模拟练习。例如，在讲“认识时间”的内容时，教师可以结合现实中真实的场景，让学生积极思考，记录每天起床、午餐、睡觉的时间，通过与生活实际相结合，形成对时间的理解并应用。

（七）进行教学反思

教学反思是整个培智学校生活数学教学活动中必不可少的一部分，是教师根据本堂课的教学目标以及学生的课堂表现对教学活动及其效果及时进行审视和分析的过程。教学反思是教师在教学实践过程中发现问题、思考问题、解决问题的一种行为。教师通过反思整堂课的成功得意之处和失误之处，审视自己的课堂教学亮点以及解决问题的办法、对策，不断促进自身能力的提升。

二、培智学校生活数学教学实施

培智学校数学教学设计只是教师对课堂教学效果的设想，这种设想能否发挥预期的效果，还需要在课堂教学的实施中进行检验。首先，在教学活动实施前，教师需要做好充足的教学准备，包括教学内容与教学方式的选定、教学工具与学科材料的确定等。这是保障课堂教学顺利实施的基础。其次，在教学实施过程中，教师还要注意教学活动的设计、课堂预设等问题。第一，教学活动设计是由易到难、由浅到深的过程，这能够让学生在学习中收获成功的体验。第二，教师要预设课堂中可能出现的突发情况，当遇到问题时，及时解决。第三，教师在教学的过程中，言语的表达一定要简明有活力，充分调动学生学习的积极性。第四，教师要多肯定学生的优点，以言语表扬、增强物进行肯定等方式鼓励学生。最后，在教学实施结束后，教师要做好总结与反思。教师要思考教学目标与学生能力是否匹配，教学方法选取是否恰当，教学实施后学生是否有收获等，并认真分析原因，及时找出解决方案。

▶第二节 培智学校生活数学教学方法与运用

智障学生由于大脑发育迟缓，心理发展受到限制，他们在认知能力、学习能力、理解能力、思维能力等方面存在不足；他们主要以具体形象思维为主，学习抽象的数学知识难度较大，还容易厌倦学习，课堂参与度不高，学习效果不太好等。因此，运用有效的教学方法，让学生的生活数学课堂变得有趣、生动、形象、具体，以数学生活化为切入点，提升学生课堂参与的有效性，是提高培智学校生活数学学习效率的基础。

一、情境法

在新课程标准的规划中，生活数学教学紧密围绕学生的生活适应有效开展。以统编版教材生活数学为例，各单元教学一般都是围绕学生的校园生活、个人生活、家庭生活、社区生活几方面来开展的。为了提高学生分析问题、解决问题的能力，教师要善于挖掘、利用生活中的一些有趣的问题和现象，将书本内容联系生活，结合学生的年龄特征、心理特点和生活中的经验创设合适的情境，让学生感受生活中的数学，既可以提高学生对数学知识的感知，也可以让学生理解比较抽象的数学问题。例如，一位教师教学“认识人民币”一课时，可以把教室布置成超市的样子，要求学生根据自己的喜好和持有的人民币进行购物体验，分角色扮演超市收银员和购物人员，进而加深学生的印象。最后教师布置家庭作业让学生回家和父母一起去超市购物，与生活实际联系起来。教师运用情境法进行教学就会使学生真切感受到“生活中处处有数学”，深刻体会到数学在生活中的用处。

二、实物法

由于学生的认知能力较欠缺，对于抽象的数学知识的理解存在困难，教师以实物展示进行教学替代了抽象的数学名词，进而能提高学生对知识的理解；由于生活数学来源于生活，最终也要到生活实践中去，教师以常见的实物进行举例，更方便学生把学习到的知识运用到生活中。例如，在教学“认识数字”一课时，教师既可以通过展示学生喜爱的实物进行点数，又可以通过引导学生观察电视遥控器、电梯楼层、车牌号、公交车等生活中常见物体上面的数字，让学生了解数学的实用价值。实物法就是让学生从常见的事物开始感知数学，激发其求知欲和探索欲，理解与掌握数学知识。

三、游戏法

游戏法是指在数学教学中，利用符合学生认知水平、有数学特征的游戏，提高学生学习数学的兴趣和激发学生学习数学的动力。游戏在课堂中的应用关键在于对学生兴趣的激发及能力的培养。例如，在复习讲解“20 以内的加法”时，教师可以通过设置游戏来激发学生学习数学知识的兴趣；可以将学生划分成两个小组，以小组间的竞争来开展游戏活动。教师设置两种不同类型的卡片，准备 18 个卡片，把这些卡片打乱放置在一个盒子里。教师让两组学生随机抽取，这两组学生抽取到的卡片数字相加等于 9 就是完成任务。这种小游戏能够提升学生的加法运算能力，在一定程度上还能够让更多的学生认识更多的数字，从而实现数学教学的目的。

| 思考 |

你还想到哪些适合培智学校生活数学教学的方法？这些教学方法该怎样实施？

第三节 培智学校生活数学教学评价与反馈

一、培智学校生活数学教学评价

培智学校生活数学教学评价应坚持以下几点要求。

第一，坚持多元化的评价。教学评价是促进学生有效学习的重要手段。教师运用多样、灵活、丰富的评价手段，能让学生对学习充满期待与热情，提高学习效率。在培智学校生活数学教学中，教师要坚持从多个角度对学生进行评价。例如，教师从学生个人角度、家长角度、教师自身角度进行评价，将过程性评价和结果性评价相结合，不光要看学生有没有掌握所学内容，更要看学生在学习过程中的学习态度、所付出的努力和坚韧不拔的学习信心。

第二，坚持即时评价与延时评价相结合。所谓即时评价是指当学生在学习中表达了某种想法或实施了某种行为后，教师马上给予其肯定或否定的结论进行评价。延时评价是指当学生在学习中通过自己去揣摩、去体验，有了自己的情感和体验后，教师再给予其一定的评价。通过实际的教学活动发现，即时评价有利于学生及时调整自己的学习状态，包括对其知识掌握的评价和情绪上的评价。延时评价则更适用于学习的处境不利群体，在对他们进行评价之前他们有充分的时间进行交流，进行思考。这样的评价对于这些学生来说比即时评价更有意义。例如，在讲授“认识高矮”一课时，教师可以设计如下用于导入新课的内容。第一步，教师站立起来是高，蹲下就变矮了。第二步，请学生和教师比高矮，并说说谁高谁矮。第三步，在教学结束前请学生自己找伙伴比较高矮。在这个过程中，学生跟伙伴比高矮很开心，同时也会发现跟不同的人比较，高矮就会有变化。一节课下来，能力较弱的学生也能理解高矮的差别，这时再给予他们肯定的评价，能有效地提高他们学习的积极性。

第三，加强非智力因素的评价。在培智学校，学生的智力发育迟缓。在教学中，非智力因素发挥着很重要的作用，所以对非智力因素的评价更容易让学生获得自信心。

非智力因素包括学生的学习态度、兴趣、习惯、注意力等。良好的学习习惯、端正的学习态度、高涨的学习热情、积极的学习情感是学生健康发展的根基。开展这方面的评价能调动学生学习的积极性和主动性。

二、培智学校生活数学教学反馈

培智学校生活数学教学反馈是指教师针对学生生活数学学习后达到的效果进行总结与反思的过程，是师生双方在教学过程中对信息进行获取、处理和输出的过程。为了实现生活数学教学反馈效果的最优化，教师应该充分针对学生的个性特点，选择其最适合的教学反馈方式，使用灵活的方法，使反馈效果落实。

首先，面对培智学校生活数学教学中学生存在的共性问题，可以进行集体反馈，进行集中讲评；对于个别学生存在的个性问题，可以采取个别化辅导的方式解决。其次，对于课堂参与度较好的学生可以采取班级表扬，或者通过语音、电话的形式向家长反馈，激发学生进一步学习的信心；对于班级参与度较差的部分学生，则可以采用单独面谈，指导其选择合适的教学参与方法，提升其后续课堂的参与度。最后，不能盲目地将教学结果反馈给学生，要具体问题具体反馈。一方面，教师应给予具体的建议并给出一些鼓励；另一方面，教师也应提供一些更能激起学生的学习潜力及奋力拼搏的反馈，利于其潜能的发挥。

单元小结

生活数学课程是智障学生学习的必修课程，也是其适应生活、融入社会的基础。结合智障学生的学习基础、学习特点的不同，如何有效地开展生活数学教学是生活数学课程实施和推广的关键。本单元从培智学校生活数学教学设计与实施、方法与运用以及评价与反馈这三个方面进行了简要论述。在培智学校生活数学教学中，教师需结合学生的实际需求，有效开展教学活动。

讨论与探究

1. 培智学校义务教育生活数学课程目标与内容分别包括什么?

2. 培智学校生活数学教学方法有哪些?

3. 以培智学校生活数学“得数是6的加法”一课为例，设计一篇适用于培智三年级智障学生的教案。

阅读资料拓展

柳笛:《培智学校数学课程与教学》，上海，华东师范大学出版社，2016。

教学设计案例

8的分解与组成

第二十一单元　培智学校生活适应教学

单元导学

培智学校生活适应课程是一门以培养学生的生活适应能力为主要目的的功能性课程。本课程注重生活性、实践性和开放性，遵循学生的认知发展规律，旨在培养学生的生活适应能力，关注学生的生活实际，从而促进学生的个性发展，提高学生的生活质量，帮助其融入社会。根据《培智学校义务教育生活适应课程标准(2016年版)》中的相关内容及培智学校学生的认知发展规律，教师在教学过程中应结合学生的身心发展特点和学习特点、生活适应课程的生活化教育特点，结合教学及生活经验，开发生活适应课程资源，提升培智学校生活适应教学质量，做好生活适应课程的建设，积极探索适合生活适应课程的教学模式，不断突破，以提升生活适应教学效果，探索出优质教学的有效路径。

学习目标

1. 熟悉培智学校义务教育生活适应课程目标与内容，形成对培智学校生活适应学科的价值认同。

2. 能够根据培智学校义务教育生活适应课程目标和内容进行教学设计与实施，并掌握教学设计的各个要素，领会教学实施的过程。

3. 掌握培智学校生活适应教学方法，把握教学过程的要领。

培智学校义务教育生活适应课程标准解读

单元思维导图

- 培智学校生活适应教学
  - 培智学校生活适应教学设计与实施
    - 培智学校生活适应教学设计
    - 培智学校生活适应教学实施
  - 培智学校生活适应教学方法与运用
    - 直接教学法
    - 案例教学法
    - 情境教学法
    - 参观教学法
    - 任务驱动法
    - 示范教学法
    - 分组讨论法
    - 游戏教学法
  - 培智学校生活适应教学评价与反馈
    - 培智学校生活适应教学评价
    - 培智学校生活适应教学反馈

▶第一节
培智学校生活适应教学设计与实施

培智学校生活适应课程旨在培养学生能生活、会生活、爱生活且有思想地生活的能力。教师在进行教学设计的时候，应该做到以学生为核心，以学校、家庭、社区为单位不断地扩展，以促进实践的生活领域为主，提高学生独立生活的能力。

一、培智学校生活适应教学设计

培智学校生活适应教学设计包含分析教学对象、明确教学目标、确定教学内容、明确教学重难点、梳理教学过程、进行教学总结与反思等内容。

（一）分析教学对象

分析教学对象就是我们经常说的学情分析。在培智学校生活适应教学中，学情是指学生在某一单位时间内或某一项学习活动中的学习状态，具有客观性、开放性、动态性等特点，包含学生的起点水平和生活经验、学习动机、学习兴趣、学习风格等。[①]学情分析是顺利开展教学的必要前提。针对培智学校学生的学情分析就是对学生学习情况的分析，具体就是对学生的认知和非认知发展水平的分析。本单元中分析教学对象主要是对学生的基本情况、身心发展特点、相关知识掌握情况、相关经验积累情况、相关能力以及学习的态度、积极性、性格等方面的具体分析。

（二）明确教学目标

教学目标关乎着教学内容的选取、实施与评价的发展方向，为教师的“教”指明方向，为学生的“学”提供修正与反馈。[②] 可见，明确培智学校生活适应教学目标是教学设计中的关键，为教学内容的选择、教学方法及教学过程的梳理奠定了总方向。

在确定培智学校生活适应教学目标的时候，教师要尽可能使其具体化、明确化。

---

① 苏海燕、陈国才：《在日常数据挖掘中读懂学情——北京师范大学附属实验中学学情分析及学业指导模式探索》，载《中小学管理》，2020(11)。

② 荣俊杰：《上海市高中体育专项化教学的优化研究》，博士学位论文，华东师范大学，2020。

一方面教学目标的表述要符合教学规律，另一方面教学目标要用简单易懂的词语予以表述。此外，教师要结合《培智学校义务教育生活适应程标准(2016 年版)》中的总体目标和具体目标来调整确定。培智学校生活适应教学目标一般从知识与技能、过程与方法、情感态度与价值观三个方面进行设定，部分还可以根据学生的个体差异，适当地添加缺陷补偿目标。

（三）确定教学内容

教学内容是实现教学目标的重要依托和载体，亦是选择教学方法的主要依据。在选取培智学校生活适应教学内容的时候，教师需要注意以下几个方面。第一，要以学生为本，做到以学生的教育需求及身心发展特点为本，选择难易程度适中的且适合每名学生的教学内容，并根据每名学生的差异性进行适当调整。第二，要考虑到不同学段学生的学习特点、身心发展特点，从而提高教学内容的针对性。第三，要结合教师所擅长的领域，继而选择较擅长的教学方法，以提高学生的学习兴趣。第四，要做到教育与生活相结合、理论与实践相结合，以符合生活适应课程的“生活化”和“实践”的要求。第五，要注重统一性与灵活性相结合。即要注重教学内容与国家课程标准相一致，且纵向符合教学内容的连续性和关联性，横向可以根据学生的个别化差异进行适当调整。

（四）明确教学重难点

教学重难点是教学设计中不可缺少的一环。教师需要根据教学目标及教学内容，结合学生的不同特点，明确教学重难点，在教学过程中有偏向性，以更好地促进教学目标的达成。培智学校生活适应教学重点是学生必须掌握的基础知识点或者基本技能，也可以说是教学内容中的最核心知识点；培智学校生活适应教学难点便是学生较难掌握的知识点或者技能。其中教学难点不一定是教学重点，且针对不同的学生以及不同学段的学生的教学难点也不同。教师需要根据学生的情况给予调整，既能够让学生掌握基本知识与技能，同时也能够为后期的知识积累奠定基础。

（五）梳理教学过程

教学过程的内容一般根据不同教师的习惯特点而不同，但总体而言，教学过程均包含导入、新课讲授、巩固练习及小结四部分。不同地方也会根据本校特色进行适当调整。

如低学段学生的课堂常规有待进一步加强，则可以开课前加一个“课堂常规”环节。

培智学校生活适应教学的导入环节多采用视频、歌曲、复习、问答、情景等方式，以提高学生的学习兴趣和积极性。在培智学校，学生以孤独症、智力障碍、言语障碍和多重障碍居多，故而注意力不能够长时间集中。所以利用有趣且符合学生兴趣点的导入来调动学生的学习积极性是实现有效课堂的重要前提。在新课讲授环节，教师可以在选取适当的教学方法的基础上，采用视频示范、情境模拟等方式，且可结合每名学生的学习特点进行适当调整。如孤独症儿童Q，非常喜欢动画和声音刺激，且班级其他同学也较为喜欢，无不良反馈。故而在制作课件的时候，教师可以加入动画效果，以及加入相对应的汽车声音，或者风声等音效，以提高学生的学习兴趣，吸引学生的注意力。在培智学校生活适应教学的巩固练习环节，学生的注意力已经不够集中，开始分散，故而这时候的巩固练习可以让学生以实践为主，如角色扮演、动手实践；或者教师可加入平板电脑等新颖的巩固练习方式。一方面促进学生掌握知识；另一方面确保学生的学习注意力，达成有效的教学。小结环节一般是对整堂课所学习的内容进行一个总结，再次加深学生的学习印象。

（六）进行教学总结与反思

培智学校生活适应教学总结与反思是一堂课中不可或缺的一环，是对一堂课的反思和提升的过程。在一堂课结束之后，教师应该及时针对本节课整体的教学效果以及学生的反应给予总体评价，结合教学目标和学生的课堂反应，反思教学目标达到的程度，并总结有效的教学经验，对学生的良好表现给予及时反馈；反思课堂中存在的问题，以及在教学中容易忽略的地方，在后期的教学中得以改进，不断提高自身教学技能，促进有效课堂生成。

二、培智学校生活适应教学实施

实施是一个理解的过程，一个运作的过程，一个对话的过程和一个意义生成的过程。[①] 教学实施是一个将计划付诸实践的过程，强调了行动的意义。培智学校生活适

---

① 吉标、吴霞：《课程实施：理解、对话与意义建构——一种建构取向的课程实施观》，载《西南师范大学学报(人文社会科学版)》，2005(1)。

应教学实施是完成教学目标的具体体现，也是实现教学目标的关键环节。培智学校生活适应教学实施不仅涉及实施的对象、主体和环境，还涉及实施过程中活动设计、项目选择、分层等环节。它实质上是指把教学计划、教学理念等全部付诸实践的一个动态的过程，整个过程包含了教师对于课程、教学的理解与内化、运作与体验，也显现了学生的主动发展的整个过程，以及各种教学要素之间的和谐统一。这个过程还体现了课程设计者、教师与学生以及学生之间的理解与沟通，使得教学过程能够符合课程的构想，且通过不断的反思修正达到预期的效果。①

在培智学校生活适应教学实施过程中，教师要做到如下几方面。一是教学内容选择的适合性。即一定在了解学生的基础上，结合每名学生的身心发展特点和学习情况、兴趣点等多方面情况选择适当的教学内容。这便对教师提出一定的要求，即要对学生的基本情况、个别化教育计划情况有基本的了解，以选择适当的教学内容。二是要采用适当的教学策略。培智学校多以“差异化教学＋调整”为主，即根据教学内容，结合学生的情况，进行教学目标分层，进行差异化教学，旨在找到适合的教学方法，贴近学生的最近发展区，使得学生获取成就感，产生快乐的学习情绪和强烈的学习动机，从而激发学生的学习主动性，提高教学效果和学习质量。② 三是教学应贴近生活实际和实践。即在教学过程中，多让学生动手实践，实际操作，且注重其在生活中的泛化训练。四是在教学实施结束后，要注重对整堂课的总结反思，及时发现教学中教师自身、学生存在的问题，思考教学目标、内容、方法等的选取是否恰当，教学过程中是否有突发状况，认真分析原因，并及时完善教学设计。

第二节 培智学校生活适应教学方法与运用

在选择培智学校生活适应教学方法时，教师要注意：一是注重贴近生活，紧密联

① 荣俊杰：《上海市高中体育专项化教学的优化研究》，博士学位论文，华东师范大学，2020。

② 荣俊杰：《上海市高中体育专项化教学的优化研究》，博士学位论文，华东师范大学，2020。

系生活实际；二是要做到以学生为中心，尊重个体差异；三是要能激发学生的学习兴趣；四是注重与奖励、强化等方式相结合。

一、直接教学法

直接教学法是一种以经验为基础，包含多种行为原则，以提高学习效果的教学方法。其中行为原则包括简短、清晰、有序的指令，立即强化和纠错程序。[①] 直接教学法在普通学校课堂中较为常见，在培智学校生活适应课堂中也亦是如此。例如，在教学生拖地的时候，教师可以通过示范、强化等行为原则进行直接教学，让学生掌握拖地这项技能。

二、案例教学法

案例教学法是根据教学目的和培养目标的要求，教师在教学过程中，以案例为基本素材，把学生带入特定的教学情境中分析问题和解决问题，促进学生掌握理论知识并形成技能、技巧的方法。[②] 案例教学法因其贴近生活实践，且较为灵活，在培智学校生活适应课堂上也较为常用。培智学校生活适应教学内容要更偏向生活，偏向实践，故而在选取案例的时候，教师可以选取班级学生照片，或者提前采用班级程度较好的学生拍摄的短视频为案例展开教学。一方面，教师可以将学生较为熟悉的同学作为视频或者图片案例中的主人公，在课堂上引起学生的兴趣；另一方面，教师可以将好的案例作为榜样进行示范，也可以激励班级学生，对于不好的案例应酌情选择。例如，在讲授课堂常规的时候，教师便可以提前让班级个别做得比较好的学生拍摄端坐、上课时有问题举手、保持安静、出去上厕所告知老师等行为的照片或者短视频，作为课堂常规教学的案例。同时教师可以找一些反面案例激发学生思考，并给予正确示范。

---

① Shillingsburg M. Alice, Crystal N. Bowen, & Richard K. Peterman, et al., "Effectiveness of the Direct Instruction Language for Learning Curriculum Among Children Diagnosed With Autism Spectrum Disorder," *Focus on Autism and Other Developmental Disabilities*, 2014 (1), pp. 44-56.

② 李晓庆:《案例教学法在特殊教育专业教学中的应用研究——以〈行为改变技术〉课程为例》，载《现代特殊教育》，2015(9)。

三、情境教学法

在培智学校，情境教学法能帮助学生顺利走向社会，并且获取相应的生活技能和工作技能等。[①] 情境教学法的主要优势在于：①教学与学生的兴趣和注意力相关；②情境教学是一种功能化的训练，不是机械式的教学；③情境教学一般在教室、家庭、社区等的日常生活中进行；④通过提示和强化来促进学生的学习和回应；⑤教学过程较为强调自然性与功能性；⑥强调教师和学生之间的互动和交流等。情境教学的四大核心要素是示范、提示—示范、时间延迟、随机教学，同时配合环境安排、反应及会话模式、行为管理以及计划和评鉴。[②]

情境教学法在培智学校生活适应课堂中较为常用。教师通常在教学生去医院看病、去超市购物、去餐馆吃饭、看电影、搭乘飞机等贴近生活的实践技能的时候，会选择情境教学法，再根据学生的不同差异对教学目标进行调整，并进行不同程度的支持。例如，教学生去医院看病的流程，如果学校功能室还未建起，教师可以选择模拟情境教学。即教师提前准备好相关服装、提示牌等相关教具，在教室的不同地方设置不同的流程点，如挂号缴费、看诊、取药等。同时教师通过情境模拟的方式，让学生依次进行练习，以达成教学目标。若学生掌握得较好，教师可以让部分学生进行角色扮演，即让其扮演医生、护士等角色。

四、参观教学法

参观教学法是一种主题、目的、内容明确的，以参观为主要形式的教学方法，旨在加深学生对所学知识的理解与运用，增加学生的知识广博度，培养学生的实践应用和探索创新能力。[③] 参观教学法使得教学内容更加具体化、形象化和直观化，可以有效

---

① 向垚梅娇、向书清、姚敏：《情境教学法在培智学校的研究现状及实践创新策略》，载《文化创新比较研究》，2020(25)。

② 李春艳：《情境教学对伴有其他障碍视障儿童沟通行为的干预研究》，硕士学位论文，华东师范大学，2016。

③ 李宗富、尹苏丹：《参观教学法在档案学专业本科教学中的应用探析——以郑州大学档案学专业为例》，载《档案学通讯》，2019(3)。

弥补课堂理论教学的不足。在培智学校，学生可以通过参观，将所学习的理论知识直观化、形象化，同时能够巩固所学知识，增强学习兴趣。参观教学法是培智学校生活适应教学常用的方法之一。例如，在新学期开学，学生需要了解校园，如走廊、电梯、楼梯、食堂、家长接送区等。教师可以先通过图片等方式进行理论教学，在学生基本掌握理论的基础上，带学生参观校园，在参观的过程中分别通过提问等多种方式让学生巩固所学习过的知识，进一步加深学生的印象，通过理论和实践相结合的方式达到认识校园的目标。在参观的同时，教师还应对相关注意事项进行强调，如乘坐电梯和下楼梯等注意事项。

五、任务驱动法

任务驱动教学法是在教学过程中，以富有趣味性、能够激发学生的学习动机与好奇心的情景为基础，以与教学内容紧密结合的任务为载体，使学生在完成特定任务的过程中获得知识与技能的一种教学方法。任务驱动教学法注重的不是最终取得的成果，而是要使学生通过完成具体的任务，获取知识、技能及解决问题的方法，并在完成任务的过程中培养学生的工作责任感和团队合作能力，培养学生对知识进行自主深化与拓展的能力，充分体现了以教师为主导、以学生为主体的教学思想。①

培智学校生活适应课堂采用任务驱动教学法能够让学生通过完成任务，获取相关知识、技能，提高学习的积极性，并且发展学生的学习能力。例如，在学习“开门”的技能的时候，教师在讲授过不同的门的时候，可以根据不同的学生设计不同的任务单。如任务一是正确命名，即能够在随机出现的图片中，准备命名事物(包含学习过的其他事物和门)；任务二是能够区别不同的门；任务三是能够分别说出开不同的门的方法。这样让学生在完成任务的同时，巩固所要掌握的知识和技能。另外，在设计任务的时候，教师要结合不同学生的情况进行差异化设计；设计的任务应该是循序渐进的，由易到难，还可以涉及泛化的任务练习。

① 吴军其、刘萌：《“任务驱动”法在高校翻转课堂中的应用研究——以“网络教育资源设计与开发”课程为例》，载《现代教育技术》，2015(9)。

六、示范教学法

示范教学法来源于班杜拉提出的社会学习理论。也就是说人类的多数行为是通过观察学习所获得的；在观察学习的过程中，观察的人是学习者，被观察者是示范者，观察的行为便是即将学习的目标行为。示范教学法可分为录像示范和现场示范两种形式，均已证实是行为学习较好的方法，且在培智学校运用得较为广泛。[①]

培智学校使用示范教学法可以锻炼学生的观察学习和模仿能力。教师在生活适应教学中，可以根据教学内容等情况选取录像示范或者现场示范的方式。例如，教师在教授学生叠裤子的时候，可以结合使用两种示范方法。即教师提前通过助教老师按照提前设计的叠裤子步骤和流程叠裤子，然后录制叠裤子视频，在教学中给学生进行示范教学。同时在练习过程中，教师可以进行现场示范教学，再次加深学生叠裤子的印象。

七、分组讨论法

分组讨论法是指遵循创造性思维活动的逻辑程序，依据教学内容和要求，由教师有意识地创设问题情境，组织学生以讨论形式进行问题的发现、探究，从而激发学生强烈的求知欲、创造欲和主体意识，达到培养学生创新能力的一种教学方法。[②] 分组讨论法要求教师以解决问题为主展开教学，通过分组讨论的方式提升学生学习的积极性，激发学生探索知识的动力。

培智学校生活适应课堂上很多时候会运用到分组讨论法。但一般在进行分组的时候，教师会将不同层次的学生进行组合，即每组都有 A、B、C 组的学生。这样分组一方面是促进学生之间的同伴互助，另一方面是保证每个组别的能力相当。例如，在讲授过马路的顺序的时候，教师可以让学生进行分组讨论并且将每组打乱的过马路的顺序进行排序。教师可对小组进行奖励，以促进学生之间的同伴互助以及学生的合作学

---

① 李欢、郭晓倩、彭燕：《录像示范法与现场示范法对学前自闭症儿童社交沟通能力干预效果的比较研究》，载《中国特殊教育》，2018(11)。

② 张吉明：《浅谈分组讨论法教学在高中化学课堂中的实施》，载《化学教学》，2015(6)。

习能力提升。

八、游戏教学法

游戏教学法在培智学校生活适应课堂上运用得较为广泛。在培智学校，大部分学生的注意力不够集中，且缺乏学习兴趣和动力。故而教师通过游戏的方式，激发学生的学习兴趣，提高其学习动力。例如，在教学生如何乘坐公交车的时候，教师可以使用游戏教学法。教师首先讲授基本的乘坐公交车流程，随后便可以根据情况分组，使每组使用提前准备好的多人滑行车，让其他成员在原地等待滑行车到来，并根据学习的乘坐公交车时排队、刷卡、上车、就座等流程依次进行，可以通过这种小组游戏的方式来巩固乘坐公交车的生活技能。

▶第三节 培智学校生活适应教学评价与反馈

培智学校生活适应教学评价与反馈是教学过程中的重要一环，是保证和提高教学质量的重要措施。教师既要了解学生对于课堂所学知识与技能的掌握和运用情况，又要对学生给予及时反馈，并且促进课堂教学的不断反思和完善。培智学校生活适应教学评价应做到坚持以课程标准为基本依据，坚持多元、开放、整体的评价观，从而促进每一名学生的发展，不断提高其生活适应能力。

一、培智学校生活适应教学评价

（一）培智学校生活适应教学评价原则

根据培智学校生活适应课程标准的要求，培智学校生活适应教学评价可以遵循以下原则。

1. 评价目标注重共性与个性相结合

选取培智学校生活适应教学评价目标与内容时，教师应该以国家课程标准为基本依据，再从每名学生的身心发展、学习特点等角度出发，尊重每名学生的个体差异，既要选择关注到全体学生的共同目标，也要基于每名学生的特点设置个别化的教学目标。

2. 评价方式注重质性评价与量化评价相结合

培智学校生活适应教学评价以质性评价与量化评价相结合的方式进行，以质性评价为主。采用的评价方法主要有观察、访谈、调查、测验、档案袋评价等。教师应重视日常观察的方法，客观记录学生在活动中的各种表现；也可通过访谈家长、其他相关人员以及学生本人，获得有关学生发展的相关信息。获取不同的评价内容所需要的评价方法不尽相同，在评价过程中要注意综合运用。

3. 评价过程注重多元化和开放性

一是注重评价主体的多元化。评价主体既可以是教师、家长及其他有关人员，也可以是学生。即采取教师、家长及其他有关人员他评与学生自评、同学互评相结合的方式。

二是注重评价标准的多元化。教师可以根据学生的不同情况，采取多元化评价标准，关注每一名学生在其原有水平上的纵向发展。

三是注重评价方式的开放性。教师可以运用多种方法，采取多种形式收集来自家庭、学校、社区等各方面的信息，全面地评价学生。

4. 评价结果注重客观性和指导性

通过评价，教师能够比较客观、全面地了解每名学生的生活常识、行为习惯以及心理健康状况，了解每名学生适应社会能力的不同发展水平。教师应根据评价结果仔细分析每名学生的发展优势及不足，并以此为基础，在随后的教育教学活动中提供更有针对性的指导，从而帮助学生获得积极的体验，健康、自信地成长。

（二）培智学校生活适应教学评价目的

培智学校生活适应教学评价目的包括如下几方面。一是了解学生的发展起点。教师可以结合课程标准对生活适应教学内容的规定，了解学生在个人生活、家庭生活、学校生活、社区生活及国家与世界方面技能的基本掌握情况，以便于结合学生的情况选择适当的教学内容。二是确定恰当的教学目标。在培智学校，学生的差异较大，很难运用一份试题来统一评价学习效果。但教师可以通过日常的情况分析来评价学生的学习效果，从而更准确地确定教学目标。三是可以调整教学过程。教师在教学过程中，基于学生的学习情况、表现等及时地调整教学过程、策略和方法，从而有针对性地展开教学。①

（三）培智学校生活适应教学评价标准

培智学校生活适应教学评价目前在全国还没统一的标准，但是每所学校有自己的评估标准。教师可以提出自己所在学校的生活适应教学评价标准，即 5 级评分标准：0——独立完成目标；1——需要间歇支持；2——需要少量支持；3——需要大量支持；4——需要全面支持。即评估的最终得分越高表示在这一领域所需的支持越多，则学生的掌握情况越不好；分数越低则表示学生的掌握情况较好，需要提供的支持越少。此外，教师可以根据学生的情况，设计学生行为观察记录表、兴趣调查表、学习特点调查表、学习态度观察评量表等来了解学生的情况，以设定适合的教学目标，选取适当的教学内容，从而实现有效教学。

（四）培智学校生活适应教学评价方式

在培智学校，学生之间存在较大的差异，所以统一的试题难以评价学生的学习情况，故而需要采取多元且动态的评价方式。

1. 评价方式从单一转向多元

在生活适应教学中，教师一般会坚持诊断性评价、过程性评价、总结性评价、量化评价和质性评价相结合的多元评价方式。即教师通过个别化教育计划的非标准化评估量表进行评估，还会结合一学期或者一段时间学生在某方面的改变和取得的进步，以及结合日常评估、课堂表现和作业情况等进行评估，且通常还会和家长、任课教师、生活教师等进行质性评估，以更加全面且准确地了解学生的掌握情况。

2. 评价方式从静态转向动态

随着教学质量的不断提升，以及更加主张为学生提供个别化教育计划，评价方式

---

① 金莉：《培智学校生活语文有效教学的实践与思考》，载《绥化学院学报》，2015(10)。

更加注重动态的评价，且考虑更多的影响因素。即不再是仅仅重视学生取得的纸面成绩，更多的是让学生在生活实践中动手操作，观察其表现，且整个评价过程是可动态调整的。

（五）培智学校生活适应教学评价内容

培智学校生活适应教学评价内容与课程标准及学生的情况息息相关。培智学校生活适应教学评价多注重过程性评价。一是个人生活的评价，包含饮食习惯、个人卫生、个人着装、疾病预防、自我认识及心理卫生等方面的情况；二是家庭生活，主要包含家庭关系、家庭责任、居家安全等方面的情况；三是校园生活，包含人际交往、校园安全及学习活动等方面的情况；四是社区生活，包含认识社区、利用社区、参与社区、社区安全等方面的情况；五是国家与世界，包含对国家与民族、地理与历史、节日与文化、法律与维权、环境与保护、共同的世界等方面的情况。

二、培智学校生活适应教学反馈

培智学校生活适应教学反馈主要是指教师在进行生活适应教学后，获得学生对于生活适应课中所学习的知识与技能的掌握情况，以及对整个课堂的教学效果的总结反思。培智学校每个班级的学生情况分布不均，且每名学生的差异性较大，有部分班级具有较好的语言，有部分学生无语言，故而获得良好的反馈需要教师从多方面进行衡量。生活适应教学反馈应该遵循共性与个性相结合、灵活性及针对性的原则。

首先，遵循共性与个性相结合原则。它是指在生活适应教学反馈中，教师应该先基于所有学生的基本情况，发现学生所普遍存在的共性问题，针对普遍存在的问题给予及时纠正和反馈，以达成基本的教学目标。此外，对于个别学生存在的个别问题，教师可以结合学生的个别化教育目标，进行适当的调整和补救教学，并结合学生的兴趣点运用不同的教学方法，以提高学生的学习动力，从而达成教学目标。

其次，遵循灵活性原则。由于培智学校班级学生的障碍类型不同，存在孤独症儿童、唐氏综合征、言语障碍、多重障碍等多种障碍类型；每名学生之间的差异也较大，很难通过同样的反馈方式，如很难使用统一的任务单来反映每名学生的掌握情况。故而要获得较好的反馈，教师要在了解每名学生的基础上，对任务练习单、活动设计以及互动进行调整。如对于 A 组的学生，教师可以通过问答、填写、示范、实践等方式直接了解其掌握情况，且具有语言的反馈也更加直观。但是 B 组的学生可能因其缺乏语言，且注意力不够集中，教师便很难知晓其掌握情况。这时候，教师便可以通过使用强化物来让学生操作，来看学生的掌握情况；对于程度较重的学生，教师可以通过其喜欢的平板电脑操作等方式，让其独立或者在教师的辅助下，或者在语言提示下进行练习，从而观察其掌握情况。教师对整个培智课堂的把控要较为灵活，且利用灵活的方式，灵活地获取教学反馈，以更好地调控课堂，从而达到有效教学。

最后，遵循针对性原则。教师可以针对学生的反馈及教育目标，针对每名学生布置不同的、差异化的作业，以巩固其所学知识与技能。在生活适应教学中，布置的课后作业较多的是让学生在家长的配合或者指导下进行实践性练习。故而教师要结合课堂上所学习的，将需要家长配合的地方详细告知家长，与家长取得良好的沟通合作，以共同促进教学目标的达成。

单元小结 ····▸

生活适应课程是培智学校学生学习的主要课程之一，是一门帮助培智学校学生学会生活、融入社会，立足于当前及未来生活所需的一般性课程。本单元从培智学校生活适应教学设计与实施、方法与运用、评价与反馈三个方面论述了培智学校生活适应教学过程。其中培智学校生活适应教学的总目标是帮助学生了解基本的生活常识，掌握必备的适应性技能，养成良好的行为习惯，形成基本的生活适应能力及良好的品德，成为适应社会生活的公民。生活适应教学设计与实施包含分析教学对象、明确教学目标、确定教学内容、明确教学重难点、梳理教学过程、进行教学总结与反思六部分内容。培智学校生活适应教学方法有直接教学法、案例教学法、情境教学法、参观教学法、任务驱动法、示范教学法、分组讨论法及游戏教学法。在进行生活适应教学评价的时候，教师坚持的评价原则包括：评价目标注重共性与个性相结合，评价方式注重质性评价与量化评价相结合，评价过程注重多元化和开放性，评价结果注重客观性和指导性。在进行生活适应教学反馈的时候，教师要遵循共性与个性相结合、灵活性和针对性的原则。

讨论与探究

1. 培智学校生活适应教学内容包括哪些方面？

2. 培智学校生活适应教学方法有哪些？

3. 以培智学校生活适应课程标准为例，选择恰当的教学方法，设计一份适用于三年级学生的“我会叠衣服”的教案。

阅读资料拓展

1. 刘全礼：《实用培智学校教学法》，长春，东北师范大学出版社，2012。

2. 于文、王桂香：《培智学校主题单元课程及活动设计》，天津，天津教育出版社，2016。

3. 于文：《游戏中的教育——培智学校游戏活动设计》，天津，天津教育出版社，2015。

4. 于文、王桂香、曹燕：《个别化教学研究实践——培智学校课堂教学活动方案》，天津，天津教育出版社，2016。

5. 张文京：《融合教育与教学》，桂林，广西师范大学出版社，2013。

6. 吴淑美：《融合教育教材教法》，北京，华夏出版社，2018。

7. 邢同渊：《智力障碍儿童教学法》，天津，天津教育出版社，2007。

教学设计案例

擦桌子

第二十二单元　培智学校劳动技能教学

单元导学

教育与生产劳动相结合是马克思和恩格斯根据辩证唯物主义和历史唯物主义原理，为剖析现代教育与现代社会的关系所提出的，也是新中国成立以来我国一直坚持的社会主义教育方针的重要组成部分。培智学校义务教育劳动技能课程属于一般性课程。扎实开展劳动技能教学，可以优化学风、教风和校风，培育劳动素养，涵养师生品行，创设美好生活。劳动技能教学具有激励、示范、引领、自律和矫正等功能，在学生道德品质建设中发挥着重要作用。教师应把劳动技能教学与服务意识、道德意识、公民意识、职业意识、责任意识和品质意识联系起来，通过劳动锻炼和技能培养，提高学生自我服务、服务他人和服务社会的能力，促进学生对社会生活的了解和认识，创造学生融入社会生活的机会。

学习目标

1. 熟悉培智学校义务教育劳动技能课程标准，明确该课程在培智学校课程中的重要意义，形成价值认同。

2. 熟练掌握培智学校义务教育劳动技能课程三个年段的课程目标、内容及要求，能针对学生障碍、发展需求、社区生活和社会环境，设计并实施教学内容。

3. 能针对学生的不同障碍类型和程度制订个别化教育计划，设计教学方法和措施，并开展适切的教学。

4. 培养学生的意志品质和正确的劳动价值观，使学生掌握劳动的综合运用能力。

培智学校义务教育劳动技能课程标准解读

单元思维导图

- 培智学校劳动技能教学
  - 培智学校劳动技能教学设计与实施
    - 培智学校劳动技能教学设计
    - 培智学校劳动技能教学实施
  - 培智学校劳动技能教学方法与运用
    - 情境教学法
    - 成功体验法
    - 趣味教学法
    - 支架教学法
    - 合作探究法
    - 学科整合法
  - 培智学校劳动技能教学评价与反馈
    - 培智学校劳动技能教学评价
    - 培智学校劳动技能教学反馈

▶第一节
培智学校劳动技能教学设计与实施

培智学校劳动技能教学设计与实施的关键在于基于学生能力，合理设定培养目标与教学内容。在教学设计与实施中，教师应充分利用各种资源，引导学生学会沟通与合作 ，主动参与家庭、学校、社区和社会的劳动，从而获得服务他人、服务社会的成功体验，形成良好的劳动习惯和健康心态。

一、培智学校劳动技能教学设计

教无定法，贵在得法。教学设计蕴含着教师对教材和学生、目标和路径、方法和措施的理解，是对教法和学法辩证思考的结果。教学设计是提升教育质量的核心思想和技术。培智学校劳动技能教学设计一般包括分析教材、分析学情、设定与分解目标、明确教学重难点、分析教学方法、进行课前准备、进行教学安排与进行课后反思几个环节。

（一）分析教材

在培智学校劳动技能教学中，教材分析是课前准备的重要环节，是对课程目标、教学内容、知识结构、学生认知特点等要素进行组织原理比较和关联分析。教材分析有助于教师理解教材、用好教材和超越教材。分析的结果决定教学策略的制订，影响教学质量的高低。

（二）分析学情

在培智学校劳动技能教学中，学情分析是实施分层教学的基础，是以学生为中心的教学理念的体现，是确定教学重难点的依据，是制订教学策略的关键，是提高课堂教学效益与质量的保障。只有真正了解学生的障碍类型、已有认知、发展需求与能力基础，教师才能有效落实教学目标，达成教学目的。

（三）设定与分解目标

面对日新月异的教育发展，教学目标的关注点从三维目标走向了核心素养，因此在目标设计中教师应该凸显本学科的核心素养与育人目标。教师应充分考虑学生的基础，分析具体教学内容在课程体系中的目标要求。设定教学目标时，教师一方面应紧扣新课程标准的三维目标；另一方面还要针对学生的个体差异，梳理并分解教学内容及分层目标。

（四）明确教学重难点

能否找准教学重难点，决定着课堂教学的成功与否。在培智学校劳动技能教学中，教师要对知识与技能的教学要求理解悟透，在准确把握课程标准要求、教材内容和学生身心发展的基础上，找准教学重难点。教师在教学中可运用交流合作、实践探究等学习方式，多渠道、多角度、多方法突破教学重难点。

（五）分析教学方法

教学方法包括教师教的方法(教授方法)和学生学的方法(学习方法)两大方面，是教授方法与学习方法的统一。教授方法必须依据学习方法来选择，否则便会因缺乏针对性和可行性而不能有效地达到预期的目的。在培智学校劳动技能教学中，教师应关注学生的特点，将学生的学法作为确定教法的依据。因为学生的个体差异大，能力水平各不相同，差异化的教学方式可让课堂上的每名学生得到有效的教育和训练。在设定目标实施分层教学前，关键在于课前诊断与评估，找到学生的最近发展区，确定分层教学目标，选择适切的教学方法与手段实施教学。在新课程背景下，课程功能从单一性知识传授，逐步转变为引导学生进行探究式学习。有效的教学方法可以提高课堂教学效益与质量，降低学生的学和教师的教的难度，改善教与学的效率与品质。

（六）进行课前准备

充分的课前准备是顺利开展教学的基本保障。首先，精心备课是课前准备最重要的一环，也是上好一堂课的前提。其次，充分思考学生个体差异和个别学生的特殊需求，为其顺利完成学习任务搭建学习支架。如对于孤独症学生，教师可以提前为其准备视觉提示板、沟通板等辅具。再次，充分考虑教学内容和个别学生学习的特殊性，提前进行教具、学具、辅具、工具、生活器具或其他与教学相关物品的准备，为学生实现技能提升提供训练准备。最后，准备安全设施，做好对突发安全事故的应急准备，确保在师生安全的情况下实施教学。

（七）进行教学安排

根据教学内容、目标和学生的情况合理安排教学过程、内容与时间，是培智学校教师的基本技能。教师应基于目标导向，合理设计教学环节。虽然在培智学校教学中，教师多采用小步子、多循环、循序渐进、不断巩固的教学方式让每名学生都有进步、有提高，但在教学内容的安排上严禁单一重复和教学拖沓。教师应强调一课一得，让学生在联系与巩固中实现知识与技能呈螺旋上升的态势。

（八）进行课后反思

要保证教学行为的有效性，教师一方面需要根据学生掌握知识的信息反馈，另一方面需要回顾、审视自己教学中的内容安排、环节设定和方法技巧等教学行为。教学反思可以帮助教师不断改进和完善授课的方法和技巧，促进教学质量的提升，使教师更好地教、学生更轻松地学。

二、培智学校劳动技能教学实施

培智学校劳动技能教学具有实践性、生活性、综合性和开放性。在教学实施中，教师应以课程思想为指导，依据《培智学校义务教育劳动技能课程标准(2016 年版)》的目标、内容与要求，围绕技能的培养，体现关注生活需求、尊重个体差异、突出实践体验、提高劳动素养和促进综合康复的课程思想。教师应注重知识内容的衔接与劳动技能的提升，从三个维度设定教学目标，突出生活性原则、整体性原则、系统性原则、多样性原则和实践性原则。

第一，课程的出发点和归宿要满足学生个体的发展需求。由于学生残疾的类型和程度不同，因此教学实施中教师既要面向全体学生，又要关注学生个体发展。教师应尊重生命个体，遵循学生身心发展规律；深入剖析学生的能力基础，根据学生的差异与能力，科学选择教材内容和施教方法，积极开展分层教学和个别辅导。

第二，加强学科渗透与融合，注重感官机能训练和感官功能代偿。教师在教学中可将技能学习与康复训练相结合，与认知发展相结合，与培养社会适应能力相结合，与建立正确的情感、态度、价值观相结合。

第三，加强与生活适应和康复训练等课程之间的横向联系和有机整合。教师应注重拓展课堂外延，将课堂教授与社会实践相结合，帮助学生在生活场景中完成学习目标，体验成功，形成生活经验与技能，实现知识技能的综合运用。教师还可以将医学康复技术与教育有机结合，对学生进行潜能开发和功能改善，提高他们的感知能力、动作水平、认知水平、沟通交往能力、同伴合作和社会适应能力等，从而促进他们的身心健康，使他们形成积极乐观的生活态度和精神面貌。

第四，由于培智学校学生自我防护能力不强，动作协调性弱，安全意识薄弱，因此在教学活动中要遵循“安全第一”的原则。在实践活动环节，教师应提前做好安全教育和安全保护，密切关注和指导个别学生，防止一切可能发生的伤害。例如，教师应让学生在通风、视线好、光线明亮的区域劳动，在劳动中保持正确的姿势，选择使用符合学生的身体、体能和健康状况的劳动工具，控制劳动时间和劳动强度等。同时，教师应加强养成教育、培养规则意识，严格遵守劳动纪律和安全操作规程，确保安全施教。

第五，应以劳动实践为主，帮助学生获得劳动体验和成功经验，培养良好的劳动意识和劳动习惯，掌握生活必备的技能，提高社会适应能力。教师通过科学规划与实施，针对课程标准提出的四类技能的培养可以做到：自我服务，寓教于生活，让学生的劳动技能在生活实践中得到锻炼；家务劳动，家校共育，让学生的劳动技能在分担家庭劳动中得到巩固；公益劳动，拓展教育外延，让学生的劳动技能在参与社会性集体劳动中得到发展；简单生产劳动，立足职业生涯规划，为学生创造职业体验和就业的机会。

▶第二节

培智学校劳动技能教学方法与运用

成功的课堂教学必然是教学方法的恰当使用，是教师教育智慧的真正体现。在培智学校劳动技能教学中，教师应秉持差异化教学原则，通过研判学生的特点与需求，选择适切的方法。

一、情境教学法

培智学校劳动技能课程的实用性和操作性较强，应以探究、实践等操作活动为载体。在培智学校劳动技能教学中，情境教学法是指教师尽可能将学生带到自然环境中或创设场景贴近学生的生活，引导学生调动已有认知和经验，不断摸索，大胆探究，通过探索和实践习得方法、巩固技能的教学方法。

二、成功体验法

成功体验法是教师通过分层教学，适当调整技能巩固的难度，努力为学生创造成功的机会，使每名学生都能获得成功的体验，不断提高学习的信心的教学方法。教师通过任务难度的不断增加，培养学生勇于尝试、敢于胜利的精神；采用多样的教学方法，让学生获得成功的体验。

三、趣味教学法

兴趣是最好的老师。趣味教学法可用于增强教学的趣味性，创建轻松愉快的学习环境，充分调动学生的积极性开展探究式学习，让学生探索尚未掌握的知识和技能；增强交流与合作，发挥想象力与创造力，让学生在充满趣味的探究氛围中克服畏难情绪，主动参与劳动锻炼，培养正确的劳动价值观。

四、支架教学法

在教学中，教师应遵循学生的身心发展规律和劳动技能课程的特性，由易到难、由简到繁、循序渐进地帮助学生建构知识体系。支架教学法可用于全面了解学生的能力，找到最近发展区，让教学重难点得以突破。如在“学习擦桌子”的教学中，教师可以采用“范例脚手架”让学生观察擦桌子的方法和技能要求，然后让学生自己尝试操作，再开展展示互评，达成学习目标。更为常用的是“任务脚手架”，将不同的知识点隐藏在难度不同的任务当中。教师引导学生由浅入深地完成一个个任务，不断地获得成就感，激发学生的求知欲和探索欲，从而更有激情地去完成下一个任务。[①] 如在学习剪刀的使用时，教学内容包含学生手部精细动作训练、手眼协调能力的发展和动手能力的提高。对于学生来说，这是一个循序渐进的技能发展过程。教师可先教学生剪断纸条，慢慢地自己再尝试剪直线—沿直线剪纸条—剪直角—剪矩形。当学生一次次完成任务后，使用剪刀的能力也在成功的体验中得到不断的巩固和提升。

五、合作探究法

合作探究法在特殊教育领域应用广泛。在培智学校劳动技能教学中，教师可根据学习内容的不同，采取分层教学中的小组学习、操作学习中的合作实践、同伴学习中的协同互助等形式，使课堂变得更加生动，使学生在学习互动中提升技能，促进语言发展与技能的泛化。

六、学科整合法

在培智学校劳动技能教学中，教师应具有多学科整合的教育视野，围绕基础性内容进行拓展，体现开放性和拓展性；弱化学科界限，联系社会生活，教会学生研判生活问题，在实践中实现劳动技能的综合运用；促进学生主动参与社会劳动，实现课堂知识的迁移与知识技能的转化，帮助学生在生活场景和自然环境中习得方法，巩固技能，解决需要。

▶第三节
培智学校劳动技能教学评价与反馈

学习评价是在学习的特定阶段对某个学生群体或个别学生的学习状态、学习过程

① 魏英杰：《〈培智学校义务教育劳动技能课程标准〉解读》，载《现代特殊教育》，2018(6)。

和学习结果做出的一种描述和价值判断，是课程实施的重要环节。教师通过知识、能力和技能评价，可以发现学生的学习问题，为教学策略和方法的改进指明方向，为自己调整教学速度和行为提供客观依据；通过评价充分调动学生学习的积极性，促进学生发展。

一、培智学校劳动技能教学评价

（一）差异性评价

由于学生的个体差异较大，培智学校劳动技能教学应突出不同层次学生的个别化学习目标达成情况的评价。教师应关注学生在学习中的年龄特征和认知能力、知识储备与生活经验积累、精细动作与粗大动作发展、生理功能和情绪、行为控制能力等情况，并以此进行差异性评价。这是对学生评估、教学内容与目标设定以及教学方法和策略有效性的检验。

（二）适应性评价

培智学校劳动技能教学以个人生活为基础，向家庭生活、学校生活、社区生活和社会生活不断扩展延伸，培养自我服务劳动、家务劳动、公益劳动和简单生产劳动四类技能。所以，教师在教学评价中应根据学生的不同残疾类型与种类、不同年龄和不同学段的目标与要求，注意建构学段衔接的知识体系，联结学校教育与社会生活，实现知识技能在生活中的应用。

（三）开放性评价

教师可根据教学内容，利用实践活动、生活场景、社会场所等进行评价。在培智学校劳动技能教学实践中，教师可以调动学生学习的积极性，让学生开展互评，促进学生交流、表达。在课后拓展的环节，教师可请家长根据家庭生活劳动情况进行评价。主体可以是学生、教师、家长和其他社会人员。

（四）多元化评价

教师需要建立以个别化教育目标为导向的多元化评价体系。由于培智学校学生群体相对较为特殊，因此仅仅用照本宣科式的教学评价方法难以完全满足学生的实际需求。教师要深入了解每一名学生的实际情况，根据其能力、性格、适宜性等多方面的情况，建立短期与长远意义上的评价体系，力求为每一名学生都设定一个专门的评价目标，选择一种评价方法。教师应依据课程标准与个别化教学目标，以生活适应性技能的培养与运用聚焦个别化和分层教学的有效性；还可通过技能前后测、操作演示、成果展示和阶段性汇报等方式来进行教学评价。

二、培智学校劳动技能教学反馈

课堂教学是师生的双向互动，因此培智学校劳动技能教学反馈包含教师的教与学生的学两方面的反馈。教师一方面可以从学生的课堂表现、活动参与度和练习巩固率等情况反馈教学的有效性；另一方面也可以从学生互评、家长评价和社会评价中得到信息，从而充分掌握学生对知识与技能的掌握程度。在特殊教育学校中，一日生活皆教育，尤其是劳动技能课中教学内容关系到学生的日常生活与生存。因此培智学校劳动技能教学反馈的方式丰富多样，不一定局限在课堂中，可以拓展到学生的学习生活、家庭生活和社会生活中。

培智学校劳动技能教学反馈的关键在于更好地评估教师教学行为的有效性和学生学习的效果，为进一步提升教学质量提供依据。教师应加强课后反思，梳理反馈信息，才能真正地提升课堂教学实效。

单元小结 ……▸

培智学校劳动技能教学应充分考虑学生的生存发展带来的教育需求，努力争取家庭支持和社会支持。精准把握学生的发展特点，注重多层次、个性化，长善救失开展教育。在教学中，教师应充分挖掘学生的积极心理因素，立足生活环境(家庭和学校)，参与生存环境(家庭和学校所在社区)的社会劳动服务，将成长的压力转化为动力，发挥自身优势，克服身心障碍，积极投入社会生活。充分挖掘学校资源、家庭资源和周边环境资源实施劳动技能实践和服务，立足社会化环境实现劳动技能的职业转变。关注个体在社会性发展进程中的人格塑造和潜能发展，并将其所拥有的劳动技能转化为社会价值；帮助学生通过努力赢得他人尊重，获得成长幸福。

讨论与探究

1. 培智学校劳动技能课程与生活适应课程的区别与联系。

2. 如何开展教学有效性评价？

3. 如何帮助学生实现劳动技能培养与职业转化？

4. 劳动技能课中应如何培养学生的意志品质？

5. 依据课程标准围绕学生的发展需求设计四类技能的培养目标。

阅读资料拓展

1. 张文京：《特殊教育课程理论与实践》，重庆，重庆出版社，2014。

2. 刘显国：《刘显国：反馈教学法》，北京，首都师范大学出版社，2011。

3. 张文京、严小琴：《特殊儿童个别化教育：理论、计划、实施》第 2 版，重庆，重庆大学出版社，2020。

4. [比]易克萨维耶·罗日叶：《整合教学法：教学中的能力和学业获得的整合》第二版，汪凌译，上海，华东师范大学出版社，2010。

教学设计案例

使用夹子　剪刀的使用

第二十三单元　培智学校唱游与律动教学

单元导学

音乐能净化心灵、陶冶情操，是人们情绪表达的重要工具。在人际互动交往过程中，人们能借助音乐传递更强烈、更深刻的情感，营造积极、友善的氛围。唱游与律动课程是培智学校义务教育阶段的一般性课程，通过音乐节奏韵律，配合舞蹈、游戏、话剧等活动，培养学生的欣赏、模仿、表演等能力，同时对学生视听、运动等感官进行刺激，有一定的康复训练作用。教师可带领学生在感受艺术之美、领悟学习乐趣的同时，也能构建良好的班级互动体系，促进学生在认知、语言、社会交往等方面的长足发展。因此在教学中，教师要充分考虑学生的能动性与差异性，注重学习体验与实践，合理安排教学内容，及时关注学生反馈，循序渐进地推动教学实施，提升课程建设质量与教学水平。

学习目标

1. 熟悉义务教育唱游与律动课程内容，形成对课程理念的价值认同。

2. 初步了解义务教育唱游与律动课程目标，学习并领会教学设计的要点。

3. 掌握基本的唱游与律动教学方法，能灵活运用，发掘学生的音乐表现力。

培智学校义务教育唱游与律动课程标准解读

单元思维导图

- 培智学校唱游与律动教学
  - 培智学校唱游与律动教学设计与实施
    - 培智学校唱游与律动教学设计
    - 培智学校唱游与律动教学实施
  - 培智学校唱游与律动教学方法与运用
    - 小组合作法
    - 情境游戏法
    - 教康结合法
    - 主题教学法
  - 培智学校唱游与律动教学评价与反馈
    - 培智学校唱游与律动教学评价与反馈内容
    - 培智学校唱游与律动教学评价与反馈方式

▶第一节 培智学校唱游与律动教学设计与实施

培智学校学生受障碍的影响，知识领悟能力较弱。因此，教师在课堂教学设计中需考虑知识与技能的目标比例，在课堂实践中创设丰富的音乐实践活动和游戏环节，与学生社会生活、经验接轨，引导学生在轻松愉快的氛围中感受音乐学习的快乐。

一、培智学校唱游与律动教学设计

培智学校唱游与律动教学设计主要包括分析教学对象、厘清教学目标、区分教学重难点、优化教学过程、重视教学反思几大板块内容。

（一）分析教学对象

皮亚杰认为，认知发展是认知图式不断重建的过程。因此在分析教学对象认知、学习及心理特点时，教师要清楚学生的过往经验与知识水平，充分了解学生的特点，如情绪行为、强化物等。看似与教学无关的分析储备，也将有利于课堂教学开展。

（二）厘清教学目标

厘清教学目标是教学设计中的重要一环，决定着教学的总方向、教学内容和方法的选择以及教学过程的梳理等。

培智学校唱游与律动教学应包括四方面内容，即感受与欣赏、演唱、音乐游戏、律动。依据四大领域的发展目标，教师在进行教学设计时可使其同知识与技能、过程与方法、情感态度价值观目标相匹配。教师还应根据学生的学段及能力水平，弹性设置教学目标，遵从循序渐进的原则，在实现简单目标的基础上再设计进阶目标。例如，对于演唱领域，教师可以先让学生养成正确的演唱姿势，学习哼唱、独唱，在此完成后进行合唱、轮唱等训练。

（三）区分教学重难点

在教学设计中，重难点极易混淆，尤其是学生需要接受较多的视听反复刺激。另外，还存在教学设计目的多重复的问题，故难以辨别教学任务是否完成。因此在设计阶段，教师需反复打磨，反复对自己提问：活动设计如何提问、如何铺垫，实施后学生的预期达成效果如何，综合以上设计恰当的重难点。

（四）优化教学过程

现行的课堂多为综合课堂，即复习、新授、练习等环节一体化，故教学过程包括导入、新授、练习运用等。培智学校唱游与律动课堂要充分利用音乐活动的优势，调动学生的感官刺激，增加学生的课堂体验，使学生充满学习兴趣与动力，达成模仿、运用的目标。

除复习导入外，教师还可创设课堂环境，使用情境教学法，带领学生身临其境地体会课堂教学内容，帮助学生达成音乐理解、音乐表达等情感性目标。同时，教师可以增加学生的课堂参与度，利用音乐节奏设计游戏或角色扮演类综合性音乐活动，让学生始终沉浸在音乐学习氛围中，理解作品，收获快乐。

｜案例｜

正确使用不同鼓类演奏儿童歌曲《大鼓小鼓》

大鼓：嗵—嗵—嗵—

小鼓：咚—咚—咚—

任务设置：由教师演奏不同的鼓声，允许学生自主选择自己要演奏的鼓类，并就此分成两个小组。先分小组带领学生边敲鼓边喊出对应的“嗵”“咚”的声音。进而结合歌曲演唱，让学生观看手势指挥敲鼓。

任务说明：根据学生的兴趣分配小组，让学生在乐器演奏学习中有更多的专注力。主要任务是让学生在反复练习中构架起鼓声与歌曲歌词的对应关系，同时可以通过模仿练习让学生习得小鼓击打动作。可利用小组练习、小组合作等方式锻炼学生的听从指令能力，为后续分部演唱、分角表演奠定基础。

（五）重视教学反思

根据过程性评价需要，教师在课堂上不仅是教授者，同样是观察者。教师需对学生的表现进行关注，指导其完成学习，对学生的积极行为要在第一时间给出正向反馈，维持学生的学习热情。对每堂课的观察及与学生的双向互动情况做好记录，也是后续教学的宝贵经验。教师同样可以在高年段开展沟通访谈，将学生的课堂评价汇总整理，既帮助学生认清自己的学习状态，同时也获得课堂调整方向，为课堂优质最大化做出努力。

二、培智学校唱游与律动教学实施

深入领会课程理念是教师教学的基础，落实教学设计的预期目标的重点在于教学实施效果。教师要在培智学校唱游与律动教学活动中基于学生的学情，从学生的实际出发，贴近生活经验，在实现课程目标的同时提升课程价值。

（一）以生为本，做好准备

教师首先要在教学实施前做好充足的准备工作。课前不仅要备课标、备教材，还要备学生。教师应根据学生的实际情况安排课时内容与教学方法，坚持简便易行的可操作性原则，尽量循序渐进地安排教学内容，帮助学生“跳起来摘到桃子”，避免学生因学习困难而产生焦虑、抗拒等不良情绪与行为问题。

除因材施教外，还可因校制宜。教师根据学校的人文环境、校园文化活动等，有针对性地设计相关教学内容，从现实出发，联系生活实际，设置整体情景，加深学生对乐曲内涵的认识。

（二）巧用资源，丰富多彩

为保证课堂教学实效，完成教学目标，教师需要将所涉及的教学活动进行适度调节与有效控制，使学生保持较高的学习主动性，积极思考，达到理想教学效果。在课堂上，教师要把握教学节奏，可采用以下几点教学原则：一是注重视觉提示。听觉体验是音乐教学的重要环节，同时也不能忽视视觉信息对培智学校学生学习的重要性。依靠信息技术和直观教具，如在进行民族歌曲教学时，教师可以在导入环节下功夫，通过展示当地视频、图片等材料，帮助学生置身于有声、有色、有情、有景的氛围中，有利于学生在情感的渲染下把握歌曲内涵，学习并完成演唱等任务。二是注重课堂反馈。在课堂上，教师要留意学生的学习反馈，及时调整策略，保证教学任务落实并引导学生表达音乐情绪。三是重视教学艺术。教师在课堂上应注意语言肢体的生动性。课程目标在于推动学生的社会化适应，因此在教学活动中教师要以身作则，积极引导学生协调身体的各部位参与感知、表演、表达，学习与他人合作，促进学生的社会性发展。

（三）勤学善思，积微成著

教学是一个系统的过程，教学的各个环节、各元素之间相互影响、相互制约。要协调好各要素之间的关系，需要教师长期探索恰当的教学方法，总结教学实况，积累应急处理经验，在文本整理、分析后逐步形成教学章法。

▶第二节 培智学校唱游与律动教学方法与运用

培智学校唱游与律动教学内容丰富，从音乐欣赏到演唱表演，从节拍律动到音乐游戏，多样的表现形式对学生的认知、语言、社会交往等领域能力发展具有重要影响，能培养学生的想象力、创造力。教师要对学生参与进行积极引导，采用适宜的教学方法，激发学生主动学习音乐的积极性，同时利用再创造式音乐治疗策略发展学生在音乐游戏、音乐律动等教学活动中的创造性。

一、小组合作法

因为班级学生的障碍程度会有差异，除开展分层教学外，教师还可以发现并利用学生的闪光点进行扬长，也可以让学生之间互相帮助，拓展优势学生的技能的同时增加同伴交往互动，增进班级和睦、同学友善。小组合作可体现在形式合作、内容合作等层面。一是可划分参与小组。每个小组间进行积分游戏，培养学生的团体意识，激发学生的参与主动性，增加课堂参与度。二是根据教学内容设计小组合作。例如，学习《我是小医生》歌曲时，教师让学生自主选择角色扮演，合作完成量体温、听心跳等律动，加深对歌曲歌词内容的理解。

二、情境游戏法

游戏是激发学生学习兴趣的有效手段之一，利用情境游戏法创设符合歌曲背景的情境，有利于营造放松的心理氛围，调动学生的情绪，让学生在轻松的状态下接受新知识，乐于进行歌曲学习。[①] 例如，在学习歌曲《郊游》时，教师展示曾经参与过的社会实践图片，在图片的背景下，允许学生模仿郊游牵手走跳，设计丢手绢的游戏，想象在草地上追逐嬉闹，让学生仿佛置身于郊游中，体会歌曲传递的愉快、欢乐的情感，并将这种情感带到歌曲表演中。

三、教康结合法

教康结合法强调重视教学的康复功能，注重对学生运动、感知觉及肢体协调等能力的发展。例如，手指谣是低段培智学校学生律动学习的重要内容，既能锻炼学生的手指精细灵活使用能力，又能拓展学生认知领域的认识与理解，增加社会交往活动。手指谣《三只小猴子》的教学目标可包括：①利用手指模拟小猴子蹦蹦跳、摸头等身体律动动作，练习手指、肘关节等屈伸灵活度；②巩固数的概念，认读小猴子的数量等；③理解不能在床上进行危险活动、出现危险时要拨打急救电话等生活常识与社会规则。

四、主题教学法

主题教学法是通过教学单元或模块、多门学科来选择和突出显示主题的方法。它强调学科和日常生活之间的关系，目的是让学生在体验中获得成功。主题教学的实施步骤有：一是选定教学主题，同生活语文、生活数学、生活适应等学科教师一同研讨确定；二是共享教学资源，其来源不限于教科书，可从生活各方面进行提取。以教学主题“交通规则”为例，第一课时主要是红绿灯的学习，学习演唱歌曲，并利用直观教

① 李志厚：《暗示教学法研究：历史、现状与启示》，载《华南理工大学学报(社会科学版)》，2003(1)。

具创设马路情景，根据歌词模拟过红绿灯。生活适应教师提供认识“红灯”“绿灯”“黄灯”等的知识准备，社会交往教师帮助巩固“自主过红绿灯”的生活技能。

▶第三节 培智学校唱游与律动教学评价与反馈

学生的成长过程是动态的，教学评价的最终目的并非单纯检验学生技能的习得结果，更是对教与学这一双边互动过程进行指导。《培智学校义务教育唱游与律动课程标准(2016 年版)》要求评价应体现育人精神，充分尊重差异，着眼于评价的诊断、激励、改善的功能，使评价成为既反映学生的学习过程，又促进学生发展的有效手段。

一、培智学校唱游与律动教学评价与反馈内容

一是考核基础落实情况。采用多样化测评的方式，对学生的技能进行考查。如开展“班级演唱会”“班级音乐节”等活动，在表演中观察学生歌唱的技巧与完成度、乐器演奏与身体律动的拍感等，对学生掌握的音乐知识和音乐技能的实际水平进行评价。考核与评价也应结合学生的特点进行。例如，对于口语表达较好的学生应考量其是否用恰当的情绪演唱；对于擅长肢体活动的学生需重点考查其协调律动等，而非单一动作记忆完成质量。

二是检查目标生成情况。除知识与技能目标外，学生的情感领域目标也应纳入考核范围。例如，在考核现场，注意学生的音乐情感表达及学生在歌唱表演时呈现的情绪状态，应对有自信、有热情的学生给予肯定，鼓励学生保持良好的学习态度，增加对音乐学习的兴趣。此外，还应设置适宜的考核方式，对学生的再创造能力进行考核鉴定，进一步了解学生的潜能所在，为下一步教学调整做好前期积累。

二、培智学校唱游与律动教学评价与反馈方式

第一，要坚持过程性评价与总结性评价相结合。除上述提到的考核类总结性评价

外，还可在教学过程中进行评价。教师可以灵活选择评量工具，为学生建立音乐学习成长档案袋；可以使用课堂观察记录表，对学生的课堂表现进行记录并存档。同时教师也可对高年级轻度障碍学生通过采用谈话法、问卷法等，了解学生的课堂学习收获与疑问，总结学生的进步与发展，在档案袋中体现学生的动态成长水平。

第二，要注重家庭反馈，及时交换意见。唱游与律动不同于其他内隐知识，其是可表现、可展示的能力。因此要加强家校沟通，从另一环境中了解学生的技能掌握与迁移情况；同时也可听取家长对学生的学习评价，使评价主体多元化，评价趋于全面，达到教与学的统一发展。

单元小结

本单元以国家课程标准为依据，结合学生的身心发展特点，对培智学校唱游与律动教学设计与实施做了详细叙述。首先对课程目标进行整体重点解读，分析不同障碍程度的学生在不同学段对“感受与欣赏”“演唱”“音乐游戏”及“律动”四大领域技能的掌握程度，以便在教学设计时做到合理、有效。教学目标分学段、分程度，对学生有不同的要求。随着年龄的增加，对学生情感性目标及社会适应性目标要求更高，体现课程标准所要求的带领学生融入社会的课程理念。培智学校唱游与律动教学设计与实施包括分析教学对象、厘清教学目标、区分教学重难点、优化教学过程、重视教学反思几大板块内容。其中需要重视重难点区分，在教学过程中要多思考，结合教学方法因生制宜，选择恰当方式开展教学。教学评价时也应结合学生的身心发展状况，确定个别化评估内容，综合采用多样化评价方式，灵活调整后续教育教学。

讨论与探究

1. 培智学校义务教育唱游与律动课程目标与内容包括哪些？
2. 简述如何进行培智学校唱游与律动教学设计。
3. 谈谈培智学校唱游与律动课堂上会采用哪些教学方法，简要说明选择的理由。
4. 选择恰当的评价方式，设计一份期末学科测评档案。

阅读资料拓展

1. 胡世红：《特殊儿童的音乐治疗》，北京，北京大学出版社，2011。

2. 张鸿懿、马廷慧：《儿童智力障碍的音乐治疗》，北京，华夏出版社，2004。

教学设计案例

大头儿子和小头爸爸

第二十四单元　培智学校康复训练教学

单元导学

随着培智学校生源结构的变化，学校生源更多以中重度和多重残疾学生为主。学生除有智力障碍之外，多伴有运动、感知觉、沟通与交往、情绪与行为等障碍，在教育与康复上具有双重需求。培智学校设置康复训练课程可以让学生在接受教育的同时满足学生对康复的需求，补偿学生的身心缺陷，帮助学生改善功能，提升生活品质。特殊教育教师掌握教育康复技能，对特殊学生来说，是保障他们平等参与社会生活，促进其健康成长和公平享有社会发展机会的重要途径。

学习目标

1. 能够熟悉培智学校义务教育康复训练课程标准，建立“教育与康复相结合”的基本理念。

2. 能够“以生为本”科学地进行评估，根据学生的情况确定适切的康复方案。

3. 掌握康复训练教学设计的方法，提供有效的支持策略和教育方法开展康复训练活动。

4. 学会运用恰当的方式对学生进行评价。

培智学校义务教育康复训练课程标准解读

单元思维导图

- 培智学校康复训练教学
  - 培智学校康复训练教学设计与实施
    - 培智学校康复训练教学设计原则
    - 培智学校康复训练教学实施
  - 培智学校康复训练教学策略与方法
    - 培智学校康复训练教学策略
    - 培智学校康复训练教学方法
  - 培智学校康复训练教学评价与反馈
    - 培智学校康复训练教学评价原则
    - 培智学校康复训练教学评价
    - 培智学校康复训练教学反馈

▶第一节
培智学校康复训练教学设计与实施

一、培智学校康复训练教学设计原则

（一）个别化原则

由于学生存在明显的个体差异，障碍类型不同，因此康复需求也不同。学生的异质性大决定了在教学中必须兼顾个别学生，对其进行个别化的辅导和训练，这样才能使每名学生都获得进步。[①] 个别化原则强调在设计学生康复训练目标和选择康复训练内容时，教师必须遵循学生的身心发展规律，以每名学生的实际发展水平为起点，在原有能力的基础上，结合教学目标采用不同的训练方法和手段，有针对性地开展康复训练教学。

（二）循序渐进原则

循序渐进原则强调立足于学生现有的发展水平，遵循知识本身和康复训练的逻辑体系，适时、适度、适量地安排教学及康复训练的内容与步骤，有计划、有目的地取得预期的效果，完成计划的教学目标和康复目标。以学生现有的动作能力和认知水平为基础，有意识地设定逐渐递进的阶段康复目标。遵循小步子的原则，逐量地对学生进行康复训练。

（三）生活化原则

生活化原则强调应尽可能结合日常生活和学习情境开展有意义的功能康复活动，不宜机械地使用课程内容进行训练，不宜在隔离式的场所对单一目标进行反复训练。教师应秉持来源于生活、回归于生活、服务于生活的理念，选择生活化的内容，让训练与日常生活的功能相结合，使康复训练达到提升学生的能力、改善功能的目的，最

---

① 冉平：《康复训练融入培智学校学科教学的行动研究——以动作康复融入生活数学教学为例》，硕士学位论文，西南大学，2020。

终实现提高学生生活质量的目标。

（四）潜能优先原则

从多元智能理论的角度来说，每个人都有自己的优势和劣势。潜能优先原则强调在康复训练教学中要借助学生的优势功能，来补偿劣势和不足。[①] 教师要充分调动学生的兴趣，发挥每名学生的潜力和积极性，选择有效的康复训练方法，使每名学生获得最大程度的发展。

（五）安全性原则

安全性原则强调在康复训练教学中应充分考虑每名学生的能力范围。教师要提前布置教学活动场地，要提前检查康复设备、器材和教学辅具，排除安全隐患，确保教学活动中学生的安全。

二、培智学校康复训练教学实施

在培智学校康复训练教学中，教师可以从两条线来落实康复训练：一是康复训练课，二是将康复训练教学融入其他学科教学。

（一）康复训练所需的教学组织形式

1. 个别训练

为满足学生的身心发展需要，有针对性地进行功能性康复训练，个别训练是康复训练的一种教学组织形式。教师可以在学校选择障碍程度严重、康复需求迫切的学生。教师根据学生的障碍类型选择相应的评估工具，进行评估，制订训练计划，开展个别训练活动，定期评估训练效果，适时调整训练方法和内容，并建立学生个别训练档案。

2. 小组训练

教师可以选择同一类型的 4～6 名学生组成同质小组，让他们在一起接受康复训练；对学生进行评估，针对学生共同的发展需求进行康复训练活动。实践证明，利用小组氛围，同伴间相互学习、模仿，再加上教师的强化，能有效增强学生训练的兴趣，

① 马源：《培智学校做好康复训练的探索》，载《甘肃教育》，2019(21)。

训练效果会更好。①

3. 多元组合式训练

集体教学、小组训练和个别训练均是康复训练的教学组织形式。集体教学适合让学生学会与他人互动和交往，发展社会情感，提高社会适应能力，形成健全的人格；小组训练是将能力相当的学生进行分组，在小组训练中可以使这些学生的能力得到更多的练习，使小组成员之间相互学习、相互促进；个别训练更适合能力比较弱的学生，他们需要教师对其进行有针对性的训练，这样能更快地促进学生能力的提高。因此，教师要根据学生的残障类型、能力残存程度、身心特点等进行具体分析，选择合适的康复形式开展有效的康复活动。②

（二）康复训练教学流程

康复训练与其他学科不同，训练内容不分学段、不分等级，主要根据学生不同的发展水平和发展需求，贯穿于义务教育全过程。一个完整的康复训练教学流程如下。

①选择评估工具。教师要根据学生的障碍类型选择对应的评估量表。教师需要将动作训练、感知觉训练、沟通与交往训练、情绪与行为训练四大模块的课程内容作为评估工具的参照，也可以运用其他评估工具作为参照及补充对学生进行评估。

②制订康复训练计划。根据评估结果，教师要选择严重影响学生日常生活与学习能力的项目，或在学习环境中比较重要的、常用的项目作为优先康复训练目标。

③开展康复训练活动。教师要根据训练计划选择训练内容，实施阶段性、功能性的训练，对同一个内容需反复教、反复训练，以促进学生功能性康复和能力的提升。建议康复训练计划与家庭教育相结合。

④阶段性调整训练目标和内容。康复训练计划是一个动态的方案，教师要关注学生训练的情况，掌握学生训练的结果，根据学生训练情况的变化及时调整训练方法和内容，满足学生不同阶段的康复需求。

⑤定期评估训练效果，再训练。教师对训练效果进行全面的再评估，进而制定后

---

① 马源：《培智学校做好康复训练的探索》，载《甘肃教育》，2019(21)。

② 何侃、崔蒙蒙：《〈培智学校义务教育康复训练课程标准〉解读》，载《现代特殊教育》，2017(12)。

续的康复训练方案，接着实施再训练。

⑥建立学生康复训练档案。教师应将学生的基础资料、评估表、训练计划、训练记录、阶段性反馈(评估)、调整的训练计划和内容等过程性资料收入学生康复训练档案。培智学校学生康复训练档案的建立和规范化管理，有利于康复训练教师及时了解学生的情况，从而有针对性地调整训练进度、内容和方法，制定下一阶段的训练方案，促使学生能力的提高更趋稳定。[①]

▶第二节 培智学校康复训练教学策略与方法

康复训练教学组织形式、教学方法的选择不必拘泥于某一种。教师应根据教学内容的不同、教学活动设计的不同、康复训练阶段的不同，选择合适的教学策略，融会贯通，方能帮助学生更好地掌握知识。

一、培智学校康复训练教学策略

（一）营造宽松的训练气氛

教师要将康复训练的内容巧妙地融入教学过程，可以采用音乐、情境创设、角色扮演等方法营造宽松的训练氛围，将整个训练活动设计得有趣、有梯度，让学生积极地参与其中。教师要积极创设机会，激发学生的学习动机，教会他们训练方法和技巧，让他们在解决问题的同时实现康复训练的目标。学生自发、主动地练习会起到事倍功半的效果。将康复活动融入游戏，有目的地创设趣味性的游戏环境，能激发学生的学习兴趣，减少注意分散现象，提高其参与度。[②]

（二）重视训练内容弹性化、多元化

教师要利用自己的智慧将康复训练、教育和学生的发展进行整合。比如，将艺、

① 袁焕新：《加强培智学校医疗康复档案归档管理的思考》，载《档案》，2017(7)。
② 顾烨：《学前智障儿童语言康复课程开发的实践与思考》，载《现代特殊教育》，2021(3)。

体、美三门课程合并为一门艺体课，将运动康复训练内容引入该门课程。教师还可以将康复训练引入少先大队的部分活动，扩展为“活动康复训练”。教师可将康复训练融入各学科课程，做到教康结合。比如，学生的手部肌张力不够，教师可以在笔杆上缠上胶布，训练其握笔能力。通过训练，学生的能力加强，可慢慢褪去胶布，做到独立握笔。此过程中有教育训练的方法，同时也运用了医学康复基本的知识和手段，甚至还涉及一些生活上的技巧。教育与康复训练的结合，要随时随地进行，在教学中灵活自如运用。①

除了开设以四大模块（动作训练、感知觉训练、沟通与交往训练、情绪与行为训练）为核心的康复训练课程外，教师还可将本课程和学科课程（语文、数学等）有机结合，既可体现为显性的康复训练课程，也可与其他课程（隐性课程）融合。如学生的沟通与交往训练可以与语文教学相结合，以语文教学内容为载体让学生练习沟通与交往的技巧，在语文课中对学生进行康复训练，做到“康中有教，教中有康”，以达到高度融合的境界。②

（三）注重训练与日常生活相结合

在培智学校康复训练教学中，教师要将学生带入具有生活化的问题的情景中来，让他们在不同的活动中反复进行强化训练。教师还可以将训练内容延伸至家庭，将训练目标泛化到家庭中，让学生在实际的生活情境中，运用训练的功能和技巧来解决生活中的实际问题。反复实践运用是强化训练的结果，也是康复训练的过程。让学生学会解决生活中的问题正是训练的价值所在。

（四）优化资源，构建支持性环境

在培智学校康复训练教学中，教师要注重学生的生活需要和学习需要，针对学生的情况提供全方位的自然支持和专业支持，充分利用环境中的积极因素来补偿学生的缺陷。教师可以通过教育教学合理、有效地实施训练，将康复训练放入日常的学习和居家生活中去实施，改善学生的能力，与家庭形成教育合力，达到学校教育和家庭教

① 李倩、袁茵：《对培智学校教师教育康复技能提升的几点思考》，载《绥化学院学报》，2019(1)。
② 何侃、崔蒙蒙：《〈培智学校义务教育康复训练课程标准〉解读》，载《现代特殊教育》，2017(12)。

育的功能互补，让学生达成康复训练目标的同时也为学生最终适应生活、适应社会创造条件。

教师不能仅仅依靠学校的教育与康复训练来促进学生发展，尚需利用家庭、社区资源，将学生的学校康复训练、家庭康复训练、社区康复训练有机结合。因此，除了在学校接受系统的教育与康复训练外，父母也需要掌握一定的康复训练知识，并注重在日常生活中对自己的孩子进行康复训练。此外，父母还要充分利用社区资源，发展孩子的社会适应能力等，提供全面的支持与帮助。

二、培智学校康复训练教学方法

（一）工作分析法

工作分析法是指把某一目标任务分析出几个步骤，按顺序训练达成目标的教学方法。教师一般会用顺序法或倒序法两种形式。顺序法也叫正向连锁法，是指依工作的步骤，从第一步开始训练，完成第一步后再训练第二步，直至完成最后一步。如教穿袜子时，教师训练学生先将袜子套进脚尖，然后将袜子拉至脚跟，再将袜子拉过脚跟，最后将袜子从脚跟往上拉好。倒序法也叫反向连锁法，是指依工作步骤从最后一步开始，完成这一步后再倒退教前一步，直至完成第一步。如教穿袜子时，先由训练员将袜子穿过脚跟，然后教学生将袜往上拉好；之后再由训练员将袜子穿至脚跟，然后教学生将袜子拉过脚跟往上拉好；最后教学生将袜子套在脚尖上并将袜子往上拉好。①

（二）情境教学法

情境教学法是指在教学过程中教师有目的地引入或创设具有一定情绪色彩的、以形象为主体的生动具体的场景，以引起学生一定的态度体验，从而帮助学生理解教材，并使学生的心理机能得到发展的教学方法。情境教学法的核心在于激发学生的情感。

（三）演示法

演示法是教师出示实物、教具，进行示范性实验，或通过现代化教学手段使学生获取知识的教学方法。演示法常配合讲授法、谈话法一起使用，它对提高学生的学习

① 刘全礼：《实用培智学校教学法》，259页，长春，东北师范大学出版社，2012。

兴趣，发展学生的观察能力和抽象思维能力，减少学习中的困难具有重要的作用。

（四）多重感官刺激法

多重感官刺激法是指在教学中教师提供多种感官的刺激，即充分发挥各感官，如视觉、听觉、触觉、味觉和嗅觉等感官的能动作用，以使学生获得较完整的事物概念的教学方法。

（五）游戏教学法

游戏教学法是指教师以游戏的形式进行教学，让学生在生动活泼的气氛中，不知不觉地学习到知识的教学方法。这种方法是“游戏”和“教学”有效的结合体，是一种收效显著的教学方法。[①]

| 思考 |

1. 结合培智学校学生的特点，你还能想到哪些有效的康复训练方法？
2. 在教学中，你将如何选择这些教学策略和方法来进行教学？

▶第三节 培智学校康复训练教学评价与反馈

培智学校康复训练教学评价指标体系作为评价课堂教学的依据和尺度，既要考虑文化价值的多元性，又要考虑标准的多样化和弹性，还要符合评价对象的实际情况。

一、培智学校康复训练教学评价原则

（一）以生为本原则

尊重生命尊严，教与学的活动不因学生的类型、差异等而有所区别。以学生为中心，强调学生的主体存在，注重学生的内在价值，着眼学生的个性发展。教师在课堂

① 刘全礼：《实用培智学校教学法》，259页，长春，东北师范大学出版社，2012。

中是学生存在与发展的接纳者、引导者、同行者和支持者。[①]

（二）多元化原则

对于康复训练效果的评价，教师可以采取学期综合考评的方法。综合考评由对康复训练学期总计划实施效果的测评和学生个体康复训练效果的测评两部分组成。学生个体康复训练效果的测评内容不仅包括学生的技能掌握和功能康复，还包括学生的情感融合度、积极参与度、友好合作度等多方面。多元化评价能更准确地反映教师工作的含金量，也能更客观、更全面地呈现学生多方面的发展情况。[②]

（三）过程性原则

康复训练课程不同于其他课程。学生在康复训练过程中生成的需求需要教师通过观察、记录个体在教学活动的体验(现象)，进而揭示其本质或意义，从而及时调整下一阶段的康复训练方案。[③]

二、培智学校康复训练教学评价

培智学校康复训练教学评价包括教学目标、教学内容、教学方法、学生学习状态、学生参与这几个方面。

（一）教学目标评价

教学目标评价包括重视学生情感、态度、价值观的培养；体现教学目标的个别化；目标具体明确、可观察、易测量；设定适合学生发展和需要的技能目标，教学目标贴近学生的生活；体现对学生的缺陷补偿。[④]

（二）教学内容评价

教学内容评价包括根据不同层次学生的实际情况，选配合理，容量适中；强调生活化和实用性；根据学生的认知特点选择合适的教学资源；将学生已有的知识、经验、兴趣等与课堂学习内容有效地联系起来；考虑到学生现实和未来生活的需要。

---

① 李园林、杨执潮、邓猛等：《培智课堂教学评价价值取向刍议》，载《中国特殊教育》，2020(5).

② 李晓敏：《培智学校康复系列课程的设置与实施》，载《现代特殊教育》，2020(15)。

③ 李园林、杨执潮、邓猛等：《培智课堂教学评价价值取向刍议》，载《中国特殊教育》，2020(5)。

④ 王雪：《培智课堂教学有效性评价标准研究》，硕士学位论文，重庆师范大学，2014。

（三）教学方法评价

教学方法评价包括考虑学生的特殊性，灵活选择和运用多种教学方法；由浅入深，循序渐进，服从学生的认知、心理发展；激发学生的学习兴趣，调动学生的学习积极性，根据学生的差异因材施教。

（四）学生学习状态评价

学生学习状态评价包括学生的认知状态、情感状态、意志状态和交往状态四个方面。注意力集中、积极主动地投入思考和感知清晰、能保持较长时间的注意是学生的认知状态；兴趣浓厚、生动活泼则是学生的情感状态；能克服困难、能自制则是学生的意志状态；进行有效的合作交流则是学生的交往状态。这几条具体评价内容能有效地评价学生学习状态的各个方面。

（五）学生参与评价

学生参与评价包括充分动口、动手、动脑，独立思考；勇于发表自己的意见，听取和尊重别人的意见；能与他人友好分工合作，有效地进行小组内的互帮互助。充分动口、动手、动脑，独立思考是学生的自主学习参与。勇于发表自己的意见，听取和尊重别人的意见；能与他人友好分工合作，有效地进行小组内的互帮互助则是学生的合作学习参与。这三条具体评价内容能有效地评价学生学习参与的有效性。

三、培智学校康复训练教学反馈

培智学校康复训练教学反馈是实施教学活动和完成教学任务的基本方式与重要手段。只有同时具备准确性、针对性、激励性、多样性、交互性等特征的教学反馈才能对教与学起到应有的促进作用。培智学校康复训练教学反馈可以从以下两方面来展开。

（一）客观评估，及时反馈

以精细动作训练“使用夹子”教学设计案例为例，这节课中教师在教学前和教学后对学生的能力都有客观的评估，课堂测评与反馈如下。

①前测：在教授新课内容之前，让学生尝试打开夹子。教师提供木夹子、塑料夹子、铁夹三种不同类型的夹子。当每名学生依次尝试打开时，教师注意观察每名学生

的基础能力，以及前三指的控制情况并做好记录，根据不同学生的不同能力在后面的教学中有针对性地指导学习和训练。

②后测：通过课堂的学习和练习后，教师再次提供木夹子、塑料夹子、铁夹三种不同类型的夹子，再让每名学生依次尝试打开；通过学生的现场反馈，评估是否达成教学和康复训练的目标。教师让学生尝试使用夹子夹住物体，观察学生是否将实用工具的技能运用到实际活动中，逐步形成解决生活中的问题的能力。

通过对于训练目标的前后测对比，教师就可以及时掌握学生训练的效果，从而针对学生的教育与康复训练目标进行下一步的教学设计。

（二）科学评量，准确反馈

在康复训练教学中，教师可以进行一对一的评估，或者将评估放在学生日常的学习生活中，在自然情境中对学生进行观察。首先，选择对应的评估表作为评估工具，做到科学、准确反馈。以表 24-1 为例，教师在评估学生时一定要选择最能确切反映学生目前发展能力的选项。当学生能够一直、独立地针对不同情境、器材和人表现出该项技能或行为时，就可以在适当的选项“Y”下打“√”。如果学生原本就已经具备能力，在评估时展现出熟练的技能时，就选择“Y”。如果对学生表现出的特定技能或行为有疑问时，或者学生刚刚出现掌握的技能，或者在特定的情境下才会出现，就选择“S”。如果学生确定无法表现出该技能，就选择“N”。

表 24-1　培智学校康复训练测评量表

<table>
<tr><td colspan="2">学生姓名</td><td colspan="3"></td></tr>
<tr><td colspan="2">出生日期</td><td colspan="3">年　月　日</td></tr>
<tr><td colspan="2">填表教师</td><td colspan="3"></td></tr>
<tr><td colspan="2">填表日期</td><td colspan="3"></td></tr>
<tr><td colspan="2">学生家庭住址</td><td colspan="3"></td></tr>
<tr><td rowspan="2">1. 情绪识别</td><td>1.1 能从面部表情、言语、动作等识别高兴或不高兴的情绪</td><td></td><td></td><td></td></tr>
<tr><td>1.2 能从面部表情、言语、动作等识别其他简单的情绪</td><td></td><td></td><td></td></tr>
</table>

续表

情绪与行为		日期		
		Y=是	S=有时候	N=尚未
2. 情绪表达	2.1 能以面部表情、言语、动作等适当表达自己的情绪			
	2.2 能在不同情境下适当表达自己的情绪			
3. 情绪理解	3.1 能辨别不同情境并理解自己的情绪			
	3.2 能辨别不同情境并理解他人的情绪			
4. 情绪调节	4.1 能用安全、不干扰他人的方式调控自己的情绪			
	4.2 能用寻求帮助的方式调节自己的情绪			
5. 行为管理	5.1 能用适当行为获取他人的注意			
	5.2 能用适当行为选择喜欢的物品或活动			
	5.3 能用适当行为逃避不喜欢的物品或活动			
	5.4 能用适当行为获取感官刺激			

单元小结

康复训练课程虽是选择性课程，但对学生的功能改善和能力提升具有不可忽视的重要作用。康复训练教学要将学生的需求与课程标准相结合，将特殊教育理论实践与康复训练理论实践有机结合，循证实践，采用“评估—训练—再评估”规范的训练程序。教师应根据学生的需求积极尝试在不同学科中融入康复训练教学内容，达到教育与康复训练高度融合。整合资源为学生提供专业的康复训练服务，寻找生活中的康复契机，为学生构建全方位的支持环境，促进学生的能力提升和身心健康发展，从而实现全面发展。

讨论与探究

1. 康复训练课程内容包括哪些方面?

2. 康复训练教学流程包括哪些方面?

3. 如果要为你的学生构建康复训练的支持性环境，你觉得可以从哪些方面入手改进?

4. 选择某一学科融入康复训练内容，进行适用本班学生的教学活动设计。

阅读资料拓展

1. 教育部:《特殊教育教师专业标准(试行)》，2015-08-21。

2. 何侃:《特殊儿童康复概论》，南京，南京师范大学出版社，2015。

3. 张伟锋:《医教结合：特殊教育改革的可行途径——实施背景、内涵与积极作用的探析》，载《中国特殊教育》，2013(11)。

教学设计案例

使用夹子

参考文献

[1]白益民．学科教学知识初探[J]．现代教育论，2000(4).

[2]曹启凤．浅谈盲校小学英语教学中的听说练习法[J]．南京特教学院学报，2013(2).

[3]查玉瑶．中华优秀传统文化融入大中小学德育课程的衔接性[J]．现代教育论丛，2016(2).

[4]陈建军．聋校沟通与交往课程有效实施策略[J]．南京特教学院学报，2010(3).

[5]陈建军．试论聋校沟通与交往课程的实施原则[J]．绥化学院学报，2011(3).

[6]陈侠．课程论[M]．北京：人民教育出版社，1989.

[7]戴会芹．充分发挥有效评价在语文教学中的教育功能[J]．现代特殊教育，2013(1).

[8]邓猛，雷江华．培智学校课程改革与社会适应目标探析[J]．中国特殊教育，2006(8).

[9]邓猛．视觉障碍儿童的发展与教育[M]．北京：北京大学出版社，2011.

[10]董振杨．新课程背景下聋校语文教学设计的研究与实践[D]．武汉：华中师范大学，2009.

[11]杜文洁．依托数字化平台，构建互动式生活适应课堂——以《多吃蔬菜身体棒》教学为例[J]．现代特殊教育，2018(5).

[12]冯秋涵，邓猛．合作学习及其在特殊教育中的应用[J]．现代特殊教育，2019(3).

[13]傅琴．盲生信息技术教学有效性策略的研究[J]．新课程(上)，2018(12).

[14]傅悦，付洁．《盲校义务教育实验教科书·信息技术(一年级)》特色解析与教学思考[J]．现代特殊教育，2019(13).

[15]甘洲．视障信息技术教学中任务驱动教学法的应用[J]．现代特殊教育，2014(Z1).

[16]高理敬．《盲校义务教育体育与健康课程标准》解读[J]．现代特殊教育，2018(10).

[17]高宇翔．思维导图在聋校语文教学中的应用[J]．现代特殊教育，2012(Z1).

[18]葛玉飞．聋校数学课堂教学论[M]．香港：中国文化出版社，2009.

[19]顾定倩，朴永馨，刘艳虹．中国特殊教育史资料选(下卷)[M]．北京：北京师范

大学出版社，2010.
[20]顾定倩．聋校课程与教学[M]. 北京：北京师范大学出版社，2011.
[21]顾海琴．聋校义务教育实验教科书·沟通与交往(一年级上册)解析与教学建议[J]. 现代特殊教育，2019(5).
[22]顾继玲．理解教材，研究学生：中学数学教学设计[M]. 北京：北京师范大学出版社，2015.
[23]顾明远．教育大辞典：增订合编本[M]. 上海：上海教育出版社，1998.
[24]顾烨．学前智障儿童语言康复课程开发的实践与思考[J]. 现代特殊教育，2021(3).
[25]何成飞．浅谈盲校体育游戏的创编与运用[J]. 当代体育科技，2017(4).
[26]何东昌．中华人民共和国重要教育文献：1949—1975[M]. 海口：海南出版社，1998.
[27]何东昌．中华人民共和国重要教育文献：1976—1990年[M]. 海口：海南出版社，1998.
[28]何菊玲．因材施教原则的教育正义之意蕴[J]. 华东师范大学学报(教育科学版)，2018(2).
[29]何侃，崔蒙蒙．《培智学校义务教育康复训练课程标准》解读[J]. 现代特殊教育，2017(12).
[30][德]赫尔巴特．普通教育学　教育学讲授纲要[M]. 李其龙，译．杭州：浙江教育出版社，2002.
[31]洪佳琳．《培智学校义务教育生活语文课程标准》解读[J]. 现代特殊教育，2018(1).
[32]洪清一．特殊需求学童之课程与教学[M]. 台北：五南图书出版股份有限公司，2019.
[33]黄柏芳．《盲校义务教育语文课程标准》解读[J]. 现代特殊教育，2017(4).
[34]黄甫全，王本陆．现代教学论学程[M]. 修订版．北京：教育科学出版社，2003.
[35]黄梅菡．培智学校生活适应课中"食农教育"微课的设计与应用研究——以成都W特校为例[D]. 成都：四川师范大学，2020.

[36]黄汝倩．落实新课标精神，创新盲校语文教学方法[J]．现代特殊教育，2019(1).
[37]黄翔．数学方法论选论[M]．重庆：重庆大学出版社，1995.
[38]黄志军，曾凡林，刘春玲．新中国成立70年来我国特殊教育课程改革的回顾与前瞻[J]．中国特殊教育，2019(12).
[39]霍丽娟．上好《生活适应》课，学会适应生活——培智学校生活适应课程之我见[J]．考试周刊，2012(83).
[40]季瑾．我国视障教育课程演变历史浅析[J]．现代特殊教育，2017(9).
[41]江小英，黄燕华．浅谈培智生活语文教学创新[J]．现代特殊教育，2018(7).
[42]姜德君．教育学原理[M]．北京：清华大学出版社，2016.
[43]教育部基础教育课程教材发展中心．小学数学教师专业能力必修[M]．重庆：西南师范大学出版社，2012.
[44]金莉．立足生活，提高生活适应训练实效——以生活适应课《学校的工作人员》为例[J]．现代特殊教育，2017(8).
[45]金梅，沈剑辉，胡滨．我国特殊教育学校体育与健康课程标准的研制[J]．课程·教材·教法，2017(6).
[46]靳玉乐．现代教育学[M]．成都：四川教育出版社，2015.
[47][捷克]夸美纽斯．大教学论[M]．傅任敢，译．北京：人民教育出版社，1957.
[48]李海林．教学设计与教学实施的区别与关联[J]．中学语文教学，2008(8).
[49]李红．新课标下生活适应有效教学的实践研究——以一年级《我的家》一课为例[J]．现代特殊教育，2018(11).
[50]李红侠．如何提高视力障碍学生的英语听说能力[J]．陕西教育学院学报，2007(2).
[51]李惠宁．“互联网＋”时代下培智生活适应教学初探[J]．小学教学研究，2019(27).
[52]李慧聆，周文彬．聋生心理健康教育的理论与实践[M]．长春：东北师范大学出版社，2011.
[53]李吉林．为儿童快乐学习的情境教学[J]．课程·教材·教法，2013(2).
[54]李佳．教学目标设计中教师认知发展的行动研究[D]．临汾：山西师范大

学，2013.
[55]李金花，谈苏欣，于素红．直接教学法在孤独症儿童语言干预中的应用[J]．现代特殊教育，2018(6).
[56]李婧．交互式白板环境下培智学校生活适应课教学情境的案例研究[J]．中国信息技术教育，2014(6).
[57]李龙．教学设计[M]．北京：高等教育出版社，2010.
[58]李敏．《聋校义务教育实验教科书·沟通与交往(一年级下册)》特点简析与教学反思[J]．现代特殊教育，2020(7).
[59]李倩，袁茵．对培智学校教师教育康复技能提升的几点思考[J]．绥化学院学报，2019(1).
[60]李森，陈晓端．课程与教学论[M]．北京：北京师范大学出版社，2015.
[61]李尚卫．我国特殊教育发展战略的回顾与展望[J]．井冈山大学学报(社会科学版)，2020(5).
[62]李天．加强学科资源整合，发展聋生沟通交往能力[J]．现代特殊教育，2017(7).
[63]李文岩．小学英语课程与教学[M]．北京：中国人民大学出版社，2016.
[64]李祥蓉．关于聋校沟通交往课的几点思考[J]．中国校外教育，2011(1).
[65]李骁颖．体育游戏对视力障碍学生情绪情感激励的质性研究[D]．福州：福建师范大学，2016.
[66]李晓敏．培智学校康复系列课程的设置与实施[J]．现代特殊教育，2020(15).
[67]李晓英．如何在培智数学教学中应用即时评价[J]．考试周刊，2014(29).
[68]李彦群．聋校义务教育课程设置的历程回顾和未来展望[J]．中国特殊教育，2020(5).
[69]李玉龙．小学数学课的游戏教学[J]．现代中小学教育，2010(12).
[70]李园林，杨执潮，邓猛，等．培智课堂教学评价价值取向刍议[J]．中国特殊教育，2020(5).
[71]李泽慧．《聋校义务教育沟通与交往课程标准》解读[J]．现代特殊教育，2017(7).

[72]李志厚．暗示教学法研究：历史、现状与启示[J]．华南理工大学学报(社会科学版)，2003(1)．
[73]林丽珠．培智学校生活适应教学实践探究[J]．新智慧，2018(32)．
[74]林新事．英语课程与教学研究[M]．杭州：浙江大学出版社，2008．
[75]凌晓燕．聋校《沟通与交往》课程的实施[J]．小学时代(教育研究)，2014(12)．
[76]刘春生．培智学校班级协同教学模式的探索与实践——以G特殊教育学校为例[J]．绥化学院学报，2020(4)．
[77]刘春生．培智学校生活适应课“三环十步”生活教学初探[J]．教育艺术，2021(1)．
[78]刘丹丹．智慧策划生命成长 精致助力能力提升——以培智学校中年级生活适应《乘坐公交车》教学为例[J]．小学教学研究，2018(21)．
[79]刘德秀，王德华．职教课堂教学评价反馈的维度[J]．卫生职业教育，2004(1)．
[80]刘杰．河南省特殊教育学校体育工作评价指标体系构建[D]．开封：河南大学，2020．
[81]刘全礼，等．实用聋校问题教学法[M]．长春：东北师范大学出版社，2016．
[82]刘全礼．实用培智学校教学法[M]．长春：东北师范大学出版社，2012．
[83]刘帅．基于VR的培智学校生活适应课程设计与开发[D]．西安：陕西师范大学，2019．
[84]刘颖，先照勇，李伦银．美国协同教学实践发展的现状及启示[J]．现代特殊教育，2016(6)．
[85]刘勇．培智学校生活适应课的开展策略[J]．甘肃教育，2018(1)．
[86]卢福丽，王婷，朱桂华．新课标下对特殊学生体育学习评价现状的研究——以贵阳市盲聋哑学校为例[J]．青少年体育，2017(11)．
[87]鲁子问，康淑敏．英语教学设计[M]．上海：华东师范大学出版社，2008．
[88]吕传汉，汪秉彝．论中小学“数学情境与提出问题”的数学学习[J]．数学教育学报，2001(4)．
[89]马红英，谭和平．特殊教育需要学生的教育[M]．北京：北京大学出版社，2011．

[90]马红英，徐银秀．培智学校语文课程与教学[M]．上海：华东师范大学出版社，2016.
[91]马建军，刘要悟．整合技术的学科教学知识(TPACK)理论之发展脉络及应用前景[J]．外国中小学教育，2017(6).
[92]马丽妃．浅谈聋校语文教学中的评价[J]．现代特殊教育，2007(2).
[93]马源．培智学校做好康复训练的探索[J]．甘肃教育，2019(21).
[94]牛瑞雪．教学评价研究 40 年回顾、反思与展望[J]．课程·教材·教法，2018(11).
[95]钮文英．启智教育课程与教学设计[M]．台北：心理出版社，2012.
[96]欧阳康，熊治东．马克思人的全面发展学说的情感意蕴及其当代意义[J]．世界哲学，2018(4).
[97][美]P. L. 史密斯，[美]T. L. 雷根．教学设计[M]．第三版．庞维国，屈程，韩贵宁，等，译．上海：华东师范大学出版社，2008.
[98]裴娣娜．教学论[M]．北京：教育科学出版社，2007.
[99]裴娣娜．现代教学论基础[M]．第二版．北京：人民教育出版社，2015.
[100]彭豪祥．有效教学反馈的主要特征[J]．中国教育学刊，2009(4).
[101]朴永馨．特殊教育课程与教学[M]．大连：辽宁师范大学出版社，2002.
[102]钱志亮．盲校课程与教学[M]．北京：北京师范大学出版社，2013.
[103]钱志亮．盲校义务教育课程标准的特点[J]．现代特殊教育，2017(1).
[104]钱志亮．视力残疾儿童心理与教育[M]．大连：辽宁师范大学出版社，2002.
[105][美]R. M. 加涅，[美]W. W. 韦杰，[美]K. C. 戈勒斯，等．教学设计原理[M]．王小明，庞维国，陈保华，等，译．上海：华东师范大学出版社，2007.
[106]冉平．康复训练融入培智学校学科教学的行动研究——以动作康复融入生活数学教学为例[D]．重庆：西南大学，2020.
[107]申仁洪，熊欢．我国聋校课程发展 70 年：1949—2019 年[J]．课程·教材·教法，2020(6).
[108]沈苏雯．浅析网络平台在培智生活适应课堂中的应用——以生活适应课《菜场买

菜》为例[J]. 现代特殊教育，2018(5).
[109]沈小碚. 教学组织形式研究的发展及其问题[J]. 西南师范大学学报(人文社会科学版)，2003(1).
[110]沈玉林. 聋校沟通与交往课程性质的再认识及教学建议[J]. 现代特殊教育，2020(3).
[111]盛永进. 盲校现行教学组织批判——基于个别化教学的反思[J]. 中国特殊教育，2006(10).
[112]盛永进. 美国特殊教育学校的个别化教学——帕金斯盲校的经验与借鉴[J]. 中国特殊教育，2011(3).
[113]施良方. 学习论——学习心理学的理论与原理[M]. 北京：人民教育出版社，2000.
[114]施阳. 结合生活实际，有效培养学生自理能力——以一年级生活适应《洗手》教学为例[J]. 现代特殊教育，2017(8).
[115]史晓燕. 教师教学评价：主体·标准·模式·方法[M]. 北京：北京师范大学出版社，2018.
[116]司成勇. 走向个别化教学——论教学组织形式的发展历史与逻辑的统一[J]. 教育探索，2011(2).
[117]谈秀菁，陈蓓琴. 聋校沟通与交往课程实施现状的调查研究[J]. 中国特殊教育，2010(7).
[118]谈秀菁.《聋校义务教育语文课程标准》解读[J]. 现代特殊教育，2017(4).
[119]唐智松. 教育原理：研究与教学[M]. 重庆：西南师范大学出版社，2017.
[120]陶本一. 学科教育学[M]. 北京：人民教育出版社，2002.
[121]田寅生.《聋校义务教育数学课程标准》解读[J]. 现代特殊教育，2017(3).
[122][苏联]瓦·阿·苏霍姆林斯基. 给教师的建议(全一册)[M]. 修订本. 杜殿坤，编译. 北京：教育科学出版社，1984.
[123]汪宁馨. 深度学习视角下大班主题建构活动的教师言语指导行为个案研究[D].

南京：南京师范大学，2018.
[124]王蓓蓉．翻转式学习在盲校信息技术教学中的应用[J]．现代特殊教育，2016(5).
[125]王本陆．简论现代教育的全面发展伦理原则[J]．现代教育论丛，1999(5).
[126]王本陆．课程与教学论[M]．第3版．北京：高等教育出版社，2017.
[127]王策三．教学论稿[M]．北京：人民教育出版社，1985.
[128]王道俊，郭文安．教育学[M]．第七版．北京：人民教育出版社，2016.
[129]王凤琴．青少年学生的身心发展规律对教育课程与教学改革的启示[J]．文教资料，2008(12).
[130]王辉，郁松华．关于家长对培智学校教育教学评价的相关研究[J]．中国特殊教育，2004(1).
[131]王辉．培智学校现行培养目标和课程问题的探析[J]．中国特殊教育，2003(2).
[132]王建民，关曦．浅谈聋校历史教学中的课堂情境创设[J]．新课程(下)，2012(3).
[133]王俊龙．活用生活语文新教材的几点思考[J]．现代特殊教育，2019(7).
[134]王凯．反馈何以有效：对当前课堂教学评价的新思考[J]．教育科学，2011(3).
[135]王书臣，蒋永丽，刘长华．新课程教学设计：数学[M]．大连：辽宁师范大学出版社，2002.
[136]王土荣．语文课堂教学评价四原则[J]．语文建设，2015(28).
[137]王星，杨文正．网络教学组织形式优化发展研究[J]．中国电化教育，2013(1).
[138]王雄．王雄的中学历史教学主张[M]．北京：中国轻工业出版社，2015.
[139]王雪．培智课堂教学有效性评价标准研究[D]．重庆：重庆师范大学，2014.
[140]王园，于文文，李海斌．“小步子”教学原则在培智学校教学中的运用——以生活数学中“常见的量”为例[J]．现代职业教育，2020(22).
[141]王志玲．生活适应新教材教学体会及反思——以《常见的衣物》一课为例[J]．现代特殊教育，2019(1).
[142]魏英杰．《培智学校义务教育劳动技能课程标准》解读[J]．现代特殊教育，2018(6).

[143]文永进．宝鸡市特殊教育学校信息化发展现状及对策研究[D]．兰州：西北师范大学，2014.
[144]吴春艳，肖非．从“生活化的课程”走向“有意义的生活”——试论智障教育课程的价值取向[J]．中国特殊教育，2014(12).
[145]吴春艳．论培智学校教学生活化[J]．中国特殊教育，2012(3).
[146]吴文侃．比较教学论[M]．北京：人民教育出版社，1999.
[147]武宪．着眼未来生活需求，为培智学校学生自我实现提供支持——以生活适应课教学为例[J]．新课程(中)，2019(12).
[148]席作宏．有效教学评价的理念、原则与策略[J]．洛阳师范学院学报，2020(7).
[149]夏峰．中国特殊教育新进展(2012—2013 年)[M]．北京：中国人民大学出版社，2015.
[150]协康会．孤独症儿童训练指南(全新版)：教学策略[M]．广州：广东海燕电子音像出版社，2016.
[151]谢正立，邓猛．新课标背景下培智学校课程本位评估的几点思考[J]．现代特殊教育，2017(9).
[152]邢国林，葛明丽．着眼未来生活需求，为培智学校学生自我实现提供支持——以生活适应课《银行存钱》教学为例[J]．现代特殊教育，2019(11).
[153]邢同渊，徐翠锋．智力障碍儿童学科教学[M]．北京：中国轻工业出版社，2017.
[154]徐茜，徐丽华．国外形成性教学反馈的研究及启示[J]．当代教育科学，2010(7).
[155]徐文彬．小学数学教学方法[M]．北京：教育科学出版社，2017.
[156]许家成．培智学校义务教育课程标准的基本特点[J]．现代特殊教育，2017(1).
[157]薛伟强，范红军，陈志刚．中学历史课程与教学概论[M]．北京：北京师范大学出版社，2019.
[158]薛伟强．中学历史新课程教学技能训练[M]．北京：北京师范大学出版社，2020.

[159]颜静．在资源整合中提升教学质量——以生活适应课《我的学习用品》为例[J]．现代特殊教育，2017(8)．

[160]杨九民，梁林梅．教学系统设计理论与实践[M]．北京：北京大学出版社，2008．

[161]杨璐．班级授课制下如何满足学生的个别需求——以某单元的美国历史课为例[J]．当代教育科学，2011(22)．

[162]杨新宇．聋校初中历史教学有效性的初探[J]．新课程(上)，2011(8)．

[163]于素红．特殊教育教学设计[M]．上海：华东师范大学出版社，2016．

[164]余璐璐．湖南省特殊教育学校体育教学现状及优化研究[D]．长沙：湖南师范大学，2017．

[165]袁焕新．加强培智学校医疗康复档案归档管理的思考[J]．档案，2017(7)．

[166]袁滢，邓海云．道德与法治课程与教学[M]．长沙：湖南大学出版社，2020．

[167][美]约翰·杜威．民主主义与教育[M]．王承绪，译．北京：人民教育出版社，2001．

[168]绽巍．特殊教育学校创新教学评价体系研究[J]．才智，2020(10)．

[169]张宝辉，张静．技术应用于学科教学的新视点——访美国密歇根州立大学马修·凯勒教授[J]．开放教育研究，2013(2)．

[170]张大均．教与学的策略[M]．北京：人民教育出版社，2003．

[171]张大均．教育心理学[M]．第二版．北京：人民教育出版社，2011．

[172]张丹．小学数学教学策略[M]．北京：北京师范大学出版社，2010．

[173]张凤艳．浅谈培智学生生活适应课教学的几点思考[J]．新课程(上)，2018(4)．

[174]张蕾．《盲校义务教育地理课程标准》解读[J]．现代特殊教育，2017(6)．

[175]张世忠．教学原理：统整与应用[M]．台北：五南图书出版股份有限公司，2010．

[176]张旭东．聋校"沟通与交往"《学会待客》课例分析[J]．现代特殊教育，2017(7)．

[177]张燕，赵斌．TPACK 框架下特殊教育教师的专业发展新路径——基于信息化技

术的视角[J]. 教师教育学报，2020(4).
[178]张永和，毛伟．跨级走班制的实践探索[J]. 现代特殊教育，2017(6).
[179]张悦歆，刘郅青，钱志亮．视障儿童动作与运动技能发展研究述评[J]. 中国特殊教育，2018(8).
[180]张悦歆．《盲校义务教育综合康复课程标准》解读[J]. 现代特殊教育，2017(5).
[181]章乐．编者视角下《道德与法治》统编教材教学的问题及建议[J]. 江苏教育，2019(17).
[182]章永．特殊教育学校课程本位评估的操作性初探[J]. 乐山师范学院学报，2012(10).
[183]赵斌，秦铭欢．新中国 70 年特殊教育发展：成就与趋势[J]. 现代特殊教育，2019(18).
[184]赵钱婴．基于学情的低年级段生活语文新教材教学初探[J]. 现代特殊教育，2019(15).
[185]赵振威．中学数学教材教法[M]. 修订版．上海：华东师范大学出版社，1994.
[186]郑林．中学历史教学论[M]. 北京：高等教育出版社，2020.
[187]钟经华．视力残疾儿童教育学[M]. 北京：华夏出版社，2006.
[188]钟启泉．学科教学论基础[M]. 上海：华东师范大学出版社，2001.
[189]钟守权．传承与发展：道德与法治课程教学初论[M]. 广州：广东高等教育出版社，2018.
[190]钟亦洋．从“开放式办学”到“共享教育”：特殊教育学校办学策略新发展[J]. 绥化学院学报，2018(1).
[191]钟亦洋．新课标下培智“生活适应”教学内容的选择与设计——基于中山特校“教学内容生活化”的实践总结[J]. 绥化学院学报，2018(7).
[192]朱斌．运用个别计划 紧密联系生活 注重生活体验——培智学校生活适应课教学浅议[J]. 新课程(下)，2012(11).
[193]朱家存，王守恒，周兴国．教育学[M]. 北京：高等教育出版社，2010.

[194]朱茵，章文亮．转变评价方式　重新认识盲生[J]．现代特殊教育，2003(Z1)．

[195]朱志勇．《培智学校义务教育课程标准(2016 年版)》制定的基本依据及地位作用[J]．现代特殊教育，2019(17)．

[196]《中国教育年鉴》编辑部．中国教育年鉴(1997)[M]．北京：人民教育出版社，1997．

[197]Agnese Capodieci, Thomas R., & Cesare Cornoldi, et al. A Cooperative Learning Classroom Intervention for Increasing Peer's Acceptance of Children with ADHD[J]. Journal of Attention Disorders, 2019(3).

[198]Jenkins J. R., Antil L. R., & Wayne S. K., et al. How Cooperative Learning Works For Special Education and Remedial Students [J]. Exceptional Children, 2003(3).

[199]Mobaraki M., Nazarloo S. A., & Toosheh E. A Comparative Analysis of Contracted Versus Alphabetical English Braille and Attitudes of English as a Foreign Language Learners: A Case Study of a Farsi-Speaking Visually Impaired Student[J]. Journal of Visual Impairment & Blindness, 2017(5).

[200]Soonhye Park & J. Steve Oliver. Revisiting the Conceptualisation of Pedagogical Content Knowledge(PCK): PCK as a Conceptual Tool to Understand Teachers as Professionals[J]. Research in Science Education, 2008(38).